葬者乘生氣也 五氣行乎地中 人受體於父母

骸得氣 遺體受蔭

曰氣感而應 鬼福及人 是以銅山西崩

靈鐘東應 木華於春 栗芽於室 毫釐之差

禍福千里

經曰 地有四勢 氣從八方

夫陰陽之氣 噫而爲風 升而爲雲 降而爲雨

行乎地中 則而爲生氣

經曰 氣乘風則散 界水則止 古人聚之使不散

行之使有止 故謂之風水

風水之法 得水爲上 藏風次之

何以言之氣之盛 雖流行 而其餘者猶有止

雖零散 而其深者猶有聚

故藏於涸燥者宜淺 藏於坦夷者宜深

經曰 淺深得乘 風水自成

經曰 外氣橫形 内氣止生 蓋言此也

葬者乘生氣也 五氣行乎地中 人受體於父母
本骸得氣 遺體受蔭
經曰 氣感而應 鬼福及人 是以銅山西崩
靈鐘東應 木華於春 粟芽於室 毫釐之差
禍福千里
經曰 地有四勢 氣從八方
夫陰陽之氣 噫而爲風 升而爲雲 降而爲雨
行乎地中 則而爲生氣

經曰 氣乘風則散 界水則止 古人聚之使不散
行之使有止 故謂之風水
風水之法 得水爲上 藏風次之
何以言之氣之盛 雖流行 而其餘者猶有止
雖零散 而其深者猶有聚
故藏於涸燥者宜淺 藏於坦夷者宜深
經曰 淺深得乘 風水自成
經曰 外氣橫形 内氣止生 蓋言此也

돈, 명예, 건강의 모든 것

인지 수맥풍수 과학

Divinator science

이학박사 김창규 저

도서출판 대학서림

머 리 말

현대사회와 같은 다양하고 풍요로운 문명이 만들어지기 까지 “과학(科學)의 역할은 위대하다”라고 할 만큼 인류의 생활에 많은 영향을 주고 있으며 앞으로도 그럴 것이라는 현실을 부인하는 사람은 많지 않은 것이 주지의 사실이다. 또한 인류의 생활 역사에서 과학적으로 설명할 수 없는 부분이 일부분 항상 우리의 주변 일상에서 존재하고 있다는 것도 누구나 다 아는 사실이다.

이와 같은 두 가지 견해는 동전의 양면성을 보는 것과 같다고 할 것이다. 과학이 절대법칙이 아니라는 것을, 학문을 하는 사람이면 누구나 한번쯤 알고 있는 사실을 다시 생각하여야 한다는 것을 잘 알고 있다. 다시 말해 과학이 우리 일상생활에서 발생되는 현상의 모든 것을 설명할 수 있는 것은 아니다 라는 의미이다. 그리고 가끔 발생되는 흔히 미신(迷信)이라고 이야기를 하는 미스테리와 같은 현상들은 과학적이지 않다 라는 이유에서 대중들로부터 호기심의 대상일 뿐이며 학자들조차도 관심을 가지고 연구하기를 꺼려하고 있다.

과학이란 무엇인가? 과학은 재현성(再現性)이라고 말할 수 있다. 여러 번 실험하여 동일한 결과를 도출할 수 있는 것이 과학이다. 그렇다면 우리가 흥미의 대상으로 알고 있는 미스테리한 현상들은 재현성이 떨어지기 때문에 “미약하게 믿는다”라는 의미에서 미신(迷信)이라고 말하는 것이다. 수치로 이야기를 하면 10번 실험하여 6번 이상의 재현성을 가진 것을 과학이라고 하고 2~3번 미만의 재현성을 가지고 있어서 미신이라고 이야기를 하는 것이다. 그러나 미신이라도 분명 어떤 자연과학적 현상이 일어나고 있는 것이라고 필자는 생각한다.

현대인들의 생활에서 이렇게 과학과 미신의 사이를 오가며 대중들에게 회자되고 있는 대표 분야가 풍수와 수맥분야라고 생각한다. 안 믿자니 주변에서 경험한 사실들이 드물지 않게 발생되고 있고, 믿자니 과학적 도구로 확실하게 밝힐 수 있는 재현성의 문제가 존재하고 있는 분야이기 때문이다.

이에 필자는 과학이라는 도구와 철학의 이해를 통하여 독자들에게 이러한 분야를 보다 현대 생활에 유익하고 실용성 있도록 접근할 수 있는 가교의 역할을 할 요량으로 “인지수맥풍수”를 집필하게 되었다.

우리는 흔히 수맥과 풍수를 구분하지 않고 실생활에서 이용하고 이해하여 활용하고 있다. 그러나 엄연히 수맥과 풍수는 기원에서부터 다르다는 것을 아는 이는 드물다. 풍수는 동양에서 전수되어 오고 발전시켜 온 자연과학이라는 것은 삼척동자도 알고 있는 사실이다. 그러나 수맥은 풍수하는 사람들이 엘로드나 들고 다니면서 기(氣)측정을 하는 것쯤으로 생각하는 이들이 많으며 우리 고유문화의 한 분야라고 생각하는 이가 많다. 언제 어디에서 유래가 되었는지 모르는 이가 대부분이다.

수맥이 우리나라에 처음 전래된 것은 프랑스 선교사들에 의해서이며 서양으로부터 들어온 서양의 문명이다. 풍수(風水)를 동양 고유의 문화라고 한다면 수맥은 서양 고유의 문화라고 할 수 있다. 동양에서는 풍수를 통하여 참살이를 하기 위한 위치 잡이와 생활 공간을 배치하여 왔으며 서양에서는 수맥을 통하여 생존에 필요한 물을 얻고 주거하는 공간을 위치시켜 웰빙의 삶을 추구하여 온 것이다.

수맥과 풍수는 발생부터 문화가 다른 동양과 서양의 관점에서 시작이 되었다. 그런데 수맥과 풍수의 궁극적인 목적은 인류가 자연과 조화 있게 어우러져 행복하게 삶을 사는 것이다. 다만 문명과 자연환경의 차이로 인하여 적응하고 이해하여 발전시키는 방법과 기술의 관점이 달랐을 뿐이다.

서양의 관점은 자기중심적 사고를 하기 때문에 본인이 행복하면 남들도 행복할 것이라고 생각하는 개별적이면서 분석적인 사고방식을 가지고 있어서 오늘날의 과학기술을 비약적으로 발전시키는데 주도적인 역할을 하였다. 반면 동양의 관점은 자신 스스로를 바라보는 것이 아니고 타인에게 비추어진 모습으로 자아를 관찰하려는 사고를 가지고 있어 특히 서로간의 상호 관계를 중시하는 사고를 가지고 있다.

바꾸어 말하면 서양의 사고는 분석적이고 개별적이며 동양의 사고는 통합적이며 상호 관계 작용에 중점을 두고 있다. 그러므로 동양과 서양의 관점은 정반대의 사고방식을 가지고 있어서 자연과 사물을 관찰하고 연구하는데 있어서 전혀 정반대의 생각을 가지고 접근하였다는 것을 인류학자들이 언급하고 있다.

여기에서 오늘날의 과학기술이 있게 한 서양의 관점이 진리라고 이야기 할 수 있을까? 갈릴레오 갈릴레이는 누구보다도 앞서서 지구가 태양을 돌고 있다고 주장한 서양의 대표적인 선구자적 과학자였다. 그런데 그는 조수 간만의 차이를 그 때까지도 이해하지 못 하고 있었다. 그러나 동양의 과학 수준은 이미 수 천년 전부터 조수 간만의 차이를 이해하고 있었다. 이러한 사실로 미루어 볼 때 어느 것이 진리라고 말하기는 어려울 것이다. 서로 다른 관점으로 자연 현상을 접근했기 때문에 이러한 현상이 발생했을 것으로 생각된다.

20C 최고의 과학자였던 아인슈타인 박사도 서양관점에 동양과학을 접목하여 새로운 이론을 발표하여 세계의 주목을 받은 바 있으며, 현대 물리학을 이끌고 있는 에드워드 워튼 박사도 12차원의 세계를 논하면서 동양의 음양오행론에 관심을 가지고 있으며 앞으로 많은 연구를 하겠다고 말한 바 있다. 이에 필자는 음양(陰陽)이 존재해야 새로운 생명이 탄생하듯이 서양과학과 동양과학의 합리적이고 과학적인 접목이 인류의 삶에 큰 지표가 될 새로운 학문으로 탄생할 것을 믿어 의심치 않는다.

그러한 맥락에서 본 책자는 서양의 학문인 수맥분야와 동양의 학문인 풍수분야를 합리적이고 과학적으로 접목, 이해하려는 시도를 하였으며 앞으로 인류의 생활에 필수적인 지식 분야로 자리 매김할 수 있도록 최선을 다해 원고를 정리하였으나 매번 책을 탈고하면서 느끼는 것이지만 많은 부족함과 허전함을 통감한다. 이러한 점들은 앞으로 관심 있는 독자여러분과 선배 제현들의 지도편달을 받아 보완해 나갈 것을 다짐하며 여러분의 애정과 성원을 고대한다.

이 작은 책자가 수맥풍수분야에 관심 있는 많은 독자 분들에게 도움이 되길 바라며, 이 책의 출판을 위해 심혈을 기울여 주신 대학서림의 윤 진영 회장님 이하 임직원 여러분께 진심으로 감사의 마음을 전합니다.

2008. 09.

저 자

추천의 말

인지과학은 자연과학 분야의 새로운 과학이며 이 시대를 훌륭하고 행복하게 살아가는 방법을 제시한 진정한 자연과학 지침서이다. 향후 자연 현상을 이해하는 새로운 패러다임으로 자리매김할 것이다.

- 한국수맥교육연구협회 회장 김동환 -

"인지수맥풍수"는 현대적 개념에 맞도록 동양과학을 재해석한 철학 서적이라 말할 수 있으며 실생활에 폭 넓게 응용할 수 있는 실천과학 지침서 이다.

- 국제역리풍수전문가협의회 회장 강태훈 -

30년간 실무에 종사하며 설명하기 어려웠던 현상을 과학적 사고로 접근하여 대중들도 쉽게 이해할 수 있도록 설명한 수맥풍수과학 서적이며 문명을 살아가는 우리에게 근본의 깨우침을 주는 서적이다.

- 태웅장묘종합개발 대표 조병오 -

역학 풍수는 21C 최첨단 과학의 한 분야이며 "인지수맥풍수과학"은 웰빙생활 지혜를 일깨우는 서적이다.

- 서울수맥교육원 원장 권동연 -

현대를 사는 우리에게 참사고를 일깨우며 웰빙(참살이)과 보람된 일을 할 수 있도록 제시하는 수맥분야 최고의 지성서적이다.

- 광주수맥교육원 원장　이승영 -

풍수, 수맥전문가와 인테리어와 건축 설계를 담당하는 전문가들도 격찬한 위치잡이와 에너지활용 분야의 최고 지침서적 이다.

- 청주수맥교육원 원장　이주연 -

동서양 문화의 정확한 이해와 새로운 해석으로 척박했던 분야에서 오아시스 건설을 통하여 새로운 학문 분야로 발돋움시켜 세계로 전파할 수 있는 장을 마련한 학문 서적이다.

- 제주수맥교육원 원장　김치수 -

목 차

1부
지구에너지와 지구 스트레스

1. 지구 스트레스(Earth stress)와 다우징

오늘날 사람들이 에너지(energies), 장(場 - fields), 기선(氣線 - ley lines), 지전류(地電流), 특이한 에너지(special energy) 등에 대하여 이야기 하고 사용한다. 이들 용어들은 아주 빈번히 사용하지만 이 말들이 의미하는 바가 무엇인지에 대하여는 거의 명확한 구분이 없는 상태이다.

흔히 직관적으로 감지할 수 있다는 것은 예전에는 미신(迷信)이라 하여 일부 특별한 관심이 있는 사람들에게나 믿어지고 사용되어 왔다. 그러나 과학기술이 발전한 오늘 날에는 이러한 직관적 감지 행위, 예를 들면 풍수지리, 수맥탐사, 자원탐사 등은 전자기파의 변화를 감지하는 것으로 밝혀지면서 점차로 과학으로 증명할 수 있는 과학 행위로 발전되고 계승되고 있는 현실에 다가와 있다.

전자기파가 그 자체의 전자기 스트레스를 가지고 있듯이 지구에너지도 지구 스트레스(earth stress) 또는 병인성 지구 스트레스(Geopathic stress)라고 부르는 자기(磁氣)적 스트레스를 가지고 있다. 이러한 지구 에너지에 의한 스트레스는 사람들이 각기 다른 주거와 생활환경으로부터 동일한 경험적 느낌, 병적 증상들을 유발하게 한다. 이러한 지구에너지로 인한 스트레스는 지구 자체로부터 발산되고 있는 어떠한 현상, 다시 말해 지구가 자전과 공전을 거듭하고 살아있는 생명체와 같이 에너지가 생성 변화하는 것으로부터 지구자체가 전자기적 그리드 라인(grid line)을 형성하기 때문이다.

현대를 살고 있는 우리들은 과학기술의 발달과 산업화의 결과로 일상생활의 편익은 많이 증대되었지만 반대로 자연에너지를 감지할 수 있는 능력을 잃어버렸다. 그러나 단순한 자연 에너지의 현상을 감지하는 것은 약간의 노력과 생각의 전환으로 얼마든지 능력을 되살려 낼 수 있다. 이미 몇몇의 사람들은 이러한 자연 현상으로부터 에너지를 감지하고 활용하고 느낀다. 그리고 어떤 사람들은 자연에너지를 인지(認知)하지는 못하지만 그러한 자연현상 에너지 감지를 신뢰하기도 한다.

이와 같이 자연으로부터 어떤 현상적인 에너지를 감지하는 행위를 우리는 다우징(dowsing)이라 하며 서양에서는 이러한 감지능력을 이용하여 물의 탐사와 건강을 증진하기 위한 도구로 활용하는데 사용하고 있으며 동양에서도 집의 위치와 생활 터전을 위치잡이하는 도구로 발전시켜 사용하고 있다. 이러한 자연에너지 감지 활용법은 동양과 서양이 다르지 않다는 것을 우리는 여러 것으로부터 느끼고 있다.

우리나라에서는 비가오기 전에 일부사람들에게 근육통과 관절통을 느끼게 하고 이것이 일기 예보를 하는 경우를 우리는 종종 경험하고 있으며 서양에서도 지진과 일기 예보를 미리 감지하는 사람들이 있다.

영국의 지오프레이 알리엔이는 그의 몸이 본질적으로 검파기요 지진계라고 하였다. 그는 어떤 누구에게 매일 무엇이 일어날 것인가를 찍어 알려주고, 또 다른 이에게는 알 수 없는 신비한 에너지를 집어넣어 준다. 아마도 알 수 없는 신비한 에너지에 대한 알맞은 정의란 과학이 아직 밝혀내지 못한 그 어떤 것을 의미하는 것이라 할 수 있다.

지오프레이는 스코틀랜드 남서부에 있는 덤프리스 근처에 살고 있는 건축가로 알 수 없는 신비한 에너지와 연결된 징후들을 상당히 오랫동안 보여주는 역할을 하였다.

아침에 일어난 직후 지오프레이는 그의 몸 주위에 경미한 전기부하의 느낌을 통하여 지구에너지가 상승하고 있음을 느낄 수 있는데 통증이 그의 왼쪽 견갑골에서 시작하여 척추 왼쪽 7 cm 정도인 등의 밑 부분에 걸쳐 느끼게 되면 24시간 내에 세계의 어디서인가 지진이 일어날 것임을 암시하는 것이다.

지오프레이에게 나타나는 다른 징후로는 눈의 초점을 가늠하기가 어려운 점, 그리고 팔의 윗부분 근육에 통증을 주기 때문에 석영이 들어있는 디지털 시계를 착용할 수 없는 것 등이다. 그 통증이 팔 아래 부분으로 내려가고 손에서 류머티즘의 느낌이 온다. 즉 쑤시고 피부가 화끈거리며 소화기 계통이 울렁거리고 그리고 입안에서는 금속의 맛이 돌고, 때로는 흥분된 느낌을 느끼기도 한다.

그는 에딘버러시의 대학교 건축과에서 공부하던 시절 특별한 건물 안에서 현기증이 심하게 일어나 공부를 할 수 없음을 알게 되었다. 그래서 집에서 공부를 할 수 있도록 허락받아 공부를 하였는데 수년 후 자연에너지장이 그의 건강에 영향을 미치고 있음을 확인하고 그 대학교 교정의 하부에서 지질학상의 단층이 몇 개가 끝나고 있음을 밝혀냈다. 더욱이 방학 중에 그가 불편함을 느꼈던 다른 지역에서도 그 단층선이 끝나고 있는 것을 발견하였다.

비슷한 민감도를 지닌 어느 미국인에 대한 또 다른 사례가 최근에 보도 되었다.

그림 1-1. 지구에너지와 우주에너지의 모양

그의 경우 그가 얼굴이 향하는 방향에 따라서 불안의 강도가 달라지는 것이다. 불안한 느낌이 가장 강렬할 때까지 얼굴방향을 회전한 다음, 다른 곳으로 이동하여 그런 작업을 반복한다. 이 방법으로 삼각측량을 하여 지진이 일어날 장소를 개략적으로 판단할 수 있다는 것이다.

이렇게 자연 지구에너지를 감지하는 행위를 다우징(dowsing)이라 하고 다우징 행위를 하는 사람을 다우저라고 하는데 지구에너지를 다우징하는 원리는 지구고유주파수와 다른 주파수 에너지를 감지하는 것으로 생각된다.

2. 지구 고유주파수와 다우징원리

슈만공명주파수란 지구상공 55킬로미터 정도에서 지구를 둘러싸고 있는 전리층인 이온층과 지구 표면 사이의 공간(대기권)이 기타의 한 줄을 울리면 다른 줄도 울리는 것처럼 공명하고 있는 주파수로 지구 고유의 주파수를 말한다. 이러한 공명현상은 1952년에서 1957년 사이에 일련의 논문을 통해 밝힌 빈프리드 오토 슈만의 이름을 따서 붙여진 것으로 학계에서는 '가이아의 뇌파'

또는 단순히 '지구의 주파수'라고 부르기도 한다.

또한 이 주파수를 지구심장박동주파수라고 하며 우리 인간들은 이러한 환경하에서 적응되어 살아왔으며 진화를 거듭해 왔다. 이 주파수는 거의 일정하게 유지되는데 천둥 번개가 바로 주파수를 일정하게 유지하게 하는 원인이라고 알려져 있다. 이러한 현상은 맑은 날에도 1초에 200번의 번개가 발생하여 이 주파수를 유지시킨다.

슈만의 가설이 증명된 것은 1960년대 들어와서인데 번개 에너지에 의해 발생된 전자파는 전리층으로부터 지표를 향한다. 그리고 지표면에서는 다시 전리층으로 향하는 현상이 발생하여 전자파는 지구와 전리층 사이를 왕복하며 공명현상을 일으킨다.

슈만 공진 주파수는 전리층이 올라가면 지구와 전리층간의 공간이 넓어짐으로 인하여 주파수가 내려가고 태양으로부터 자기폭풍이 일어나면 전리층이 소실되기 때문에 슈만 공명이 일어나지 않는다. 슈만 주파수의 평균주파수는 7~11 Hz 정도로 알고 있는데 여기에서 우리가 주목할 것은 슈만박사가 지난 80여 년 전 처음 발견할 때에 7.83 Hz로 일정하게 유지되던 것이 10여 년 전부터 최근까지 지속적으로 상승하여 현재에는 10.1 Hz에 머무르고 있다고 하는 것이다.

슈만공명에 의해 만들어지는 전자파의 주파수는 멀리 날아가는 것과 동시에 인체와 건물을 투과하는 성질을 가지고 있으며 이전자파의 주파수는 우리 인체의 뇌와 심장의 주파수와도 거의 일치한다. 이러한 이유는 인간이 장시간 동안 지구 환경하에서 성장하고 진화하는 동안 환경에 적응해온 증거라고 해석된다.

인간의 뇌파는 다섯 가지로 분류하는데 델타파, 세타파, 알파파, 베타파, 감마파가 그것이다. 델타파는 0.5~4 Hz 범위로 잠잘 때나 혼수상태에 나타나며, 심신의 치유에 도움을 주고 깊은 수면 상태에서 발생되는 뇌파이다. 세타파

보다 더 느리게 움직이고 4 Hz 이하에서 형성되는 델타 상태에 있을 때는 잠들어 있거나 무의식 상태임을 말하는 것으로 델타파 상태에서 많은 양의 성장 호르몬을 생성시키기도 한다.

세타파는 4~8 Hz 범위로 꾸벅꾸벅 졸고 있거나 잠들었을 때 나타난다. 얕은 수면 상태에서 알파파보다 더욱 느린 세타파가 발생되는데 세타파는 지각과 꿈의 경계상태로 불리기도 한다. 이 상태에서는 예기치 않은, 꿈과 같은 마음의 이미지를 종종 동반하게 되고 그 이미지는 생생한 기억으로 이어지는 경험을 하게 된다. 이것은 곧 갑작스러운 통찰력 또는 창조적 아이디어로 연결되기도 하고 초능력이라는 비 현실적이고 미스터리한 환상적 상태로 비춰지기도 한다. 때로는 우리가 오랫동안 어려움을 겪었던 문제해결의 아이디어를 제공하는 창조적인 힘이 되기도 하는 주파수이다.

알파파는 8~14 Hz 범위로 명상 같은 편안한 상태에서 나타나며 스트레스 해소 및 집중력 향상에 도움이 되며, 우리가 눈을 감고 몸을 이완시키면, 뇌파의 활동은 속도를 완화시킨다. 이때 우리 뇌는 13 Hz에서 8 Hz 사이의 알파파를 폭발적으로 생산하게 되고, 뇌는 알파파 상태가 된다. 알파파 상태는 뇌의 이완 상태이며 의식이 높은 상태에서 몸과 마음이 조화를 이루고 있을 때 발생되는 뇌파이다. 알파파를 명상파라고도 하는데 근육이 이완되고 마음이 편안하면서도 의식이 집중되고 있는 상태를 말한다. 그러므로 알파파가 나오면 몸과 마음이 매우 안정된 상태임을 뜻하며 건강하고 스트레스 없는 상태의 사람들은 알파파 활동상태가 많이 생성되는 경향이 있다.

베타파는 14~30 Hz 범위로 긴장, 흥분 상태 등 활동할 때에 나타난다. 운동력 향상에 도움이 되며, 의식이 깨어있을 때의 뇌파이다. 이 상태가 계속해서 지속되면 뇌는 혼돈에 이르고 초조해지고 학습효율도 저하된다. 따라서 바람직한 상태로 뇌를 유지하고 뇌의 활동을 활발하게 하기 위해서는 저뇌파 상태가 유지되도록 해야 하며 일상생활 중에 대부분 사람의 뇌파는 베타파로 14

헤르츠(Hz)에서 100 Hz 이상으로 빠르게 움직인다. 우리가 눈을 뜨고, 걷고, 흥분하고, 외부 세계에 초점을 맞추고 있는 베타파가 우리 뇌를 지배한다고 이해를 하면 옳을 것이다.

감마파는 30~50 Hz 범위로 강한 스트레스나 불안 초조할 때의 뇌가 발하는 주파수이고 간혹 도를 수련하는 이에게서 볼 수 있는 뇌파의 형태이다.

슈만 공명주파수는 뇌파의 종류 중에서 우리가 가장 필요로 하는 알파파와 주파수의 범위가 일치하고 있다. 그런데 지구 고유주파수가 점차로 올라가고 있다면 이것이 우리 인간에게도 영향을 줄 것으로 생각된다. 일부학자들은 현대인들이 성질이 급해지고 포악해지는 원인을 여기에서 찾기도 하는데 필자도 이와 같은 견해를 갖고 있다.

지구 고유주파수의 상승은 인간에게 여러 영향을 미칠 것으로 생각되는데 우선 뇌파의 변화이다. 우리의 뇌파는 알파파 상태일 때 최적의 기능을 발휘하는데 주파수의 상승으로 알파파에서 베타파로 변하여 짜증, 불면증, 신경질 등이 높아질 것으로 예상된다. 일본에서 닭을 가지고 뇌에 16 Hz 전자파를 가한 실험을 하였는데 "Ca성분의 배설이 감소하였다."라는 결과를 얻었다고 한다.

그리고 비둘기 머리에 조그만 자석을 올려놓는 실험을 해보면 비둘기가 제대로 날지도 못하고 비틀 비틀 걷는 현상을 목격하기도 한다. 철새에서도 유사한 현상이 나타나는데 미국의 과학자가 철새의 뇌를 해부해보니 뇌가 자철광 물질로 되어 있었으며 철새의 뇌에 자석을 얹어 놓자 길을 찾아오지 못했다는 실험 결과를 내놓기도 했다.

이렇듯 지구 고유의 주파수와 생명체하고는 매우 밀접한 관계를 가지고 있다. 그리고 다우저는 지구의 고유주파수는 물론 지구에너지의 미세한 교란 파장을 감지하는 것이다. 저주파수의 전자파는 빛의 속도로 진행을 하며 인체 내에 전류를 유도하고 신경을 자극하여 인체가 실시간적으로 지구의 내부에

그림 1-2. 지구전리층과 슈만 공명을 일으키는 번개

너지, 다시 말해 지하자원과 지구 유해파, 그리고 생기(生氣)에너지를 탐사할 수 있는 것이다.

3. 지구에너지와 다우저

지구에너지는 크게 두 가지로 분류할 수 있다. 인체에 유익한 영향을 주는 생기(生氣)에너지와 인간의 삶에 해로운 영향을 주는 유해파(harmful earth radiation, geopathic stress)가 그것이다. 우선 생기에너지는 인체에 좋은 에너지를 공급하는 것을 말하는 것으로 동양 관점에서 보면 풍수지리(風水地理)라는 학문으로 접근하여 인간의 삶에 유익한 에너지를 얻는 것을 말하고 서양적인 관점에서 보면 레이라인(ley line)이라고 하는 인체에 유익함을 주는 에너지를 추구하는 것을 말한다.

동양 풍수의 관점은 장풍득수(藏風得水)의 원리로서 바람을 가두고 물을 얻는 방법을 체계화하여 인간의 삶을 풍요롭게 할 수 있도록 수천 년간 이어져

온 개념을 말하며 역사의 진행과 더불어 시대적 상황과 환경적 요인에 따라 발전을 거듭하여 오늘날 체계화된 하나의 자연과학으로 정립이 되었다.

서양의 레이라인(ley line)과 수맥을 찾는 방법은 다우저라고 하는 에너지를 탐사하고 예측하는 전문가들에 의해서 추구되어 졌는데 정확한 기원은 알 수 없지만 성경과 같은 오래된 역사서에서 찾을 수 있는 것으로 미루어 역시 수천년 동안 지속된 걸로 보고 있다.

우리나라의 풍수는 특히 입체적인 산의 모양과 방향을 가지고 용(龍), 혈(穴), 사(沙), 수(水)를 찾아 삶에 유익한 위치 선정을 하고 마을을 정하는 양기풍수(陽基風水), 집을 들이는 양택풍수(陽宅風水), 동기감응론에 의하여 조상을 모시는 돌아가신 영혼들을 위한 음택풍수(陰宅風水)분야로 발전해 왔다. 이러한 풍수지리는 지구의 탄생과 더불어 45억 년 동안 우주의 에너지와 지구의 에너지에 의해서 조성되어진 자연(自然)에 형태를 가지고 삶을 영위하고 용도에 알맞는 적합한 부지를 선정하여 생활과 문화를 건설하여 가는 행위를 말하는 것이다.

바람이 많고 추운 지방에서는 추위를 피하고 안락한 삶을 살기 위하여 태양이 양지바르게 비추는 남쪽을 추종하게 되고, 북풍을 막기 위해 배산임수(背山臨水)를 찾게 되며 보다 좋은 기운과 경관을 확보하기 위해, 즉 조망권과 수

그림 1-3. 풍수지리로 명당을 찾는 모습

해(水害)로부터 보다 안전을 확보하기 위해 전저후고(前底後高)의 원칙을 고수하였다. 또한 건축물이 들어서면 집안에 온화한 기운이 돌고 찬 기운이 서리는 것을 막기 위해 전착후관(前窄後寬)이라는 원칙을 만들게 되었는데 이러한 요소는 집을 지을 때 고려해야 할 필수적인 요소이며 과학이 발전된 오늘날에 살펴보아도 분명 의미가 있는 일이라 하겠다. 배산임수란 산을 등지고 낮은 곳을 향하라는 의미이고 해로운 바람의 영향을 줄이는 의미와 자연 현상으로부터 위치의 안전을 확보하여 가족의 건강과 무명장수를 약속 받는 좋은 배치의 방법이다. 전저후고는 주건물의 위치는 높아야 하고 보조 건물의 위치는 낮아야 한다는 의미로 경사진 정도에 따라 주위 환경과 위치의 안정성을 확보하려는 것인데, 만일 이를 지키지 않으면 공기의 순환이 불규칙하게 되어 정신이상자나 허약자가 발생하기 쉽다. 그래서 선인(先人)들은 전저후고(前底後高)에 세출영웅(歲出英雄)이라 했다. 전착후관은 출입하는 곳은 좁아야 하고 건물에 비해 정원이 넓어야 안정감이 생겨 공기의 순환이 조화를 이루어 사람의 기를 맑게 해주어 옛사람들은 전착후관하면 부귀여산(富貴如山)이라 했다.

그러나 더운 지방에 삶의 터전을 마련하였던 사람들은 바람이 있어야만 시원하고 환기가 잘되며 음식물의 저장 및 보관이 용이하여 바람을 피하는 것이

그림 1-4. 가상(家相)이 잘 갖추어진 모습

아니라 오히려 바람이 부는 곳을 찾았으며 물이 많이 필요하고 귀하기 때문에 물을 찾는 기술이 발전하는 문화를 낳았으며 물을 확보하는데 용이하고 해를 피할 수 있는 장소에 위치를 선정하여 삶을 영위하였다.

그리고 남쪽의 햇빛이 너무나 뜨겁기 때문에 남쪽을 싫어하고 북쪽과 서쪽을 찾고 경배하는 문화가 발생하게 되는 것이다. 이와 같이 놓여진 자연적인 환경 상황에 따라서 좋고 나쁨이 다르게 인식되어 질 수 있는 것이 풍수지리이다. 그러므로 풍수지리는 지역적으로 다양한 특성이 있는데 이를 무조건 옳다고 하거나 정제 없이 그대로 받아들여서는 큰 낭패를 보기 십상인 것이다.

비단 이러한 의미는 집을 지을 때만이 아니라 죽은자를 묻는 음택을 선정할 때도 바람의 영향이 적고 물난리에 걱정이 없이 시신을 잘 보관할 수 있는 위치를 찾았으며, 마을이나 국가의 도읍을 정하는데 있어서도 전쟁 시 방어의 용이성과 식량의 자급자족 등을 고려하여 위치와 부지를 알맞게 선정하였다.

서양의 풍수라는 개념은 레이라인이라는 것으로 찾게 되는데 이 레이라인은 인체에 유익한 영향을 주는 에너지를 말하는 것으로 주로 태양과 달, 그리고 우주의 행성들에 의해서 지구에 형성되어지는 것으로 생각하고 있다. 이러한 관점에서 스톤헨지의 거석문화와 선사시대의 고인돌, 잉카문명 등이 생겨난 것이다. 이러한 레이 에너지는 수레바퀴모양으로 에너지가 응집되어 있으며 건축을 하거나 조각품 등을 위치시키거나 할 때 부지를 선정하는데 활용한다.

위에서 살펴본 것처럼 동양적인 관점에서 보면 좋은 위치선정과 합리적인 배치로 삶에 좋은 영향을 주는 부지와 에너지를 선택하는 것으로 웰빙의 삶을 유지하였다. 그러나 서양의 관점은 상이한 접근방법을 가지고 있는데 오히려 유해한 파장이나 에너지를 찾아서 필요한 부지와 위치를 선정하여 웰빙의 삶을 영위하였다.

인간의 삶에 해로운 영향을 주는 유해파(harmful earth radiation, geopathic stress)는 서양에서 많은 탐사와 문화적인 발전이 이루어 졌으며, 우리나라에

그림 1-5. 레이라인을 이용한 부지선정과 건축이 된 교황청과 버킹검 궁전

전래가 된 것은 불과 10여 년 전의 일이다. 그러한 이유로 아직도 정확한 정의와 풍수지리에 비하여 학문적인 체계도 미흡한 실정이다. 이에 필자는 이러한 혼돈의 상황에서 미력하나마 망망대해를 항해하는 나침반의 역할을 하고 싶은 심정으로 이 부분을 성의를 다하여 정리하였다.

유해파(harmful earth radiation, geopathic stress)는 인간이 살아가는데 해로운 영향을 미치는 에너지를 말하는 것이다. 지구유해파는 그림과 같이 45억 년 동안 형성되어진 우주 속의 지구에 만들어진 고유한 에너지를 교란하는 모든 에너지를 말하는 것이다. 이 유해파의 형성 기전은 크게 두 가지로 분류하여 볼 수 있다. 하나는 지구의 지표와 대기권의 전리층, 우주 행성들의 에너지에 의해서 형성되어지고 교란되어진 자기맥 에너지가 있고 또 하나는 지하 수십 킬로미터 내부에서부터 발생되는 에너지들이 지표로 올라오는 과정에서 교란된 에너지들에 의해서 만들어지는 에너지 형성 기전이 있다.

지구의 지하 수십 킬로미터 세상에서는 지금 이 순간에도 마그마가 끓고 있으며 여기에 고온 고압이 가해져 핵융합과 핵분열반응이 지속적으로 발생하고 있다. 즉, 원자폭탄과 수소폭탄이 지속적으로 지구내부에서 폭발하고 있다고 생각하면 된다. 그러면 이러한 에너지는 어디로 방출이 될 것인가? 바로 우리가 살고 있는 지표로 올라올 것이다. 지표의 두께와 구성물질의 밀도에 의해서 감약이 일어나고 잔여의 에너지가 지표로 올라오는 것이다. 이것이 지표의 고유한 에너지가 되는 것이다. 이 에너지 환경에서 인류는 적응하고 생활하여 왔기 때문에 에너지가 인체에 해로운 영향을 미치지는 않는다.

그러나 이러한 환경에서 지표로 올라오는 에너지가 중간 혹은 지표근처에서 에너지 전달이 일어나는 공명현상(resonance)이 일어난다면 다른 상황이 발

그림 1-6. 지구유해파 에너지의 발생 원리

생할 것이다. 에너지의 범위가 예측하기 어려울 만큼 넓고 크게 변조되어 지표로 올라올 것이 자명한 일이다. 이렇게 변조되어 올라오는 에너지가 오랜 시간동안 인류가 진화하는 과정에서 적응되어온 에너지 범위가 아니므로 인체에 영향을 주어 유전인자세포에 변형을 초래하고 스트레스를 주어 병인성 지대 또는 병인성 에너지로 작용을 하는 것이다.

지구는 이 순간에도 스스로 회전하는 자전 운동과 공전 운동을 우주의 섭리에 따라서 규칙적으로 반복하고 있다. 이런 현상이 지구를 하나의 작은 막대 자석과 같이 만들어 지구의 고유 자기장을 띄게 한다. 그러한 이유로 극지방에서는 평균 0.7 gauss, 적도 지방에서는 0.3 gauss 정도를 나타내고 이것을 산술평균 얻어 지구의 평균 고유자기장을 0.5 gauss라고 한다. 1 gauss의 의미는 500 A가 흐르는 도선에서 1 m 떨어진 지점에서 자계의 세기를 의미한다.

지구는 하나의 막대자석과 같이 자기장을 가지고 있으므로, 자극을 갖게 되고 자력선을 가지게 된다. 이러한 자력선이 지나가는 라인이 형성되어 지고 여기에 대기권의 전리층과 지표의 공명현상에 의해 에너지 전달과 변형이 일어날 것이고 이는 지역적 위치에 따라 각기 다른 에너지 값을 만들게 될 것이다.

이러한 교란된 에너지 라인을 자기맥(磁氣脈)이라고 한다. 자기맥의 종류에는 스위스의 의사인 커리박사가 1950년 발견한 것으로 네트의 방향이 북서-남동, 남서-북동으로 흐르는 커리 라인, 독일의 의사인 Dr. E. hartmann이 연구하여 발견한 것으로 남북, 동서로 일치되는 +형의 하트만 라인, 독일의 다우져인 Anton benker가 발견한 뱅커라인, 커리자기맥 에너지를 초월한 특별한 에너지 170×170 m 라인, 하트만 라인의 에너지가 보다 강한 250×205 m 라인, 100 m 자기맥 라인이 겹치는 400×400 m 라인이 있다.

커리 라인은 스위스의 의사인 커리(Manfred Curry)박사가 1950년 발견한 것으로 에너지 라인의 방향이 북서-남동, 남서-북동으로 흐르는 자기맥이다. X형으로 폭은 75 cm~1 m 정도이다. 이 라인은 서동쪽은 간격이 크고 극지(남극과 북극)로 갈수록 적어진다. 우리나라의 경우 대체적으로 3~4.5 m의 일정한 간격으로 형성되어 있다.

캐시바흘러는 커리맥의 폭은 대개 일정한 간격으로 형성되어 있다고 발표하였으며, 두 개의 (-)라인이 교차되는 곳에서는 수면장애, 생리적 기능 저하, 세균감염, 류마티스 등의 우려가 있다고 했으며, (+)교차지점에서는 세포가 번성하며 암세포의 증식이 빨라지는 것이 발견하였다고 보고 하였다. 지구의 유해에너지인 커리맥이나 수맥, 어느 것이든 발병요인을 가지고 있으며, 특히 교차하는 장소는 더욱 해롭다 라고 그의 저서 "수맥이 뭐길래"에서 말하고 있다.

하트만 라인은 독일의 의사인 Dr. E. hartmann이 연구하여 발견한 것으로 남북, 동서로 일치되는 +형의 자기맥이다. 하트만 라인은 2.5×2 m 간격으로 설정이 되며 폭은 10~25 cm이다. 하트만 라인은 한 개의 +, − 라인으로 나타나기도 하지만 두 개의 라인이 겹쳐 있기도 하며 이들간의 상호 작용에 의해서 새로운 에너지 라인을 만들어 내기도 한다. 충전교차점(+)과 방전교차점(-)과의 거리는 남북 2 m, 동서 2.5 m 정도이며, 각 교차점의 폭은 21 cm 정

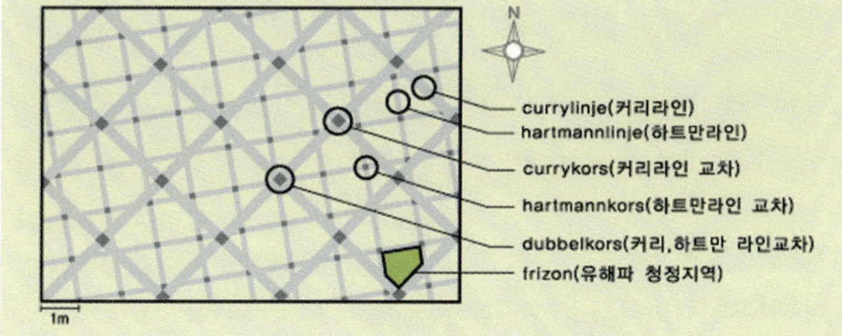

그림 1-7. 지구 자기에너지 라인

도이며 지상에서의 교차점의 형태는 우물 모양으로 형성이 되어진다. 다시 말해 교차점은 둥근 원으로 에너지 라인이 형성이 된다 라고 생각하면 된다.

동서 방향의 하트만 라인은 동양철학에서 음양의 원리에서처럼 양(陽)의 성질을 가지고 있으며 뜨겁고 빠르게 진행한다. 남북방향의 하트만 라인은 음(陰)의 성질을 가지고 있으며 차갑고 느리게 진행하는 것이 특징이다. 또한 하트만 라인은 계절과 시간적으로 변화무쌍하게 변화하는 환경에 대단히 민감하게 반응하여 에너지 라인을 형성한다.

이러한 이유는 자기맥 에너지 라인은 우주공간으로부터 무차별적으로 쏟아 붓는 우주선과 지하의 광물질과 지질학적 이상 구조에 의해서 고유의 에너지가 왜곡되어진 에너지들이 하나 또는 여러 개가 상호작용하여 만들어진 에너지 라인이기 때문이다.

하트만 라인은 지진이 오기 전에 그 폭이 2배로 넓어진다고 하였으며 거미, 파리는 이 지역에서 생활하는 것을 좋아한다고 한다. 또한 동물들이 이 라인에 배설하는 것을 좋아한다고 전문가들은 말하고 있다. 교차점에서는 방사파가 50% 증가되며 불면증 류마티스, 암, 위, 심장, 간장, 신경질환에 영향이 있다.

뱅커라인은 독일의 다우저인 Anton Benker에 의해서 발견된 것으로 10×10 m 라인으로 남북과 동서로 배열하는 에너지 라인을 말한다. 하나의 뱅커라인에는 적어도 5개 이상의 하트만 라인이 존재하는데 하트만 라인 보다 에너지는 비교할 수 없을 만큼 강하다. 이것들은 규칙적이고 교차적인 배열로 충전교차점(+)지점과 방전교차점(-)으로 구분된다. 충전교차점은 세포확대와 세포증식을 암(癌)의 성장점까지 향상시킨다고 하였고, 한편 방전교차점은 전염성을 증가시킨다고 하였다.

이외에도 커리자기맥 에너지를 초월한 특별한 에너지 170×170 m 라인, 하트만 라인의 에너지가 보다 강한 250×205 m 라인, 100 m 자기맥 라인이 겹치는 400×400 m 라인 등이 있다.

4. 지구에너지 과학적 측정방법

지구에너지를 직관적으로 감지하고 활용하기 위하여 엘로드(L-ROD), 펜쥬럼, 등의 기구를 가지고 대부분이 탐사를 하고 있다. 그러나 이러한 도구를 이용한 탐사 행위 자체가 대단히 주관적이며 잘못 해석을 할 수 있는 경우를 상당 부분 가지고 있다. 이러한 도구를 활용하여 수맥이나 광맥을 찾기도 하며 건강 상태를 진단하기도 한다.

우리나라에 수맥탐사방법과 도구가 전래된지 100년의 세월이 넘게 흘렀지만 지구에너지를 실증할 수 있는 과학적 조사와 연구가 거의 전무한 실정이다. 최근에 전기비저항 탐사법으로 지하의 수맥을 찾는 다고는 하지만 사람이 수맥을 찾는 확률보다 그다지 신뢰할 수 있는 수준이 아닌 것으로 알려져 있다.

외국에 경우에는 과학적 탐사방법이 있기도 한데 독일 뮤니히의 헤르베르트 콘니히 박사는 병인성 지구 스트레스 지대에서 잠을 자거나 머물 경우 인체의 혈액침전작용 비율이 변한다는 사실을 발견하였으며 지구 스트레스 지역에 장시간 노출될 경우 심장이상으로 발전해 갈 수 있다고 발표하였다.

스위스 조셉 에이코프 박사는 흙과 공기 등의 전기전도율과 지구에너지 파형에서 전기전도율이 다른 것을 측정하였으며 지하수 열구의 상층부에서 극초단파의 증가와 적외선 방출강도의 상승을 발견하였으며 지하수맥의 위 부분에 쥐를 넣은 나무상자를 놓아둔 결과 심한 요동, 서로 물어뜯기, 새끼들을 잡아먹는 등의 여러 가지 증상을 보인 것을 발표하였다.

최근에는 지하수류와 물의 주변으로 연결되고 있는 지류와 곁붙어 있는 지역의 수직상층부에서 전기화학적 수치가 과학적으로 측정되어 프랑스에서 조사자들이 발견한 사실을 입증하기도 하였다. 미국에서는 방사능 측정장치를 이용하여 대수층 위 부분에 있는 감마선의 방사를 탐지하기도 하였다. 이러한 과학적 연구에도 아직까지 지구에너지는 전자기 혹은 전류와 연결되지 않고 여전히 파악하기 어려운 상태로 남아있다.

이에 본 서에서는 지구에너지의 과학적 측정방법으로 활용할 수 있는 측정 장치를 소개하고자 하며 이 측정장치는 다우저들의 탐사행위를 입증하고 향후 또 다른 신과학의 발전에도 많은 기여를 할 것으로 생각된다.

4.1. 레요메터 PS10을 사용한 측정

30년 전부터 지구에너지 주파수의 연구를 한 Paul Schmidt에 의해서 측정되어진 방법이며 현재 독일과 여러 나라에서 지구에너지를 수맥, 단층, 지면의 균열, 동굴, 자극대의 바둑무늬와 같은, 지면하에 있는 장해 대역의 고유의 진동을 공명을 이용하여 측정하는 장치이다.

지면으로부터의 유해한 파동은 10~20의 정상상태의 파장범위보다 비교적 파장의 강도가 큰 것으로 측정되고 있다. 그리고 유해한 파동이 겹치거나 집중되는 장소에 거주하는 사람이나, 동식물에도 많은 해로운 영향을 미치는 것으로 알려져 있다.

유해파장의 교차점, 수맥, 단층에 공통되고 있는 22.00~24.75 범위의 진동수는 사람의 세포구성요소(세포핵, 염색소, 리보좀 등)의 진동수와 일치하여 사람의 세포와 공명현상을 일으키고 인체에 영향을 미치는 것으로 알려져 있다.

지구 유해파 진동 주파수는 단일 주파수로 구성되는 것이 아니고 복수의 주파수, 즉 Spectrum을 구성하고 있다(그림 1-8).

지구유해파가 환경에 영향을 미치는 주파수는 수맥과 단층에 있어 강한 마이너스의 극성을 가지고 있으며 강하게 감소하고 변조되는 특징을 갖고 있다. 광역 바둑무늬의 주파수에서는 그 극성이 교대로 바뀐다(그림 1-9).

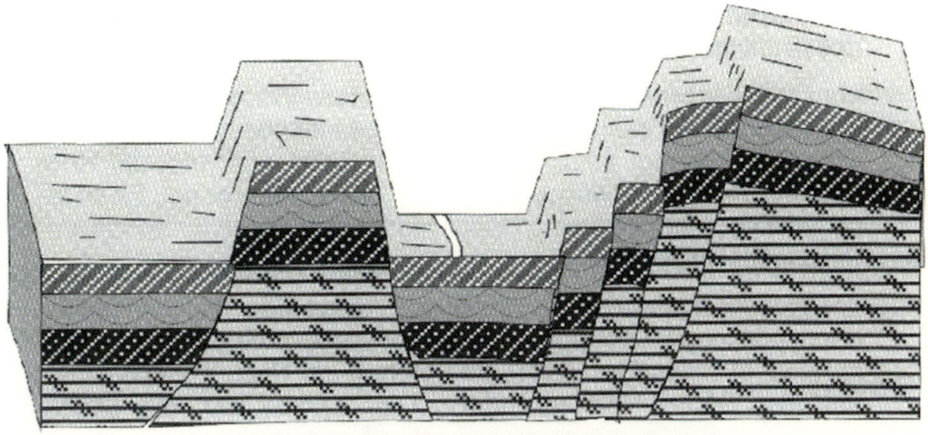

그림 1-8. 지구 지하 지각단층의 구조

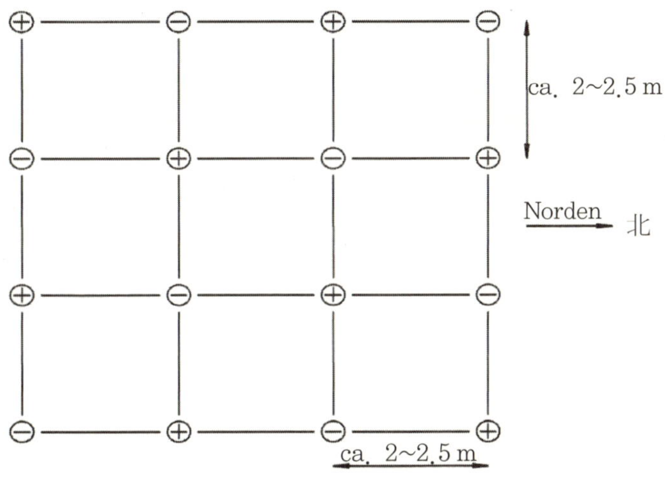

그림 1-9. 지구 에너지 라인의 구조

수맥과 단층은 진동 주파수 범위가 22.00~24.75이고, 그 범위에는 많은 공명 주파수가 존재한다. 모든 유해파 영역 진동주파수에는 22.5가 공통되어 존재한다.

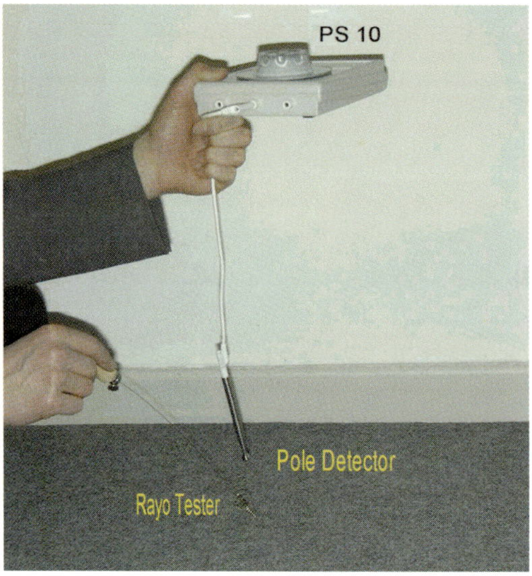

그림 1-10. 레요메터 PS10과 레요테스터로 주파수 측정

개개의 장해 대역에 특유의 주파수를 조사해 보면 46.5는 광역 바둑무늬 위치, 64는 수맥에만, 14는 단층에만 볼 수 있는 주파수이다.

4.2. 네오라드메터 ME-5를 사용한 측정

네오라드메타 ME-5는 저자가 고안하고 특허를 출원한 지구에너지 및 바이오에너지, 생체지수 등을 측정할 수 있는 장치로 지구에너지를 종류별로 구분하여 측정 분석할 수 있는 기능을 가지고 있다.

이 측정장치는 나노크기의 과학으로 지구에너지를 측정 분석하려는 국내 선구자적인 측정 장치이며 기(氣)과학을 연구하는 연구자나 지구에너지를 활용하는 많은 연구자들에게 도움을 줄 것으로 기대한다.

표 1-1은 네오라드 메타-ME5로 측정한 결과인데 지구유해파의 영향을 정확하게 실험하고 구분, 탐구하기 위하여 에너지 종류별로 측정하였으며 BW지수와 SN지수를 보여주었는데 BW지수는 생체신호를 분석하여 얻은 결과이

며 SN지수는 생체신호와 에너지 크기를 조합하여 수학적 처리 과정을 거쳐 획득한 값으로 지구유해파 청적지역에서의 값은 35~36으로 나타나며 이 값에서의 편차가 에너지의 교란으로 얻어진 유해파의 크기이다. 이 결과를 바탕으로 향후 지구유해파의 연구와 지구유해파 중화의 확인에 유용하게 활용될 것으로 기대한다.

네오라드 메타 ME-5를 이용하여 현재 많은 연구를 시도하고 있다. 특히 동식물과 지구유해파 환경이 미치는 영향을 조사하고 연구시도를 하고 있는데 자연 방사환경의 유정란 생산 농장에서 지구 유해파의 영향을 측정하고 실험한 결과, 지구유해파 중화결과 유정란 생산수율이 약 10% 정도 증가하는 것으로 나타났으며 육계 생산 과정에서도 5~12%의 성장기간과 체중, 그리고 자연 치사율 등의 면에서 개선 효과가 있는 것으로 나타났다(그림 1-11).

양질의 유기농 버섯을 생산하려면 접종률이 우수한 종균을 생산하여 농가에 보급을 하여야 하는데 접종과정에서도 지구 유해파가 영향을 주는 것으로 기초 실험에서 확인되어 이 분야에도 연구를 진행할 예정이다. 이와 같이 지구에너지는 우리의 생활과 많은 연관성을 가지고 있는 것으로 생각되며 이 분야에 대한 끊임없는 연구를 통하여 삶에 유익하도록 개선시키는 과정이 필요할 것이다.

표 1-1. 네오라드메타 ME-5를 이용한 지구에너지 측정 결과

구 분	중화 전 BW 지수	중화 후 BW 지수	중화 전 SN 지수	중화 후 SN 지수
수맥파 지역	18.6	15.4	29.53	35.83
자기맥파 지역	16.7	14.7	31.62	35.39
레이에너지 지역	16.71	17.75	34.58	35.77
생기에너지 지역	16.5	17.6	35.34	36.35

그림 1-11. 지구유해파 중화를 통한 유정란과 육계 생산 실험

또한 꿀벌을 이용한 양봉과정에서 지구유해전자기파가 존재하는 지역에서 꿀벌의 실종과 양봉 생산 수율이 크게 떨어지고 있는 실정이다. 이에 지구유해전자기파 중화 시스템으로 꿀생산효율과 번식률을 개선, 실험과 제품을 연구할 예정이다.

네오라드 메타 ME-5는 인체에 유익함을 주는 에너지와 해로운 영향을 주는 에너지를 구분, 측정할 수 있어 다우져의 탐사 행위를 정량적으로 분석하고 설명할 수 있는 장치이다. 이러한 결과를 더욱 발전시켜 다우져 탐사행위를 한 단계 앞선 과학으로 승화할 수 있을 것으로 판단되며 이 분야의 많은 연구가 이루어지길 기대해 본다.

5. 지구에너지의 영향

5.1. 지구유해파가 식물에 미치는 영향

지구유해파의 영향을 실험하기 위해 봄에 철쭉을 동일한 나무에서 동일한 크기와 상태의 꽃을 채취하여 수맥파가 있는 곳과 없는 장소를 선택하여 성장을 지켜 본 결과 수맥파의 존재 유무에 따라서 개화되는 시기, 꽃이 지는 시기, 식물이 죽는 시기가 다르다는 것을 확인할 수 있었다.

그림 1-12에서 노란 표식이 있는 사진이 지구유해파 환경 하에서 성장한 철쭉의 모습이며 표식이 없는 사진이 지구유해파가 없는 환경에서 자란 모습이다. 제일 먼저 그림은 3일 후의 모습이며 가운데 있는 그림은 2주가 경과한 모습이고, 나중의 그림은 4주가 경과한 모습을 보여주는 것이다. 이 실험에서 알 수 있듯이 지구유해파는 식물에게 스트레스를 유발시켜 노화작용을 촉진시키고 개화를 빨리하게 하고 빠르게 시들게 하는 작용을 한다. 이는 식물들의 영양분이 적고 환경이 악조건일 때 종족을 번식하기 위하여 성장을 멈추고 시기상조로 열매를 맺는 이치와 같다할 것이다.

그림 1-13에서 좌측 사진은 충남 G지역의 마을 뒷산에서 지구유해파가 지나가는 형태로 나무와 식물들이 고사되어 있는 모습을 보여준다. 이 지구유해파가 지나는 장소에 30년 된 전나무가 고사되어 있는 것을 확인하였는데 물이 흘러가는 물길과 같은 모양으로 수맥파의 영향이 미친다는 것을 보여주는 장면이라 할 수 있겠다. 우측의 사진은 경북 G지역의 한 사찰 입구에서 자라던 나무의 사진인데 고사되어 있는 모습을 확인하고 수맥 측정을 해본 결과 나무 중심으로 교차 수맥이 흐르고 있었다. 이는 교차수맥이 있으면 강한 수

그림 1-12. 지구유해파의 유무에 따른 식물의 성장 변화

그림 1-13. 지구유해파의 식물에 대한 영향

그림 1-14. 지구유해파의 식물에 대한 영향

맥파가 형성되고 형성된 수맥파가 나무에 영향을 주어 고사상태에 이르게 한 것이다.

죽은 사람의 집이라 하여 음택(陰宅)이라 하는 묘의 잔디에도 영향을 미치는데 잔디는 지구유해파의 영향에 약하다는 것을 확인할 수 있다. 그림 1-14처럼 지구유해파의 영향으로 봉분이 허물어지고 잔디가 자라지 못하는 환경이 조성된다. 또 지구유해파(수맥파)가 있으면 다른 오염 목근의 침입이 잘 이루어지는데 그림 1-14의 왼쪽쪽 그림의 중간에서처럼 나무가 교차 수맥파

위로 자라는 것을 볼 수 있다. 이렇듯 지구유해파는 우리의 생활과 관련된 식물에 많은 영향을 주고 있음을 알 수 있다.

5.2. 지구유해파가 동물에 주는 영향

지구유해파는 인간을 포함한 동물들에게도 영향을 미치는데 동물의 경우 개, 소, 말, 돼지, 노루, 꿩 등은 지구유해파를 싫어하는데 지구유해파 환경하에서 이와 같은 동물들을 사육할 경우는 동물들이 이유 없는 질병에 시달리거나 시달리다가 폐사하는 경우가 많다. 개는 놓아서 키우는 경우가 아닐 때 줄에 묶여 있는 개가 어느 정도까지는 자라다가 면역력이 약해져 어느 기간에서 이유 없이 죽는 경우가 종종 발생하는데 이는 지구유해파하고 관련이 많다. 돌아다니는 개의 경우는 지구유해파를 피해서 휴식을 취하거나 수면을 취하는데 묶여있는 개의 경우는 그렇지가 않기 때문이다.

꿩이나 닭 같은 경우도 지구유해파가 강한 지역에서 사육할 경우 산란율이 저하되고, 부화율이 저하된다는 보고도 있다.

반대로 지구유해파를 좋아하는 동물들도 있는데 대표적인 동물인 고양이이다. 고양이는 애완용이 아닌 야생의 고양이를 말하는데 고양이는 일부러 지구유해파 환경인 곳을 찾아 휴식을 하고 잠을 자는데, 그 이유는 다른 동물로부터 본인을 보호하기 위하여 항상 경계 태세를 갖춘 상황에서 있어야 하기 때문에 지구유해파를 찾아 수면을 취한다는 것이다. 그래서 과학자 들은 고양이를 지구유해파 지표동물(Radiation seeker)이라고 한다. 이밖에도 지구유해파를 좋아하는 동물로는 개미, 바퀴벌레 등이 있다.

그림 1-15 오른쪽은 고양이가 지구유해파(수맥파) 위에서 잠을 자고 있는 사진인데 필자가 촬영을 끝내고 고양이가 있는 장소를 탐사해 보니 교차 수맥이 흐르고 있었으며 그림에서 보듯이 다른 주변의 장소들은 잔디가 잘 자랐는데 고양이가 있는 장소에만 유독 잔디가 자라지 못하는 것을 확인할 수 있었

그림 1-15. 지구유해파(수맥파)의 동물에 대한 영향

다. 오른쪽 그림은 외국의 바닷가에서 자유롭게 돌아다니는 개가 휴식을 취하고 있는 모습이다. 이 장소에서도 탐사를 해보니 지구유해파(수맥파)를 전혀 찾아 볼 수가 없었다. 이러한 이유에서 개가 잠자는 곳에 잠자리를 잡으면 아무런 해가 없고 고양이가 잠을 자는 곳에 잠자리를 정하면 불면증에 시달리는 것이다. 그리고 개미가 많은 주변에 지하수를 개발하면 물이 나올 확률이 높은 것도 경험을 통해 알 수 있는 사항들이다.

5.3. 지구유해파가 인체에 미치는 영향

지구유해파파가 인체에 영향을 주는 기전은 두 가지로 설명할 수 있다. 첫째는 불면증이나 신경질 등과 같은 단기적 영향이다. 단기적 영향을 미치는 경로는 지구유해파가 인체의 감지기관을 따라 흘러 송과체를 자극하고 멜라토닌(melatonin)이라는 신경 전달 물질 분비를 억제하고 스트레스를 생성한다. 생성된 스트레스는 시상하부를 자극, 신경을 흥분시켜 척수를 통해 교감신경 절전섬유에 신호를 전달하여 부신 수질에 이르러 카테몰아민이라는 물질을 분비한 결과로 심박수 증가, 혈압상승, 간에서 당원을 방출 포도당으로 전환시켜 혈액내로 방출, 세기관지 확장, 각성상태 증가, 소화기계 기능 억제, 요량감소, 대사율 증가 등과 같은 영향을 인체에 미치게 된다.

이와 같은 지구유해파의 영향은 외국의 연구와 국내연구, 필자의 실험에서 증명한 내용이기도 하다.

둘째로는 불면증 및 암, 원인 불명의 질병을 유발하는 장기적 영향을 들 수 있다. 장기적 영향을 미치는 경로는 지구유해파가 인체 감지 기관을 통하여 송과체를 자극하고 멜라토닌 분비를 억제시켜 스트레스를 생성하고, 생성된 스트레스는 부신피질 자극호르몬과 유리 호르몬(CRN)을 자극하고 신호를 뇌하수체 전엽에 전달하여 부신피질 자극 호르몬(ACTH)을 분비, 혈액 중으로 이동하여 부신피질에 영향을 주어 "염류코르티코이드"와 "당류코르티코이드"를 분비한다. 염류코르티코이드는 신장의 Na^+, 수분 재 흡수하여 혈류량 및 혈압이 증가하여 질환을 일으키며, 당류코르티코이드는 단백질 및 지방을 포도당으로 전환, 포도당을 신생하여 혈당을 상승시키고 면역계를 교란 및 억제하여 종양괴사인자(TNF-α : Tumor Necrosis Factor)분비를 감소시켜 각종 암을 유발한다.

지구유해파의 인체의 영향은 잠자리와 많은 연관을 갖는데 그 이유는 지구유해파가 송과체에 영향을 주어 멜라토닌 분비를 억제하여 인체의 바이오리듬에 영향을 주기 때문이다.

휴식의 의미로 해석되는 잠은 생존에 있어 아주 중요한 기능을 가지고 있다. 잠자는 동안 인체세포의 80%가 재생되는가 하면 낮 동안의 활동으로 흐트러져 있던 각종 호르몬 기능이 조화를 찾게 되는 것도 잠의 기능이다. 사람은 잠잘 때 지구유해파에 가장 취약하며 유해파에 의하여 인체의 전기적, 자기적 균형을 교란함으로써 여러 가지 질환으로 나타난다.

지구유해파와 인체의 영향을 정리하면 표 1-2와 같다.

표 1-2. 지구유해파의 인체에 대한 영향

신체 부위	증 상
머리 부분	불면증, 신경성질환, 정신병, 숙면방해, 우울증, 악몽, 치매 등
가슴 부분	고혈압, 중풍, 수족마비 (남자 ; 좌측반수불수 / 여자 ; 우측반수불수)
머리에서 발끝으로	담낭염, 경련, 다리통증, 현기증, 기절 등
발끝에서 머리로	악몽, 우울증, 몽유병, 식욕감퇴, 당뇨, 자살 등
상체 하체	자궁외임신, 복부질환, 불임

5.4. 지구유해파가 일상생활에 미치는 영향

지구유해파가 우리 일상생활에 미치는 영향은 건물이나 도로의 균열, 흉가의 형성, 전자제품에의 영향으로 기계의 오동작과 공장에서의 불량생산품 증가, 자동차의 급 발진 사고, 낙뢰의 영향 등을 말할 수 있다.

지구유해파의 원인으로 건물이나 도로의 균열이 만들어질 수 있는데 균열이 있다 해서 반드시 지구유해파의 영향이라고 단언해서는 안 된다. 부실공사

그림 1-16. 지구유해파의 건물과 도로에의 영향

의 원인으로도 균열이 갈 수도 있기 때문이다. 지구유해파가 발생하는 부분은 가라앉고 지구유해파 파장이 없는 부분은 그 상태를 유지하려고 하는데서 경계에서 끊어지려는 힘, 즉 전단력이 작용하여 이로 인해 건물 및 지반에 균열이 생긴다.

필자의 경험에 의하면 가로로 생기는 건물의 균열이나 파열은 설계 오류나 시공오류에서 오는 것이라 할 수 있으며 수직으로 건물에 균열이 가는 경우는 시공사의 잘못이 없다고 할 것이다. 이것으로 미루어 보건데 수직 균열이 발생한 경우는 지구유해파의 영향이거나 지층침하의 원인이라고 할 수 있는데 주변에서 공사 현장이나 지각변동(지진), 교통 소통량이 많지 않은 경우에서는 지구유해파의 영향으로 보아야 할 것이다. 도로의 균열인 경우는 교통 소통량과 도로를 통과하는 차량의 진동과 공사부실, 지층 침하, 지구유해파의 영향에 의해 발생되는데 이중 절반정도는 지구유해파의 영향에 의해서 발생된 것이라 할 수 있다.

다음으로 흉가의 형성을 들 수 있는데 수맥탐사를 가보면 폐가나 주인의 이동이 잦은 집은 탐사결과 지구유해파의 영향을 많이 받는 것을 찾아 볼 수 있다. 풍수지리를 하는 사람들은 방향이나 오행에 맞지 않게 건축이 되었을 때 이런 일이 발생한다고도 한다. 그리고 최근 자료를 보면 흉가, 귀신이 나오는 집들의 자기장을 측정해보면 일반적인 주택보다 자기장의 세기와 변동이 많다 라고 보고 되고 있다. 지구유해파가 강하면 자기장의 변동이 있는 것은 주지의 사실이다.

전자제품에 대한 지구유해파의 영향은 유해파 파장이 전자제품에 영향을 줄 수 있는 에너지와 일치 하였을 때 발생하는 것으로 경북 G지역의 반도체 공장에서 불량제품 생산이 늘고 원인을 찾아 시정을 해보려 노력을 했지만 헛수고였다가 지구유해파를 차단 및 중화한 후 불량제품 생산이 없어졌다는 일화는 수맥을 하는 사람이면 잘 아는 사실이다.

그림 1-17. 지구유해파의 전자부품 영향

그리고 최근 자동차의 급 발진사고가 종종 신문지상을 기록하고 있는데 이도 지구유해파의 영향이라고 보는 견해가 많다. 필자도 이에 의견을 같이 한다. 자동차 급 발진사고는 주로 자동 변속기를 장착한 자동차에서 많이 발생을 하는데 자동변속기는 정밀 전자회로로 되어 있는데 이 회로의 주파수와 지구유해파가 공진현상을 일으켜 급출발을 하는 신호가 만들어지는 것으로 생각된다.

지구유해파 탐사 전문가들이 유해파 탐사를 해 본 결과 자동차 급 발진사고가 일어난 장소에서는 유해파(수맥)이 크게 지나가는 것을 확인할 수 있었다고 한다. 그림은 급 발진사고가 일어났던 장소를 보여주는 것인데 교차유해파가 자동차를 관통하고 있음을 알 수 있다.

이외에도 낙뢰는 수맥교차 지점으로 떨어진다는 보고가 있기도 하며 지구유해파(수맥)와 우리의 일상생활과는 아주 밀접한 관계를 가지고 있다.

필자는 어느 날 거리에서 한 스님을 만났는데 수맥중화 제품을 사러 오셨다고 하였다. 그래서 수맥에 대해 아시느냐고 물었더니 되레 화를 내면서 이렇게 말씀하셨다. 내가 석,박사는 아니지만 수맥의 영향을 실험한 것으로 치자면 본인은 박사논문 10편쯤은 거뜬히 썼을 거라고 말하였다. 그럼 어떤 실험을 하셨냐고 하니까 된장을 수맥이 있는 곳과 없는 곳에 놓고 관찰을 하였고, 밥을 하여 역시 수맥이 있는 곳과 없는 곳을 구분해 관찰을 하였으며 간장 기타 등등의 음식물을 가지고 구분하여 관찰한 결과 수맥이 없는 장소에서는 음식물의 보관이 변질되지 않고 오래 보관이 되며, 수맥파가 없는 장소에서는 음식물이 부글부글 끓며 고약한 냄새를 내며 부패를 하더란 것이다. 그리고 얼마 전 큰 스님이 잠을 잘 수가 없다고 해서 본인이 가지고 계셨던 수맥차단 제품을 드렸더니 곧바로 잠을 잘 주무셨다고 해서 제품을 돌려 달라고 할 수가 없어서 제품을 구입하러 오셨다고 했다. 여기에서와 같이 지구유해파(수맥파)는 항상 우리의 일상과 함께하고 있기 때문에 잘 파악하고 슬기롭게 대처해야 한다.

6. 지구에너지 스트레스의 대처법

1939년 레하브레의 삐에르꼬디가 암희생자의 침대 밑에 있는 이온화에너지(전류)를 측정하였는데 일반 지표면보다 훨씬 높은 수치임을 발견하였다. 그리고 이러한 이온화에너지를 제거하기 위해서 그는 일정 수의 환자들의 침대 밑에 1 mm의 동판과 연판(鉛版 ; lead sheet)을 깔았다. 그런데 얼마 지나지 않아 그 환자의 암 발병 부위의 바로 밑 부분 동판과 연판 색깔이 공작의 깃털색인 청색(peacock blue ; 광택 있는 녹색을 띤 청색)이나 노란 금색으로 변하였다. 그것은 연판이 항구적인 보호 판이 될 수 없는 것을 보여 주는 것이다. 오히려 그자체가 인체에 해로운 좌회전 포논 에너지를 발산하는 것이다.

우리나라에서도 모 업체에서 장판타일에다가 동판을 부착한 수맥중화 제품이 선을 보였다가 문제가 된 이유도 이와 같은 결과일 것이다.

최근 오스트리아의 한 교사 캐시바클러는 병인성 지구교란 지대를 광범위하게 조사하여 그 지역에서 병인이 시작되었다고 자신이 믿었던 1,100명의 질병사례들을 조사 발표하였다. 그녀는 환자들이 자신들의 침대나 작업장소를 보다 적당한 곳으로 옮기도록 도와주었으며, 그 결과 매우 효과적인 효험을 보았다고 한다. 그녀의 연구초점은 자신이 이름붙인 지구유해파가 학교의 아동들에게 끼치는 영향을 중심으로 한 것인데, 그것은 학생들의 건강상의 측면뿐만 아니라 물론 학습능력에 관한 것도 포함된 것이었다. 학습효과에 실패하는 학생, 지도하기 힘든 학생, 극도로 산만한 학생들의 95% 정도가 병인성 지구 스트레스 지역에 살고 있음을 발견한 것이다.

캐시바흘러는 교실 안에서 학생들의 책상위치를 3주일 또는 4주일에 한 번씩, 한 줄에 앉은 학생을 옆에 있는 줄로 옮겨 이동토록 함으로써 스트레스적 환경에 장기간 동안 고통 받는 학생이 없도록 할 수 있다고 믿었다.

캐시바흘러가 지적한 흥미로운 사실 중 하나는 지구유해파가 인체의 지나가는 부위에 따라서 질병의 양상이 관련되어 있다는 것이다. 지구유해파 파장이 머리를 지나가면 머릿속에 울혈을 만들고 악몽을 꾸게 하며, 우울증과 심지어는 자살을 유도하기도 하는듯하다는 것이다. 또한 현기증, 균형감 상실, 까무러침 등의 원인이 될 수 있다고 보고했다.

알스톤에 있는 민간연구센터의 크리스토퍼 맥나니에 의한 최근의 조사에서 발표한 바, 집시들이나 방랑자들이 놀랍게도 질병발생의 비율이 낮은 수치를 보인다고 한다. 암발생에 대한 설문에서 그 지역의 사망자가 25~33%인데 비하여 그들은 1% 미만이었음이 우리들 사회에서 심장병, 그 외의 심각한 병증들이 아주 만연한데 비해, 또한 그들에게서는 그 비율도 매우 낮다. 그들의 생활양식이 그들의 건강한 삶에 기여할 수 있는 것이라고는 거의 없는 것으로 생각되며, 또한 그들은 담배를 피우고 술을 마시며, 별도의 건강식품이나 다이어트 제품도 사용하지 않는 생활환경을 가지고 있다.

이러한 사실로 미루어 보건대, 만병의 근원은 일차적으로 거주하는 장소로부터 기인되는 것으로 생각된다. 다시 말해 짚시족과 같은 유목민족 스타일은 지구유해파 스트레스 지역에 오래 머무르지 아니하고 다른 지역으로 자주 이동하기 때문에 유해파의 영향을 덜 받아 발병률이 적은 것으로 생각된다.

지구유해파의 현명한 대처방법으로 가장 좋은 방법은 위치를 이동하거나 피하는 방법이 지구유해파의 영향으로부터 가장 안전하게 대피하는 방법이 될 수 있으며 완벽한 대처 방법이 될 수 있다. 그러나 대부분 주택이나 아파트의 주거 공간은 한정되어 있으므로 피할 공간이 없는 것이 현실이다. 이럴 경우에는 지구유해파 중화제품을 이용하여 지구유해파를 흡수 및 중화하는 방법으로 지구유해파의 영향을 벗어 날 수 있을 것이다.

6.1. 잠자리 옮김, 위치변경으로 지구유해파 대처 방법

집의 경우 지구유해파가 집 전체에 영향을 주고 있는 경우가 아니라면 우선 잠자리가 유해파의 영향이 없는 곳으로 옮겨져야 하며, 사무실 등의 경우 위치 변경으로 예방할 수 있다. 짚시 민족의 경우는 암 발생 확률이 거의 자연 치사율에 가까울 정도로 드물게 나타나는데 외국의 학자들은 이 원인이 지구유해파에 오랫동안 노출되지 않기 때문에 암 발생률이 적다고 보는 견해도 있다. 그러나 현대인들이 문명 생활을 영위하는 대부분 거주지의 경우는 공간이 작아서 옮길 위치가 없으므로 다른 방법으로 지구유해파의 영향을 예방해야 할 것이다.

6.2. 지구유해파 중화제품을 이용한 지구유해파 대처 방법

지구유해파 중화 및 차단 방법에는 우선 기존 제품으로 많이 제작되었던 동판으로 차폐를 들 수 있는데 이것은 전자파는 접지를 통해서 차폐를 할 수 있지만 지자기를 비롯한 자기장이나 방사선 등은 차단을 할 수 없다. 최근 방송(1998년 9월 2일 MBC 9시 뉴스보도) 영국 다우저 협회의 연구 등으로 미루어 볼 수 있듯이 동판으로 지구유해파를 영구적으로 중화 및 차폐를 하기는 어려울 것으로 생각된다.

이외에도 자석, 수정, 귀금속 등으로 수맥을 차단 한다는 제품들이 많이 출시되고 있으나 이도 아직 확실한 검증이 이루어지지 않고 있다. 그래서 본장 에서는 17가지 광물질로 구성되어 여러 공정 단계를 거쳐 과학적으로 상당히 입증된 우회전 포논 에너지를 방사하는 "네오라드" 제품을 가지고 지구유해파의 중화실험과 중화하는 방법에 대해 소개하기로 하겠다.

6.2.1. 유해파 지역 서식 미생물의 네오라드를 통한 중화실험 결과

지구유해파 지역의 토양을 채취하여 12시간을 저장하는 과정에서 7시간 네오라드(Neorad)라는 유해파 중화제품에 노출시킨 후 미생물을 배양하여, 유해파 중화 제품의 효과를 입증할 목적으로 실험을 수행하였고 결과를 관찰하였다. 그림 1-18 왼쪽 그림은 지구유해파 지역에서 채취한 토양으로 직접 미생물을 배양한 결과이며 오른쪽 그림은 네오라드(Neorad)라는 지구유해파 중화제품을 이용하여 미생물의 성장에 영향을 준 후에 미생물을 배양한 결과이다.

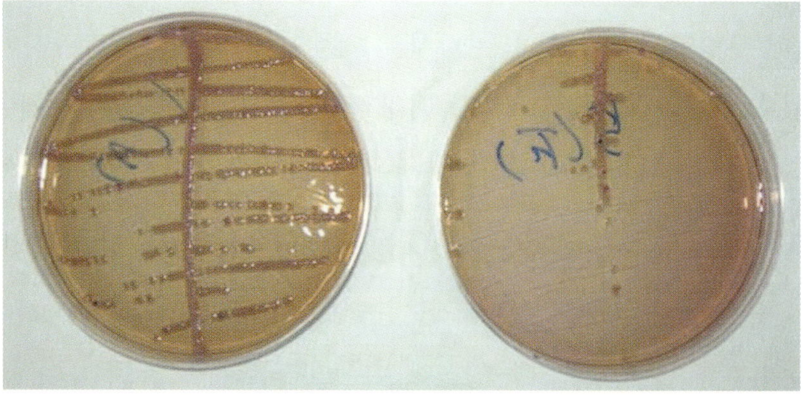

그림 1-18. 유해파 성장 미생물 중화 효과

이러한 실험결과를 통하여 지구유해파 중화제품을 사용하였을 때 미생물 수가 상대적으로 적음을 알 수 있었으며 이는 지구유해파 중화제품이 지구유해파 환경에서 생장하는 미생물에 영향을 준다는 것을 입증한 결과이다.

6.2.2. 지구유해파의 인체에 대한 영향 중화실험 결과

지구유해파의 인체에 대한 영향의 중화 실험은 그림 1-19에서 보는 것처럼 도플러 초음파 장치를 이용하여 지구유해파 지역과 유해파 청정지역에 침대를 설치하고 대상자들을 침대에 편안한 자세로 20분 안정시킨 다음 검사를 실시하였다. 이 때 유해파 중화제품인 네오라드(Neorad)를 대상자의 머리부분과 발끝에 설치하여 30분 경과한 후에 대상자들의 대정맥 혈압과 혈류속도를 측정하였다.

중화 실험 결과는 표 1-3에 나타난 것과 같이 지구유해파 영향 지역의 대정맥에서 측정한 혈액의 평균속도 값이 0.80[m/s], 혈압이 2.58[mmHg]이었고 중화제품을 설치하고 30분 경과한 후에 측정한 대정맥의 혈압 평균속도 값은 0.58[m/s], 혈압이 1.32[mmHg]로 나타나 유해파 중화제품이 유해파를 흡수 및 중화하여 인체에 영향을 미치는 것이 감소되어 혈압과 혈류속도는 유

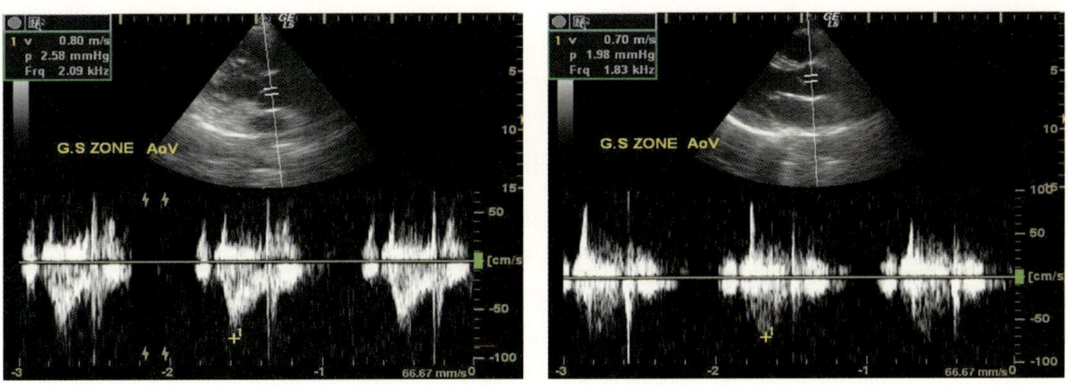

그림 1-19. 혈압 심장박동수의 유해파 중화 효과

표 1-3. 혈압 심장박동수의 유해파 중화 실험 결과

구 분	중화 전	중화 후
혈류속도[m/s]	0.80±0.23	0.58±0.21
혈압 [mmHg]	2.58±0.8	1.32±0.7
혈류주파수[kHz]	2.43±0.37	1.63±0.4

해파가 영향을 주지 않는 환경과 유사한 값을 나타내는 것으로 생각되며 이것은 지구유해파 중화제품이 효과가 있다는 것을 증명하는 결과이다.

6.2.3. 네오라드(Neorad) 중화제품의 불면증 개선 및 유해파 중화 효과 MRI 실험 결과

표 1-4에서 불면증개선 효과인 유해파 중화효과의 측정 결과를 보여 주고 있는데 여기에서 신호대 잡음비(SNR)는 SI/standard deviation of back ground로 구하였으며 송과체 실질부위에서 FLAIR기법으로 얻은 영상에서 바이오 에너지를 방사하는 네오라드 제품을 가지고 있을 경우 남성에서 342±162.89, 여성에서 350±190.0이었고, 동일한 크기와 무게를 가지고 있

표 1-4. 불면증개선 및 유해파 중화 효과 MRI 실험 결과

SNR	(A)		(B)		(C)	
	SI(M)	SI(F)	SI(M)	SI(F)	SI(M)	SI(F)
송과체	342 ±162.89	350 ±190.0	297 ±164.23	312 ±181.01	289 ±146.84	292 ±285.0
송과체관	585 ±155.8	594 ±142.8	475 ±194.54	490 ±178.0	460 ±143.71	480 ±180.0

SI(M) : signal intensity of male
SI(F) : signal intensity of female

었을 경우 남성에서 297±164.23, 여성에서 312±181.01이었으며 아무것도 가지고 있지 않을 경우가 남성에서 289±146.84, 여성에서 292±285.0으로 나타나 바이오 에너지를 방사하는 네오라드 물질을 가지고 있을 경우가 남성, 여성 모두 송과체 실질 부위의 SNR이 증가하는 것을 확인 하였다. 이것은 우회전 포논 에너지가 송과체를 자극하여 수면에 관여하는 호르몬인 멜라토닌을 분비하는데서 기인된 것으로 사료된다.

송과체관 실질부위에서에서 FLAIR기법으로 얻은 영상에서 바이오 에너지를 방사하는 네오라드 제품을 가지고 있을 경우 남성에서 585±155.8, 여성에서 594±142.8이었고, 동일한 크기와 무게를 가지고 있었을 경우 남성에서 475±194.54, 여성에서 490± 178.0이었으며 아무것도 가지고 있지 않을 경우가 남성에서 460±143.71, 여성에서 480±180.0으로 나타나 바이오 에너지를 방사하는 네오라드 물질을 가지고 있을 경우가 남성, 여성 모두 송과체관 실질 부위의 SNR이 증가하는 것을 확인하였다. 이러한 현상은 바이오 에너지가 송과체를 자극하여 수면에 관여하는 호르몬인 멜라토닌을 분비하는데서 기인된 것으로 사료된다.

이상의 결과에서 바이오 에너지를 방사하는 네오라드 제품을 가지고 있을

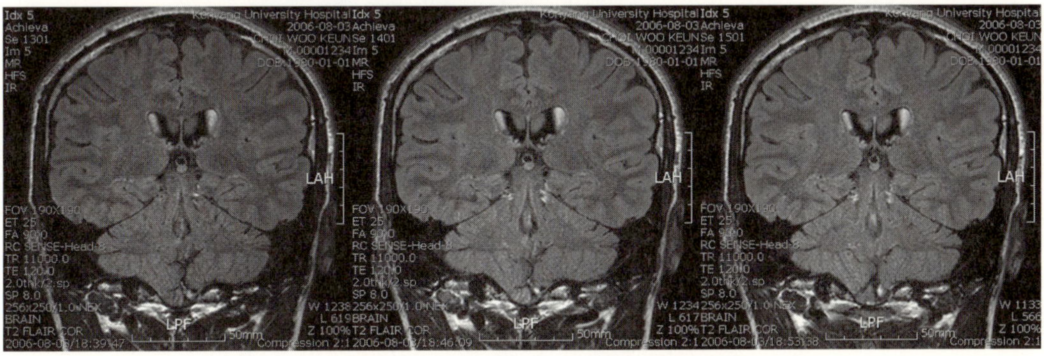

그림 1-20. 남성의 FLAIR MRI영상

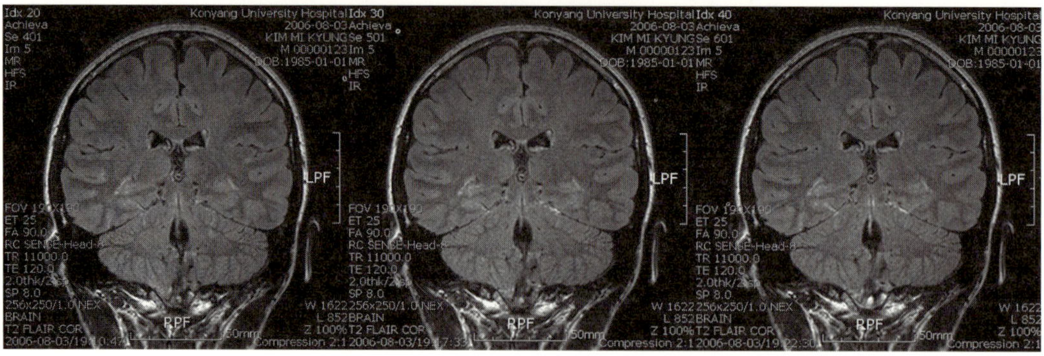

그림 1-21. 여성의 FLAIR MRI영상

경우 송과체에서 분비물을 분비하여 그렇지 않은 경우보다 유의성 있게 송과체와 송과체관의 SNR 차이를 보였으며, 남성, 여성의 차이는 유의한 차이가 없었다.

6.2.4. 네오라드(Neorad) 중화제품 학습 집중력 개선효과 실험 결과

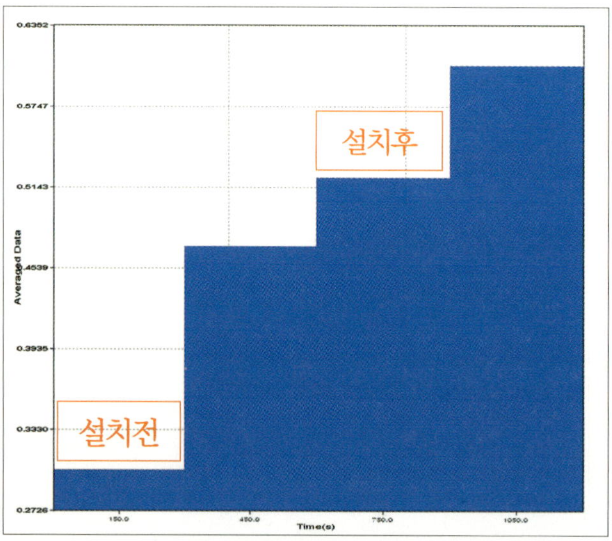

그림 1-22. 지구유해파 중화 학습 집중력 향상 효과

그림 1-22에서 보여주는 것처럼 지구유해파 지역에서는 스트레스를 받는 관계로 뇌파 중에서 베타파의 증가가 두드러지게 나타나게 되며 이러한 결과로 학습 집중력이 현격히 저하하게 된다. 이러한 상황에서 네오라드 유해파 중화제품을 설치하고 20분 정도 지나게 되면 뇌파 중에서 스트레스를 받게 되면 증가하는 베타파 성분은 감소하고 집중력을 향상시켜 주는 알파파의 성분은 점차로 증가한다. 이러한 결과로 유해파 지역에서 학습 집중력이 2배 이상 증가하게 된다.

6.2.5. 네오라드(Neorad) 중화제품 설치 중화 방법

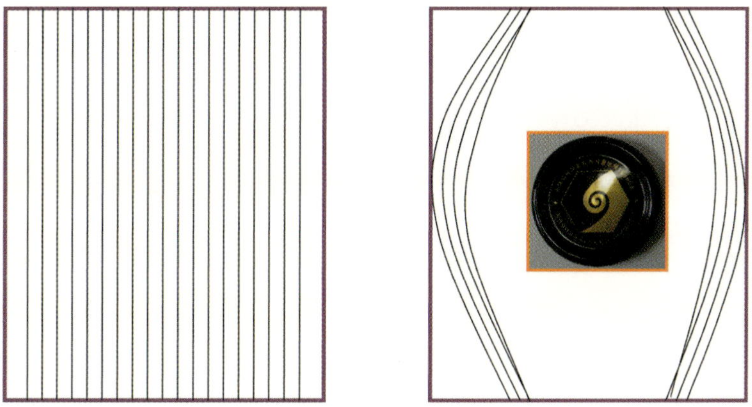

그림 1-23. 지구유해파 흡수중화 원리

중화원리를 한마디로 설명하면 흡수, 중화 및 밀어내는 원리라고 말할 수 있다. 그림 1-23에서 보는 것처럼 좌회전 포논 에너지가 수직종파의 형태로 올라오게 되면 중화제품이 우회전 포논 에너지를 방사해 흡수하고 중화하면서 밀어 내는 원리이다. 이렇게 되면 아파트의 경우 1층에서 수맥 중화 및 차단을 하면 2층이나 다른 층의 사람들은 수맥파의 영향을 받지 않아야 하는데 지구유해파 측정을 해보면 그렇지 않은 것이 현실이다. 유해파중화 제품을 사용하면 중화제품의 에너지에 따라서 일정한 공간만큼만 지구유해파의 영향이 사라지게 된다.

그러므로 2층이나 다른 층에서는 다시 지구유해파가 모여 그림처럼 진행을 하여 인체에 영향을 미치는 것이다. 이는 자석에서 자기력선이 지나가는 것에다가 반발을 할 수 있는 또 다른 자석을 갖다 대면 자기력선이 찌그러들었다가 자석을 떼면 원상 복귀하는 원리와 같다고 이해하면 된다. 이때 자기력선의 모양은 원래는 보이지 않지만 주변에 철가루를 뿌려 놓으면 이런 현상을 잘 관찰할 수 있다. 따라서 지구유해파 중화 및 차폐는 모든 층에서 개별적으로 실시를 하여야 할 것이다.

지구유해파 중화 제품을 사용하려면 우선 유해파를 측정하여 환경에 알맞게 제품을 설치하는 것이 가장 이상적인 방법이기는 하지만 전문가에게 측정이나 상담을 의뢰하기 어려운 경우는 그림 1-24처럼 방의 구석에 유해파 중화제품을 놓거나 거실의 중간이나 침대 밑에 놓아두면 유해파가 중화되어 좋은 기운을 갖는 쾌적한 환경이 만들어 진다. 이때 방마다 설치를 하는 것이 타당하다. 우회전 포논에너지는 측정을 해본 결과 좌회전 포논에너지로 충만되어 있는 금속성 물질이 있는 곳은 에너지가 뚫고 방사하지는 못하기 때문이다.

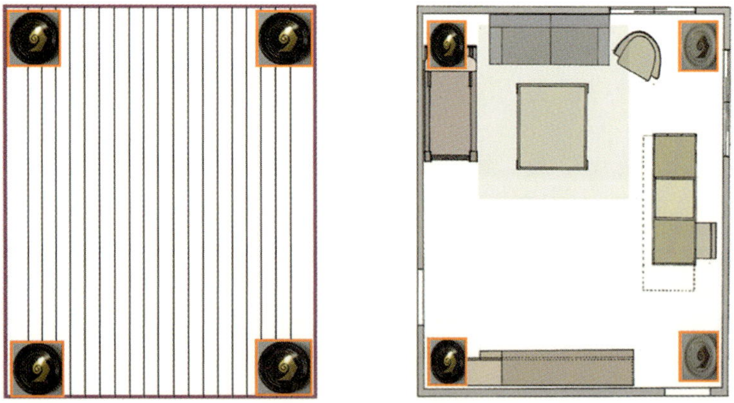

그림 1-24. 일상생활에서 지구유해파 중화제품 설치 방법

7. 지구유해파 중화 제품의 처방방법

지구유해파 중화제품인 네오라드(Neorad) 처방법은 앞에 기술한 것처럼 편하게 실내공간이나 사무실 자동차 안에 설치하기 용이한 장소에 적당히 설치를 하는 것만으로도 효과를 볼 수 있다고 언급한 바 있다.

그런데 서구 유럽과 미국을 여행하면서 그들이 동양과학의 일종인 음양오행의 원리를 이해하고 연구하여 실내 인테리어나 웰빙의 삶을 영위하는데 적용을 하고 있어서 필자가 상당히 고무적으로 받아들였다. 특히 Feng-shui라는 세계 공통어로 표기되는 풍수가 Interior로써 선풍적인 인기를 끌게 된 것은 미국에서 1986년 10월 캘리포니아 버클리에 중국인 림륜(林雲)이 림륜사(林雲寺 ; 륜림사라고 발음하기도 함)를 열고, 활동영역을 넓혀가자 동양의 신비주의에 매료된 서양인들에 의해 급속도로 확산되면서 부터이다.

중국 북경 출신인 림륜은 17세 때, 그곳에서 라마승에게 풍수를 배웠다. 흑색 모자를 쓰고 다니는 라마승 계파에게서 배웠기에 이를 흑모파(Black Hat sect) 풍수라고 부르며 일명 BTB(Black hat Tantric Buddist)풍수라고도 한다. 최근 림륜의 제자이며 미국하버드대학 의대 교수인 다니엘 케네디의 저서 "천재A반을 위한 생활 속의 풍수"는 전세계적으로 수억권 이상이 판매되어 그 인기를 입증한 바 있다.

그런데 이러한 BTB풍수는 우리나라 풍수나 사상, 철학, 과학에 비하면 학술적인 면이나 체계적인 면에서 한참 뒤떨어져 있다고 생각된다. 다시 말해 학문적인 체계를 갖추고 있다고 생각되지 않는다는 견해이다. 그러면 이렇게 세계적으로 선풍적인 유행을 창조한 이유는 과연 무엇일까? 그것은 대중들이 어렵지 않게 일상생활에서 쉽게 응용할 수 있다는 것이 가장 큰 특징이라는 점이다. 또한 이론적인 체계도 간단하면서도 동양과학의 원칙에 부합한 점이다.

서양에서는 기(氣)에너지를 공기(Air)에너지라고 부르기도 하는데 이 이유는 공간을 통해서 에너지가 전달되고 영향을 전달하는 것이다. 그래서 이러한 풍수기법을 공간풍수 라고도 하는데 이러한 공간 풍수의 특징은 세 가지로 표현할 수 있다.

첫째, 기의 연결법이다. 공간풍수의 개념은 생활 환경으로부터 너무 멀리 떨어져 있거나 지표면 아래 깊이 묻힌 기를 끌어내어 연결 활용하는 방법이다.

예를 들면, 속이 빈 대통의 꼭대기에 조명들을 부착한 다음 그 대통을 땅에 꽂음으로써 지하의 기를 빨아올린다. 또 다른 예로는 한쪽 귀퉁이가 없는 가옥은 불완전하게 보인다. 이럴 경우 만일 그 인근에 차고나 헛간이 있다면 두 건물 사이를 샛길이나 배수구로 연결해서 상징적으로 가옥의 형상을 완전하게 보완해 준다.

둘째, 기의 균형법이다. 이는 주변 환경과 조화를 이루도록 하는 방법이다.

만일 가옥이 불균형적인 형상으로 건축되었다면, 조경이나 건축적 특색을 덧붙임으로써 조화를 꾀할 수 있다. 예를 들어 가옥의 왼쪽으로 치우쳐 차고가 설치된 경우, 거주자들은 외출할 때마다 왼쪽방향을 틀어 걷게 되어 그들의 생각도 항상 한쪽으로 치우치게 된다. 이런 경우에는 가옥의 오른쪽에 샛길을 내거나 바위를 놓음으로써 형태상의 균형은 물론 상징적으로 새로운 길이 열리게 되어, 거주인의 진로 개척에 도움을 주게 된다.

셋째, 기의 고양법(高揚法)이다. 이것은 기의 흐름을 증가(power-up) 또는 완화(power-down)시키는 방법이다. 밝은 조명이나 분수 혹은 기포가 올라오는 어항 등은 약하고 침체된 기를 활성화 시키고 나아가 집안의 기 순환을 돕는다. 반면 위협적이고 강력한 기의 흐름이 존재할 경우에는 모빌, 풍경, 작은 종 등을 설치함으로써 이런 기를 흩뜨릴 수 있다. 예를 들어서 벽이 현관에 지나치게 인접해 있으면 실내의 기와 거주인들의 발전 기회를 억압하고 막아 버리게 된다. 이럴 때는 그 벽에 거울을 부착하여 깊이 있는 느낌을 연출하거나 또는 현관문이 열릴 때마다 켜지는 전등을 설치하는 것이 바람직하다. 이렇게 하면 거주인의 기가 높이 상승해서 압박하는 벽의 영향을 거의 받지 않게 된다.

최근에 각광을 받고 있는 컬러풍수인테리어라는 것도 음양오행설을 그 바탕에 두고 있다.

음양조화이면 길하고, 음양부조화는 흉하다. 오행상생은 길이며 오행상극은 흉이라는 기본원리를 응용하고 활용하고 있는 것이 컬러풍수인테리어다.

컬러풍수인테리어는 그 활용에 있어서 경제적이라는 장점을 갖고 있다. 색깔은 사람들의 심리에도 영향을 주기에 이것까지 적절히 활용하면 풍수효과를 증폭시킨다.

오행설은 또한 방위와 시간과도 조합되어 있기에 컬러풍수는 폭넓게 활용될 수가 있다.

이러한 방법론은 이론적으로는 논술할 수 있으나 현상적 결과에 대해서는 입증할 수 없다는 단점이 있다. 또한 음양오행설은 관념론이기에 자칫하다가는 이현령 비현령식이 되어 풍수병통에 빠질 수 있다는 위험성을 내포하고 있는 것이 컬러풍수인테리어의 단점이기도 하다.

이상에서 살펴본 것처럼 우리 일상생활에서 좋은 영향을 줄 수 있는 여러 인자가 있다. 이러한 인자들을 통하여 지구유해파의 영향을 최소화하고 유익한 에너지는 최대로 고양하여 일상생활에 응용하는 일명 "음양오행 웰빙 처방법"이 네오라드 중화제품의 처방방법이다. 음양오행 웰빙 처방법의 원리는 그림 1-25에 보인 것과 같다.

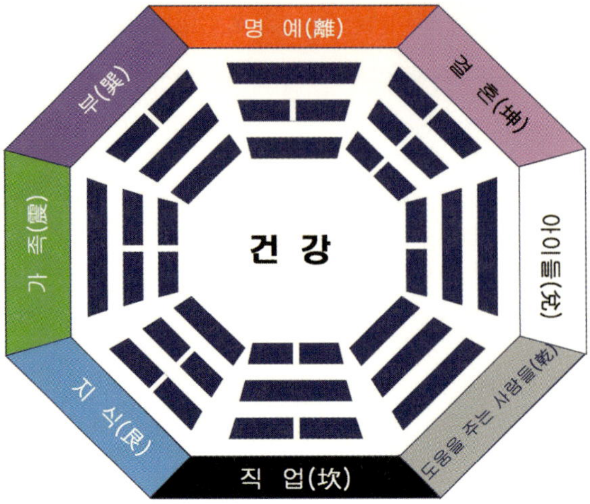

그림 1-25. 음양오행 웰빙 처방방법

그림 1-25에서 보는 것처럼 어떤 방향에서의 기운이 부족하면 그 기운을 보강해 줄 수 있는 방향에 유해파 중화 제품인 네오라드를 설치하면 부족한 기운이 보강되고 건강과 행운의 에너지를 끌어 모아 웰빙의 삶을 윤택하게 하여 준다.

7.1. 네오라드 양택(陽宅) 및 사무실 처방법

네오라드 처방원리인 "음양오행 웰빙 처방법"으로 필요한 공간마다 처방을 하여 인테리어를 완성하면 되는데 그림 1-26의 오른쪽은 명예를 고양하기 위해 처방을 한 예를 보여 주는 것이다. 이와 같이 왼쪽의 그림에 나와 있는 것처럼 주 출입구를 기준으로 하여 에너지를 고양할 부분에 또는 필요한 기운이 요구되는 부분에 제품을 설치하면 지구유해파 중화는 물론 원하는 행운의 에너지까지도 보강을 할 수 있는 처방법이다.

그림 1-26. 거실 및 침실에서의 네오라드 처방법

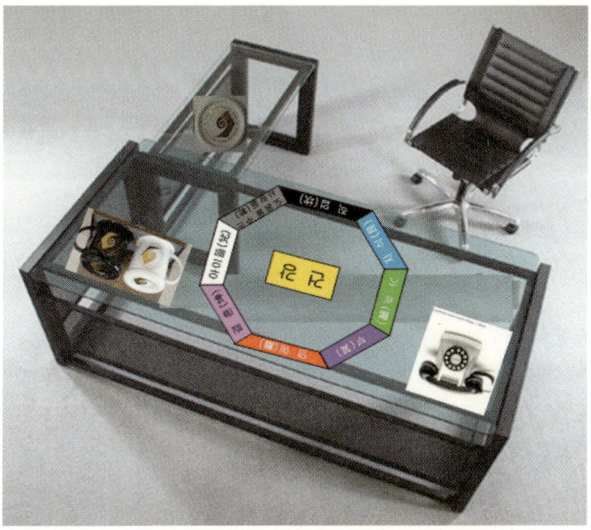

그림 1-27. 사무실 책상에서의 네오라드 처방법

사무실에서도 거실이나 침실에서 하는 것과 동일하게 처방하면 되는데 기준이 되는 것은 앉은 좌석이 기준이 되는 것이다. 따라서 그림 1-27에서처럼 네오라드 제품을 필요한 기운을 보강하는 자리에 위치시키면 지구유해파 중화와 함께 사무실에서의 업무 집중력, 행운의 기운까지도 얻을 수 있는 처방법이다.

7.2. 네오라드 음택(陰宅) 처방법

성경만큼이나 풍수하는 사람들에게 많이 읽히고 원전으로 삼고 있는 곽박이 지은 금낭경의 기감(氣感)편에 보면 다음과 같은 구절이 있다.

葬者乘生氣也 五氣行乎地中 人受體於父母 本骸得氣 遺體受蔭
經曰氣感而應 鬼福及人 是以銅山西崩 靈鐘東應 木華於春 栗芽於室 毫釐之差 禍福千里
經曰 地有四勢 氣從八方
夫陰陽之氣 噫而爲風 升而爲雲 降而爲雨 行乎地中 則而爲生氣
經曰 氣乘風則散 界水則止 古人聚之使不散 行之使有止 故謂之風水

장사葬事는 생기를 받아야 한다. 오기가 땅속으로 흐른다.

사람은 부모로부터 몸을 받고 본해(本骸, 보모의 유골)가 기를 얻으면 유체(遺體, 자식)는 음덕을 받는다.

경經에 이르기를 기氣가 감응感應하면 귀복(鬼福)이 사람에게 미친다.

이는 서쪽에 있는 동산이 붕괴하면, 동쪽에 있는 신령한 종鐘이 응하여 울리는 거와 같다.

나무는 봄에 꽃이 피고 조는 창고에서 싹이 튼다.

털끝만한 차이로도 화와 복은 천리지간으로 벌어진다.

경에 이르기를 땅에는 사세四勢가 있고 기는 팔방을 따른다고 하였다.

무릇 음양의 기는 뿜으면 바람이 되고, 오르면 구름이 되고, 내리며 비가 되고, 땅속으로 흘러 돌아다니면 곧 생기가 된다.

경에 이르기를 기가 바람을 받으면 흩어지고, 물을 만나면 멈춘다고 하였다.

옛사람은 기가 모이고 흩어지지 않는 곳, 기가 행하다가 멈춘 곳을, 자고로 풍수라고 하였다. 이와 같이 모든 복덕이 오는 방향도 팔방위에서 비롯되며 지구유해파는 기압, 온도, 달과 태양의 인력, 우주의 에너지 등의 영향을 받게 되므로 이러한 점을 감안하여 네오라드 제품은 봉분을 중심으로 팔방위 처방을 한다. 이때 입수룡은 건드리지 아니하고 봉분에서 약 30 cm 정도 간격을 띄우고 30 cm 깊이를 파서 묻으면 된다.

그림 1-28처럼 처방을 하면 되는데 검은색을 위쪽에 흰색을 아래쪽에 위치를 시키며 장소에 따라 비보를 할 때는 우상좌하(右上左下)의 원칙을 적용하여 처방하면 된다. 즉, 좌를 중심으로 우백호쪽을 비보할 때는 흰색으로 처방하고 좌청룡쪽을 처방할 때는 검은색으로 처방을 한다.

이러한 음택처방을 하였을 때 신비한 현상들을 체험을 하는데 처방을 하고 내려오기 전에 하얀 나비나 산새들이 나타나서 반겨주는 현상을 경험하기도 하고 처방 후에 처방의뢰자에게 바라던 좋은 일들이 나타나는 현상들은 접하곤 한다. 예를 들면 한사례자는 다우져이신데 부모님의 산소에 수맥파가 지나는 것을 보고 그냥 지나치기 어렵다하여 처방을 하였는데 처방을 한 후 일주일 지나서 산삼을 20뿌리 넘게 캐는 일이 있었다. 또한 사례는 처방을 한 후 산만해서 공부 집중력이 좋지 않던 아들이 처방 후에 급격하게 변화를 보여 우등생이 된 경우도 있다. 이밖에도 체험 사례가 열거하기 어려울 정도로 많으나 지면 관계상 생략을 하도록 하겠다.

음택처방을 곱지 않은 시선으로 바라보는 사람들과 과연 효과가 있을까 하는 독자들에게 지구유해파 중화효과를 제시하고자 한다. 음택에 관심을 갖고 있는 식자들은 시신에 영향을 미치는 것은 물줄기(건수)이지 다른 것이 무엇이 있겠냐라고 주장한다. 그러나 필자가 경험한 바에 의하면 대부분의 음택들은 건수가 스며들지 않은 지리적 여건을 갖춘 지역에 묘로 쓰여져 있기 때문에 건수의 영향을 받는 경우는 그다지 많은 빈도를 차지하는 것이 아니라고 생각한다.

그림 1-29의 우측 그림은 부부유골을 합장한 묘를 개장한 것인데 유독 한쪽만 흑골이 되어 있고 한쪽은 모든 사람들이 바라고 원하는 황골이 되어 있었다. 이러한 현상은 분명 지하수(건수)가 들락날락 해서 만들어진 형태가 아니다. 바로 지구 유해파 라인이 한쪽 유골로 지나갔었다는 것을 입증하는 사례이다. 그러므로 건수를 차폐하는 조치를 하는 것 뿐만 아니라 지구유해파를 중화하는 조치 또한 동기감응을 믿는 분이라면 반드시 필요할 것이다.

그림 1-28. 네오라드 음택 처방법

그림 1-29. 지구유해파가 시신에 영향을 미치는 사례

좌측의 그림은 지구유해파가 머리쪽으로 지나간 흔적을 보여주는 그림이다. 머리부분만 흑골이 되었고 나머지 부분은 황골로 변해 있었다. 이렇게 시신의 머리로 지구유해파가 지나간 경우 후손에게 머리에 이상한 질환이 나타나 음택의 유해파 영향 부분과 후손의 질병양상과 관련성이 있다는 것을 경험을 통하여 이해할 수 있었다.

2부 전자기파와 인체의 영향

1. 전자기파란?

우리 주변에는 다양한 형태의 파동들이 존재하며, 전자파도 그러한 파동들 중의 하나이다. 파동에는 소리를 전달해 주는 음파, 지진 시에 발생하는 탄성파, 태양에서 발생되는 빛을 포함하여 방송이나 무선통신을 가능하게 해주는 전자파, 파도나 호수 표면의 물결파 등이 있으며 모든 파동은 한 지점의 에너지를 다른 지점으로 전달해 주는 역할을 한다. 전자파를 제외한 모든 파동은 매질이 있어야 공간상을 전파(傳播)하게 되나, 전자파의 경우는 진공 중에서도 전파(傳播)할 수 있다.

전자파(電磁波)란 전기장과 자기장으로 구성된 파동으로서, 공간상에서 전기장이 시간적으로 변화하게 되면 그 주위에 자기장이 발생하고, 또한 자기장이 시간적으로 변화하면 그 주위에 전기장이 발생하게 되어 공간상을 빛의 속

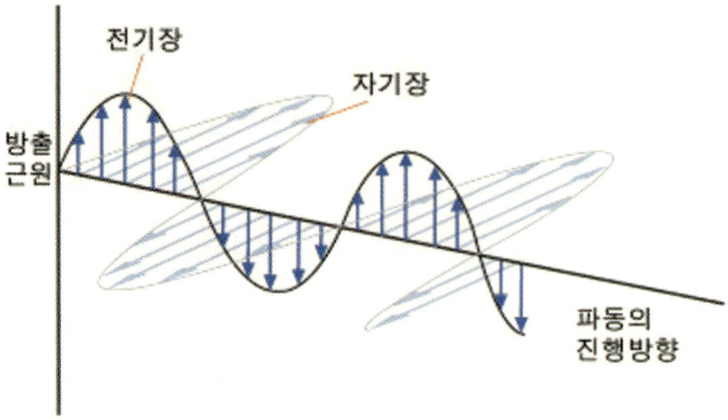

그림 2-1. 전기장과 자기장의 파동의 진행방향

도로 전파(傳播)하는 파동이다. 빛이나 X선, 그리고 방송이나 무선통신용 전파는 모두 전자파의 일종이다.

전자기파는 가시광선을 포함하는 넓은 의미에서의 빛이라고 이해할 수 있다. 전자기파는 전기장과 자기장의 두 가지 성분으로 구성된 파동으로, 공간을 광속으로 전파한다.

공간에 정지하고 있는 전하(電荷)는 시간에 따라 일정한 전기장만을 만들고, 도선에 흐르는 일정한 전류는 외부에 자기장만을 만든다. 변하는 자기장은 그 공간에 전기장을 만들고 변하는 전기장은 그 공간에 자기장을 만든다. 등속도로 운동하고 있는 전하는 자기장 뿐만 아니라 전기장도 만드는데 이것은 시간에 따라 변하지 않는다. 가속 운동을 하는 전하는 시간에 따라 변하는 전기장과 자기장을 동시에 만든다. 전기 진동으로 자기장이 변하면 전기장이 생기고, 또 전기장이 변하면 자기장이 발생하는 과정을 반복하는데, 이것은 서로 원인이 되고 또 결과가 되어 전기장과 자기장이 파동의 형태로 공간을 퍼져나가는데 이와 같은 파동을 전자기파(electromagnetic wave)라고 정의한다.

전기장은 1미터 당 전압(볼트 V), 즉 V/m의 단위를 쓰고, 자기장의 기본단위는 1미터 당 전류(암페어 A) A/m이나, 통상 자속(磁束)밀도, 즉 1제곱미터 당 자속(자기장의 세기에 매질의 투자율을 곱한 값)으로 나타내며 테슬라(T)의 단위를 사용한다. 우리는 일상생활에서 자기장의 단위로 가우스(G)를 쓰며 최근 자기공명영상 장치와 같은 의료기기에서 강력한 자기장을 사용할 때는 테슬라 단위를 사용하는데 1 T는 10,000 G를 말한다.

이러한 전기장과 자기장은 발생원으로부터 거리가 멀어지면 급격히 감소하게 되며, 전하에 의한 전기장은 거리의 제곱에 반비례하고, 전류에 의한 자기장의 경우는 거리에 반비례하여 감소한다. 감소하는 원인은 생활공간에 공기성분이 존재하기 때문이다.

전자파의 종류로는 주파수가 높은 순서대로 분류하면, 감마선, X선, 자외선, 가시광선(빛), 적외선, 전파(초고주파, 고주파, 저주파, 극저주파) 등이 있다. 전파는 그 주파수가 3,000 GHz(초당 3조번 진동) 이하의 전자파를 말한다. 전파의 세기는 통상 단위면적당 전력(와트 W), 즉 (W/m^2)로 나타낸다. 그림 2-3에서 보는 것과 같이 무선 주파수쪽으로 이동할수록 파장은 길어지고 에너지는 작아지게 된다.

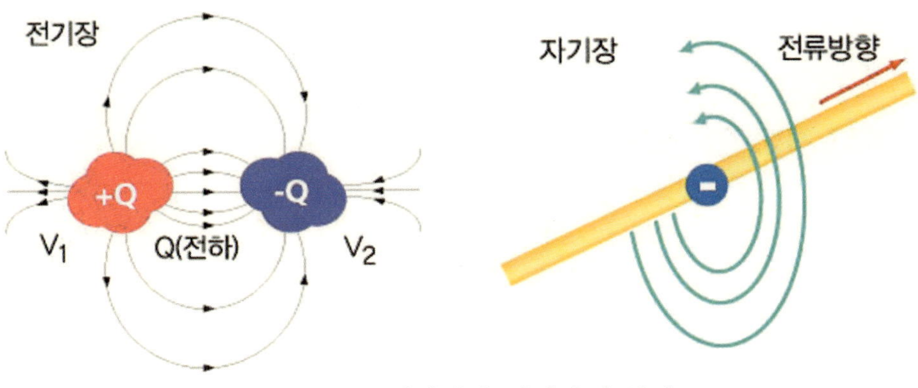

그림 2-2. 전기장과 자기장의 형성

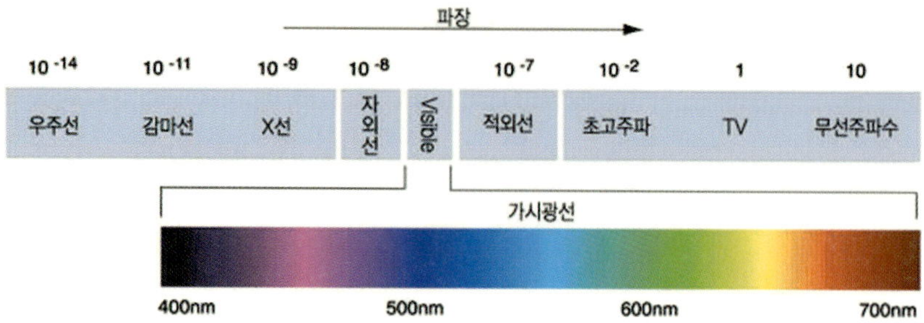

그림 2-3. 전자기파의 종류

일상생활에서 많이 사용하고 있는 EMF란 자연적인 또는 인공적인 전자파를 포함하여, 송전선, 가정의 전기배선 및 가전제품 등으로부터 발생되는 모든 전기장, 자기장 및 전자기장을 통칭하여 EMF(Electric, Magnetic, and Electromagnetic Field)라고 한다.

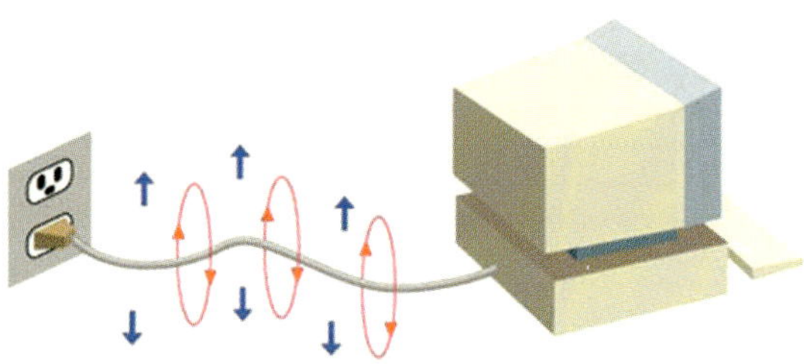

그림 2-4. EMF(Electric, Magnetic, and Electromagnetic Field) 형성

2. 전자기파의 성질

전자파는 빛과 마찬가지로 전파(傳播) 경로 상에서 어떤 장애물(산란체)을 만나게 되면 반사, 굴절, 회절을 하게 된다. 반사는 입사한 전자파가 되돌아가는 현상을 말하며, 굴절은 산란체의 경계면에서 전자파의 진행 경로가 꺾이는 현상을 말한다. 회절은 장애물에 의해 전자파가 도달할 수 없는 위치에서도

전자파가 전파(傳播)되는 현상을 말하며, 방송이나 무선통신에서 우리가 송신 안테나를 볼 수 없는데도 전자파를 수신하게 되는 것은 이러한 회절 현상 때문이다.

전자파의 세기는 전자파 발생원으로부터의 거리에 따라 급격히 감소하게 되며, 자유공간을 진행하거나(직접파), 반사 또는 굴절된 전자파의 전력은 거리의 제곱에 반비례하여 감소하게 되고, 회절된 전자파의 전력은 거리에 반비례하여 감소한다. 단, 회절된 전자파는 회절이 일어나는 지점(회절점)에서 세기가 크게 줄어들게 되므로, 직접파나 반사파 또는 굴절파에 비해 세기가 현저하게 약한 점을 주의할 필요가 있다.

교류 전기장 또는 자기장 발생원으로부터 거리가 가까운 영역에서는 전기장과 자기장의 세기가 정비례하지 않으나, 충분한 거리만큼 떨어진 영역에서는 전기장과 자기장이 정비례하게 되고(전기장이 자기장의 약 377배), 평면 전자파의 형태로 공간을 전파(傳播)하게 된다.

따라서, 송전선이나 가정의 가전제품 등과 같이 주파수가 60 Hz인 경우, 파장은 5,000 km이므로 우리가 위치한 영역은 대개 근거리장 영역에 속하게

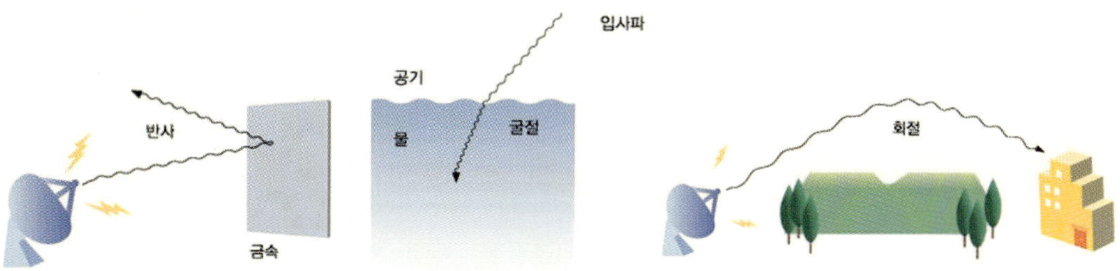

그림 2-5. 전자파의 반사, 굴절, 회절

되고, 방송이나 무선통신용 전파의 경우는 송신소나 기지국으로부터 원거리장 영역에 있게 된다. 그러나 휴대폰의 경우는 머리부분에 밀착하여 사용하기 때문에 이 경우는 근거리장 영역에 속하게 된다.

불필요한 전기장은 도전성(導電性) 물질을 사용하여 다소 쉽게 차폐시킬 수 있으나, 자기장의 차폐는 강자성체나 초전도체 등을 사용하여야 하며 일반적으로 차폐시키기가 어렵다. 그리고, 주파수가 높을수록 전기장이나 자기장 모두 차폐가 용이하다. 또한 원거리장의 전자파는 전기장과 자기장이 정비례 관계에 있기 때문에 전기장을 차폐시키면 자기장도 동시에 차폐가 된다. 60 Hz의 전력선 주파수의 경우는 대개 근거리장 영역에 있기 때문에 전기장과 자기장을 별도로 차폐시켜야 하며, 이 경우 자기장의 차폐는 매우 어렵다.

전자파를 이용할 목적으로 전자파를 발생시키고자 할 경우는 안테나를 사용하여 전자파를 발생시킨다. 안테나의 원리는 두 개의 도체 양단에 교류전압을 걸어주게 되면 전기장이 발생하게 되고, 또한 도체를 통해 흐르는 교류 전류에 의해 자기장이 발생하여 원거리장 영역에서 전자파의 형태가 되어 공간을 전파(傳播)하게 된다. 그리고, 안테나는 전자파를 원하는 방향으로 집속(集束)될 수 있게 주파수에 따라 다양한 형태로 만들어 진다. 또한, 송전선이나 가전기기와 같이 전류가 흐르는 도선 주변에도 원하지 않는 전자파 또는 전자기장이 생성된다.

우리 생활주변에서 전자파를 발생시키는 것의 대표적인 예는 방송이나 통신용 안테나(방송국 및 중계소, 기지국, 선박이나 항공 통신용 송신장치, 인공위성 등), 이동전화 단말기(휴대폰, 워키토키 등), 레이다, 온열 치료용 의료기기 등 매우 다양한 주파수의 전파 발생원이 있다.

전파 또는 전자기장 발생원은 송전선, 가전기기, 산업용 전기장치, 의료기기 등 다양한 종류가 있으며, 이들 대부분에서는 60 Hz의 EMF가 주로 발생된다.

자침이 남북을 가리키는 것은 지구가 하나의 거대한 자석이기 때문이다. 그러므로 지구의 내부 및 주위에는 자력선이 통하여 있으며 그곳에는 자기장이 존재한다. 이 지자기의 원인은 아직 분명하게 밝혀지지는 않았지만, 믿을 만한 학설에 의하면 지구 외핵의 전도성 유체의 흐름 때문이라고 한다. 지자기는 시간과 장소에 따라 변화하나, 한반도 주변에서는 대체로 50 μT(500 mG) 정도이다. 인간은 수십 만년 전부터 지자기에 의해 영향을 받아 적응을 하여 왔기 때문에 인체에는 큰 영향을 주지 않는 것으로 알려져 있다.

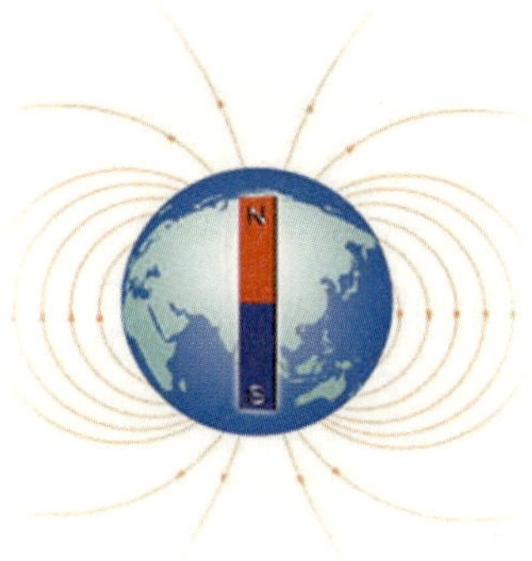

그림 2-6. 지자기 모형도

태양에서도 여러 가지 주파수의 전자파를 방출하고 있으며, 이 중 일부가 지구에 도달한다. 우리가 눈으로 느끼는 가시광(可視光)도 전자파 주파수 영역의 일부분을 차지하고 있다. 지구는 전자파에 의하여 온도가 유지되며, 지구상의 모든 생물은 직접 또는 간접적으로 전자파로부터 에너지를 얻어 생명을 유지하고 있다.

햇빛은 파장에 따라 크게 적외선, 가시광선, 자외선 세 가지로 구분되며 이들 중 사람의 눈에 보이는 것은 가시광선 뿐이며, 그 파장은 400~700 nm에 걸쳐 분포하고 있다.

그리고 햇빛에는 우리가 방사선으로 알고 있는 에너지의 파장대 파형들이 존재하는데 이들 파장은 생체내의 모든 조직은 원자나 분자로 구성되어 있는데 이러한 원자나 분자를 이온화(電離)시킬 수 있는 능력을 가진 전자파라고 이해하면 된다. 이러한 전자파의 광자 에너지는 전력과는 완전히 다른 개념인데, 전력은 전자파의 전기장과 자기장의 세기를 곱한 양에 비례하지만, 광자 에너지는 주파수에 비례한다. 따라서, 주파수가 높을수록 광자 에너지가 커서 원자나 분자를 이온화시킬 수 있는 능력이 증가하게 된다.

일반적으로 생체내 원자나 분자를 전리하지 않는 전자기파는 10^{-7} m 이상의 파장(또는 3×1,015 Hz 이하의 주파수)을 가지는 모든 전자파, 즉 자외선, 가시광선, 적외선, 전파의 모든 주파수 영역을 포함하며, 10^{-7} m 이하의 파장을 가지는 전자기파는 생체내 원자나 분자를 전리할 수 있는 능력을 가지고 있는 것을 말한다.

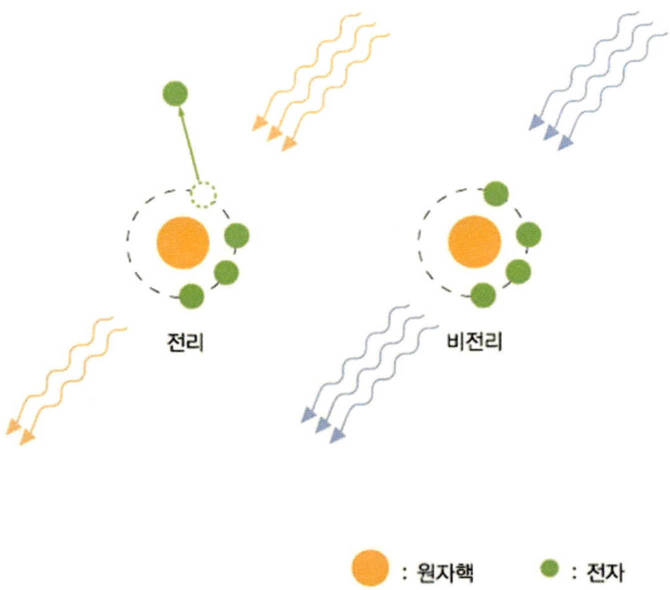

그림 2-7. 원자의 전리작용

X선이나 감마선은 광자 에너지가 큰 전자파로서 전리성 복사에 속하며, 우리 몸 속에 흡수되었을 때 세포내의 원자나 분자를 변형시켜 유전자를 손상시킬 수도 있으며, 다른 여러 가지 부작용을 유발시킬 수 있다. 그러나, 전파는 광자 에너지가 적어서 원자나 분자를 이온화시킬 수가 없다.

3. 전자기파의 영향

정자기장(靜磁氣場)은 잘 알려진 세 가지의 물리적 메커니즘을 통해 생체와 상호작용 한다. 첫째는 이동하는 전해물질과의 전기역학적 상호작용 및 패러데이 전류 생성과 같은 자기(磁氣)유도 현상이며, 둘째는 자기역학적 영향으로 이 중 가장 중요한 것은 강자성체(철이온 등)에 미치는 힘의 영향이다. 그리고, 셋째는 자기적(磁氣的) 상호작용으로 강한 정자기장은 몸 속에 이식된 심장박동기나 인공 장기 등의 의료기기에 영향을 주어 기능장애를 야기할 수도 있다.

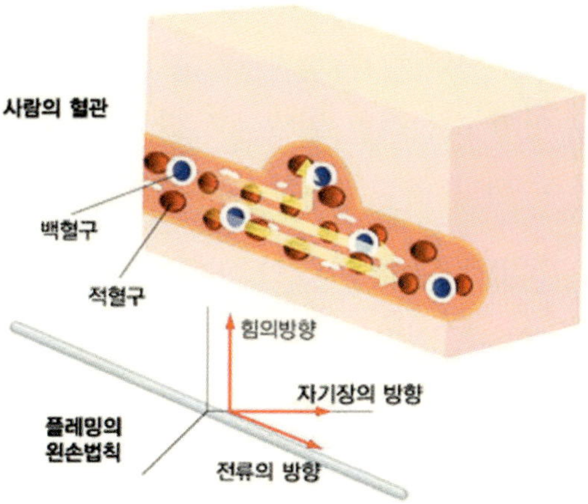

그림 2-8. 전자기파의 작용방향

저주파수(100 kHz 이하) 전기장에 인체가 노출되면 동일한 주파수로 변동하는 표면전하가 유도되며, 이로 인해 인체 내부에 전류가 흐르게 되며 정현파 전기장에 대한 인체 내부 전류의 크기는 주파수에 비례하여 증가한다.

저주파수(100 kHz 이하) 자기장에 인체가 노출되면 내부에 전기장과 맴돌이 전류(渦電流)가 유도됨으로써 인체에 영향을 미치게 되며 단위면적당 유도전류, 즉 유도전류밀도(A/m2)는 주파수와 자속밀도의 크기, 조직의 전도율 및 유도 루프의 반경(통상 최대치를 허리의 직경으로 추산)에 따라 증가한다.

고주파수(100 kHz 이상, 300 GHz 이하)의 전자기장 또는 전자파에 인체가 노출되면, 내부에 주로 전기장과 그에 따른 전류를 유도하며, 유도전류의 세기는 전자기장 또는 전자파의 특성(주파수, 편파, 입사방향, 근거리장/원거리장 등), 그리고 인체 특성(크기, 형태, 전기적 성질 등)에 따라 달라진다.

인체와 상호작용이 흡수된 에너지에 기인할 때, 노출량(조사량, 照射量, 피폭량)은 통상 전자파 흡수율(SAR : Specific Absorption Rate)로 나타내며, 그 단위는 인체조직 1킬로그램 당 전자파 흡수 전력(W/kg)을 사용한다. 전신(全身) SAR은 주파수와 사람 키 방향에 대한 전기장의 상대적 방향에 따라 크게 달라지며, 최대의 에너지 흡수는 성인이 약 수십 MHz의 주파수 영역에 노출되었을 때 발생한다.

광(光)영역의 전자파 즉, 180 nm(1 nm는 10^{-9} m) 이하 파장의 광파는 공기 중에서 강하게 흡수되므로 어떤 직접적인 위해는 유발하지 않는 것으로 알려져 있다. 지표면의 자연(태양)광은 약 290 nm에서 1 mm 영역에 분포한다. 지금까지의 연구 결과에 의하면 태양에 대한 노출이 피부암의 주요한 요인이며, 백내장 발병에도 어떤 역할을 할 수 있다고 보고 된 바 있다. 그리고, 태양 침대, 차단되지 않은 램프 및 아크등(燈)과 같은 다른 자외선 발생원도 건강에 나쁜 영향을 줄 수 있지만, 일반적으로 태양에 대한 노출보다는 그 영향이 훨씬 적은 것으로 알려져 있다. 전시용 또는 오락용으로 사용되는 레이저는 눈을 상하게 할 수도 있으므로 주의하여야 한다. 특히 어린아이들은 세포의 감수성이 예민한 시기이므로 특히 주의를 기울여야 한다.

그림 2-9. 태양이 인체에 해로운 영향을 준다고?

3.1. 전자파의 인체의 영향

전자기기의 발전은 인류에게 생활의 편리함과 과학의 기술을 가져다 주었으며 현대 인류의 생활에 밀접한 관계를 가지고 있다. 그러나 생활의 편리함을 제공하여 주는 대신에 여러 부정적인 면들을 감수해야 하는 것들도 있는데 바로 "전자기파 스트레스"이다. 전자기파 스트레스는 최근에 등장한 것이라 할 수 있다.

우리의 몸이 치명적 환경변화에 적응하기 시작하려면 수 백 년이 필요하다. 짧은 기간 동안(즉, 수 십 년이 되는데)에 가장 시급한 적응이 질병과 극단적인 심리적 스트레스를 만연시키는 요인이 되는 것이다. 우리는 새로운 기술개발의 이익과 그로 인하여 부(富)에 너무도 심취당해 우리의 육체가 이들의 기술적인 공략을 받는다는 가능성에 대하여 무지한 상태에 놓여있다. 그렇지만 수많은 개별적 조사연구와 병리적 경험을 종합해 볼 때, 그렇게도 많은 사람들이 고생하고 있는 육체적, 정신적 스트레스를 만들어 내는 주된 요인이 병인성전자기스트레스라는 것에 대하여 많은 연구자들이 보고하고 있다.

1975년 넨시 베르트하이머(Nancy Wertheimer)는 덴버(Denver)에서 어린이 백혈병의 가능한 원인을 찾고 있던 중, 우연히도 13 kV(킬로볼트)전선 가까이에 있는 집에 살고 있는 어린아이들이 다른 곳의 아이들보다 두 배 내지 세 배 이상으로 발견되었다는 사실이 밝혀졌다. 이로써 밝혀진 주요인은 전압의 양보다는 전류와 그에 상응한 자기장에 있음이 밝혀졌다. 비록 그녀의 실험방법에 대한 비판에도 불구하고, 베르트하이머 자신과 또 다른 연구자들에 의한 개선된 연구에서도 비슷한 결론을 보였다.

1980년대 토메니우스(Tomenius)가 스웨덴에서 200 kv 전선 부근의 2,000세대를 조사한 결과, 어린아이들의 암 발생이 다른 지역의 두 배나 되었음이 밝혀졌다.

전자기파 방사선(electromagnetic radiations ; 電磁氣放射線)에의 노출이 미치는 나쁜 영향들이 암이나 자주 백혈병 그리고 여타의 치명적 결과를 초래한다는 사실을 표 2-1에서 확인할 수 있다.

고압전선 근처에 장기간 거주 하거나 알루미늄 용광로에서 노동을 지속한 결과로 인하여 백혈병으로 사망하게 되는 수많은 사람들이 스트레스나 이와 관련된 문제들, 관절염, 혹은 알레지로 고통 받고 있는 까닭이, 집안이나 직장내부의 전기상태 때문이라는 사실을 결코 간과해서는 안될 것이다.

다양한 종류의 전자기장의 영향에 대하여 우리가 알고 있는 것은 아주 극히 일부분이다. 이러한 이유는 그것들에 대한 경험은 수천 년인데 비하여 그

것을 탐구하고 알게 된 것은 몇 십 년에 불과하기 때문이다. 그렇지만, 우리가 전자기장에 민감하다는 것은 의심할 여지가 없다. 사실(비교적 약한 경우에서조차도) 신체의 거의 모든 부분이(두뇌, 신경신호, 생화학적 과정 등등) 전기적 기본원리를 가지고 있다.

우리들은 심지어 자기 나름대로의 미약한 전자기장을 만들어 내고 있는데, 아마도 다우저들은 이것에 조율하는 능력을 개발하고 활용하는 사람이라 생각된다.

일부 연구자들이 시사하는 바로는 주요전원이 50 또는 60 Hz 보다는 200 또는 300 Hz에서 주파수를 선택한 경우 우리들이 문제를 덜 가지게 될 것이라고 시사하고 있는데 과학적으로 완벽하게 입증되지는 않았지만 파장의 길이에 따른 에너지의 크기와 기술적인 처리방법의 차이로 발생된 것으로 생각된다.

표 2-1. 전자기장에 상습적으로 노출되는 직업에 따른 질병 유형

구 분	질병 발생직업	노출자기장 및 주파수	질병유형
밀함/ 1979	알루미늄공장 종사자	100가우스 이상	폐암, 선암, 혈액암, 뇌종양 초기 폐기종
미해군/ 1983	전자조립공장 종사자	미약 58~75 Hz	혈청에 트리글리세리드의 증가 (글리세린 3개의 수산기가 지방산과 결합한 에스테르)
밀함/ 1982	전기분야노동자	60 Hz 정도 내외	폐암, 선암, 혈액암
라이르서/ 1982	전기분야노동자	60 Hz 정도 내외	백혈병
맥도월/ 1983	전기종사자	50 Hz 이하	백혈병
콜레만/ 1983	전기종사자	50 Hz 이하	백혈병
노르드스톰 등 / 1983	관제탑조종사 전자조립종사자	다양함 50 Hz(기타)	이상임신 선천적 불구자

50 Hz 공급이 일본을 비롯한 세계적으로 채택 사용되고 있는 추세이며, 우리나라와 미국 등의 나라에서는 60 Hz를 사용하고 있는데 50 Hz를 사용하는 나라에서 보다 전자파의 위험에 노출된 것으로 생각들 하고 있다.

이러한 이유는 60 Hz의 조파(harmonics ; 調波)의 일부가 인체를 공명시켜 특별히 나쁜 방향으로 작용이 가능한 것으로 생각하기 때문이다.

수천만 헤르츠(hertz)에 해당하는 고주파가 우리에게 영향을 미칠 수 있다. 여기에 속한 대표적인 예가 마이크로웨이브인데, 이것은 텔레비전, 컴퓨터, 통신 중개소 데이터와 전기오븐 등을 먼저 생각해 볼 수 있다. 보다 높은 영역에서는 이온화 방사선의 영역에로 나아간다(X레이, 감마레이 등등).

이들 양극(兩極)의 파장 중간에 모든 라디오 주파수를 포함하고 있는 폭넓은 주파대가 있는 것이다. 그러나 이것이 일반적으로 스트레스 부하를 과중하게 하는데 작용하는지에 대한 고려해야 할 필요성이 제기되는 특별한 영향이 있는가에 대한 지적은 미약하다. 그렇지만 일찍이 언급된 바 있는 놀라운 만큼 항구적인 라디오 전파 스모그라는 사실에 대하여 고려해 볼 필요가 있는 것이다.

대기의 일반적 오염의 숨 막히는 부산물인 스모그는 가끔 특별히 심한 겨울철에 허약한 자와 노인들이 다수 사망하도록 한 것을 연상시키곤 하는데, 장기간 노출되었을 때 그것은 기관지염과 같은 만성병을 일으키게 하는 공중 건강을 위협하는 요인으로서 중요성을 갖는다. 우리들은 그런 상황이 전자기 스트레스 경우에서도 비슷하다는 점을 충분히 발견할 수 있으며 대부분의 주의를 전자기장의 요인에 대한 특별한 반응에 대하여 관심을 가져 왔다. 가장 중요한 생각은 건강을 일반적으로 해치고 있는 결과들에 대하여 오랜 시간을 지내고난 후에야 우리가 충분하게 깨달은 것 같은데, 신체적 또는 정신적 질병으로 발전하기 훨씬 전에 노출의 정도가 스트레스 수준에 영향을 가져다준다는 점이다.

초저주파장(ELF fields)이 특히 잠자리 안에서 여러 가지 미묘한 건강불안을 유발시키는데, 현대의 악몽과 스트레스와 관련된 질병요인을 제공 한다. 예를 들어 일부 비정상적으로 높은 본선의 주파장(mains frequency fields)이 침실에서 발견되는 경우 불면증으로 고생하는 사람이 많다. 경험에 의하면 이들 전자장은 후술하는 방법을 통해서 제거되거나 잠자는 사람을 보호해 주면, 정상적인 수면상태로 되돌아온다. 정기적으로는 깊은 잠을 자지 못하고 고생하는 사람, 또는 건강하게 잠을 잔 것 같은데도 항상 피로감을 느끼거나 걸으면서 두통을 느끼고 근육이 뻐근하거나 류머티즘에 걸린 수많은 사람의 경우에서 비슷한 상황이 발견될 수 있을 것이다. 반복적으로, 평균이상의 전자장의 세기가 발견되는 곳에서 그들이 잠자는 경우 그 것을 처치하거나 제어한 경우 그 증상들은 향상되는 것으로 보인다.

많은 사람들이 대부분의 경우는 아니지만 질문을 받았을 때 그들은 잠을 잘 잔다고 한다. 이 같은 대답에서 그들은 분명하게 잠들기 전에 상당시간 동안 깨어서 누워 있는 것을 의식하지 않고 있다는 것이 그 대답에는 숨겨져 있다. 그들은 밤에 수면을 방해 받는 것을 인지하지 못하고 그들이 충분한 시간 동안 잠들었다고 느낀다. 그렇지만 잠에서 깨어났을 때 기분이 어떤가를 물어보면, 그들은 기운이 다시 새롭게 느껴지는 경우는 매우 드물다고 자주 대답한다. 이 같은 경우가 당신에게도 해당한다면, 당신은 어떻게 믿는다고 하더라도 결코 잠을 잘 잔 것이라 할 수 없다.

선잠(poor quality sleep)으로 어려움을 겪는 경우는 밤새 잠을 설치거나, 꿈을 꾸는 증상, 즉 잠꼬대 등이 관찰된다. 뇌자도(MEG) 측정장치로 그들의 뇌파를 감지한다면, 대뇌 활동이 긴장을 풀어 주는 필요한 기간이 없음을 보여준다. 그 같은 수면 형태의 신체적 요인으로 들 수 있는 가장 그럴 듯한 이유는 그들의 환경, 특히 침실 안에 있는 전자기장에 의해서 그들의 뇌가 지속적으로 영향을 받고 있어서 그런 사람은 긴장을 해소하지 못하는 것으로 여겨진다.

이들 전자기장을 제거해 줌으로 하여 놀라울 정도의 개선 효과를 자주 가져왔다. 알레르기(allergies), 자극민감성(irritability), 원기부족(lack of energy), 집중력불능(inability of concentrate), 아동들의 부산스러운 행동(hyperactivity inchildren) 등은 본선전기(mains electricity)에서 발산되는 파장에 대한 민감성에서 결과하는 스트레스 때문에 생기는 현대적 질병이다. 또 다시 주변의 전자기장의 수치를 감소시켜 줌으로써 향상을 가져오는 주요 요인이 되는 경우가 자주 확인되고 있다.

3.2. 전자파의 노출 정도에 따른 영향

우리들에게 영향을 미치고 있는 그 어느 것에서 오는 위험을 우리가 평가하고자 할 때, 화학적 오염물질이거나 아니면 위험스런 방사에너지거나 간에, 우리는 두 가지 핵심요인을 고려하여야 한다.

첫째는 작용하는 물질과 에너지의 양이다. 말하자면 우리들의 노출수준이 무엇이고 그리고 중요한 위험에 이르도록 하는 유해요인에 이르는 수치가 어느 정도인가 하는 점이다. 이들 질문에 대하여 간단한 답변이 있을 수 없다는 사실을 우리는 시인할 수밖에 없다. 그것은 바로 개인적인 민감성, 몸의 크기, 연령 그리고 전반적인 건강의 정도가 종합되어 결과를 초래하기 때문이다. 만약 문제의 본질이 요구되는 이로운 점이 어떤 점들인가라고 할 때, 약품의 경우에 있어서는 잠재적 이점과 불리한 점을, 즉 위험과 이로움의 분석이라 불리는 대차대조에서 찾게 된다.

약(藥) 1회분을 생각하면(전자기장을 취급함에 있어서 1회가 보다 중요한 의미를 갖게 되는 바) 부작용은 동종요법 적용에서와 유사한 희석효과(dilution effect)이다. 간단히 말해서 핵심물질의 미소량이 다량의 화학적 복용량보다 더 큰 효과를 가져오는 경우가 많다. 이런 경우는 자주 예방적 방법으로 가끔 이용되는 바, 전통적 동종요법이 삼고 있는 근거가 높은 유독성 물질의 독성을 감소시켜

(potentised ; 특수한 방법으로 희석시키면) 환자에게 긍정적 또는 예방적 효과를 보인다는 점인데, 그것은 그 독성물질의 속성이 효과적으로 전화되기 때문이다.

그렇지만 모든 물질이 이 같은 방법으로 작용하고 있지 아니한다는 사실을 깨닫게 되었다. 아직 충분히 이해되지 못하고 있는 까닭인데, 경우에 따라서는 그 효과가 반대로 되는 경우도 있으며 높은 수준의 희석이 그 본래의 것보다 더 큰 효과를 보이고 있는 경우도 많기 때문이다. 이것이 암시하는 바는 낮은 자장의 강도는 분명히 위험이 거의 없다는 전기산업을 옹호하는 사람들의 빈번한 주장에 의아심을 의미한다. 경우에 따라서는 낮은 자장의 강도가 높은 것보다 더 위협적일 수 있는 것이다. 우리들은 생물학적 조직을 다룰 때, 낮은 자장의 강도가 제기하는 문제점에 대하여는 뒤에 생각해 보기로 할 것이다. 이와 비슷한 논쟁이 행해지고 있는 것은 공식적인 안전성에 관한 것으로, 살충제의 잔류물, 식품첨가제 그리고 음료수에 오염물질 함유가 중요성이 없는 양으로부터 위험 가능한 위험에 대하여 관심을 기울일 필요성이 없는 정도에 관한 것이다. 〈즉, 안전을 해치지 아니하는 최대한의 잔류물 허용치에 대한 논쟁을 말함〉

둘째는 노출의 기간과 규칙성을 고려하여야 한다. 일생동안 타르 수치가 높은 담배를 피운 사람과 심한 경우 규칙적으로 1개월에 한 개의 담배를 피우는 사람과 비교할 때, 흡연관련 질병으로 죽을 수 있는 경우 그렇게 높지 않은 듯하다. 그러나 가장 타르가 낮은 담배를 매일 10개씩 피우는 사람은 분명히 위험하게 된다.

마찬가지로 어떤 환경적 요인에 있어, 전자기장을 포함하여 우리들의 노출의 기간과 규칙성을 우리는 항상 고려하여야만 한다. 가끔 치과 X-ray 검사를 받은 사람은 장기적인 건강을 위한 걱정의 필요성이 없겠으나, 매일 치료를 받는 경우는 그런 생각은 잘못된 것이다. 이런 까닭으로 하여 전자기 스트레스의 가능한 위험이 논의될 때 절대적인 장의 강도와 마찬가지로 노출의 기간과 진동수가 언급되는 것을 우리는 발견하게 된다. 이들이 이해되지 아니할 때 비교적 피해가 없는 장의 요인에 필요없는 경고가 내려질 수도 있고, 심각한 위험의 경우가 지나쳐 버려 질 수도 있다.

3.3. 전자파의 동물에 대한 영향

"꿀벌이 사라지면 인류도 4년 내에 사라진다."

세계적인 과학자 아인슈타인은 꿀벌의 중요성을 강조하며 했던 말이다. 실제로 지구에서 생산되는 전체 작물의 약 3분의 1이 곤충의 수분활동으로 열매를 생산하며, 그 중 80%가 꿀벌을 통해 이뤄진다. 그런데 최근 꿀벌이 사라지고 있다는 소식이 전 세계 곳곳에서 들린다.

이른바 CCD(꿀벌 실종 괴현상)이다. 지난해 미국 전역 35개 주를 포함해 전 세계 4개 대륙에서 CCD가 발생했다. 과학자들은 CCD를 생태계에 대한 경고로 받아들이고 있다. 과연 꿀벌들은 어디로 사라진 것일까.

이와 관련 KBS 1TV 'KBS스페셜'이 CCD의 현상과 그 원인을 집중 조명했다. 방송에 따르면 현재 CCD는 전 세계적인 현상이다. 가장 타격이 큰 북미는 물론 남미, 유럽, 오세아니아, 대만, 인도 등 대륙을 불문하고 벌들이 사라진다는 보고가 계속된다. 전문가들은 벌들의 실종에 대해 다양한 의견을 내놓고 있는데 전자파의 영향을 주장하는 학자들이 있어 주목을 받는다.

독일 란다우대 연구팀은 실험을 통해 휴대전화가 벌집 근처에 있을 경우 벌들이 집으로 돌아가지 못한다는 사실을 밝혀냈다. 란다우 대학 스티버 박사는 방송에서 "벌이 벌통을 찾아오는데 걸리는 시간이 전자파에 노출된 벌들이 더 오래 걸렸다."며 "전자파에 노출된 벌이 1~2분 안에 돌아오는 반면 노출된 벌들은 8~9분이 걸렸다."고 전했다.

코넬대 칼데론 교수는 "꿀벌이 없으면 수분 교배도 없고 열매도 맺지 못한다."며 꿀벌 실종의 위험성을 경고하였다.

한편 꿀벌들의 실종은 국내에서도 심심치 않게 보고 되고 있다. "지난해와 올해 일벌만 없어지고 있다. 양봉업 26년만에 이런 일은 처음이다."는 한 양봉업자의 다급한 말은 국내 또한 CCD의 심각성을 고민해야 할 시점에 와 있다는 것을 경고하고 있었다.

꿀벌의 생태와 전자파 사이에 밀접한 상관관계가 있을 가능성을 보여주는 실험이 국내에서 처음으로 실시됐다. 천연꿀 연구가인 안상규(47)씨는 2008년 5월 "근년 들어 눈에 띄는 꿀벌 개체수의 감소원인을 밝히기 위해 휴대전화로 꿀벌생태 습성을 이용한 실험을 한 결과 전자파가 원인으로 추정되는 몇 가지 결과를 얻었다."고 말했다.

안씨에 따르면 꿀벌사육장에서 벌들이 왕성하게 활동하는 벌통에 휴대전화를 설치해 통화를 시도하자 외부로 빠져나가는 꿀벌숫자가 줄어들고 벌통으로 돌아오던 벌들이 주위를 맴도는 등 방향감각이 떨어졌다.

또 향이 강한 대추나무꿀을 60 cm 간격으로 두 곳에 설치하고 각기 휴대전화를 두거나 두지 않고 통화를 한 결과 휴대전화가 없는 꿀에는 꿀벌들이 모였으나 휴대전화를 둔 꿀에는 벌들이 모이지 않았다.

그림 2-10. 꿀벌의 전자파 영향 실험

벌수염 기네스북에 오른 안씨가 휴대전화를 어깨에 부착한 뒤 몸에 꿀벌을 붙이는 실험을 했을 때에도 처음에는 잘 모여들던 꿀벌들이 신체 위쪽에 모이지 못하고 우왕좌왕하는 모습을 보였다.

안씨는 “현재 국내외에서 꿀벌의 실종현상이 잇달아 보고 되는 등 이슈화 되는 추세”라며 “이번 실험결과 각종 전자파에 의한 꿀벌 체내 항법기관의 교란이 설득력을 얻고 있다.”고 말했다. (연합뉴스 2008년 5월 8일자에서 발췌)

3.4. 전자파의 식물에 영향

우리 주변의 숲에서 나무들이 죽어가고 있는 현상을 주로 산업발전에 따른 교통량의 증가로 발생되는 매연의 증가와 발전소에서 배출된 유황성분 및 대량의 화석연료 사용시설들의 결과로 인한 산성비가 주된 원인이라고 생각한다. 산성오염이 직접적으로 비에 섞여서 작용하기도 하지만, 호수나 수로 (water-courses)에 주로 응축되어 작용하는 것으로 생각하고 있다.

그러나 독일의 폴크로트박사는 다른 이론을 제시하고 있는데 그가 사는 곳은 옛날의 동서국경에서 멀지 아니한 산맥의 한 기슭이었다. 그가 관찰하였던 사실은 동쪽 경사지에 자신이 심은 나무들이 잘 자라지 못하는 반면, 서쪽 경사지의 나무는 무성하게 자랐다. 기후적 요인, 산성비에 노출, 그리고 여타 변수들은 이 같은 좁은 지역에서 큰 차이를 끼칠 수 없는 것이 분명하다.

폴크로트가 살고 있는 지대에서는 극초단파를 방출하는 많은 군사시설로 들어찬 것을 내려다 볼 수가 있는 것이다. 그가 관찰한 시들고 말라죽은 나무들은 이 극초단파의 방사력에 크게 영향을 받고 있는 반면, 건강한 것들은 산의 능선에 가려서 보호되었던 사실을 알게 되었다. 여기에서 극초단파에 심각하게 영향을 받은 산림들은 시들고 말라가고 있었으며 이러한 사실이 산림파손의 주된 원인이라고 폴크로트는 주장하는 것이다.

이런 일이 발생한 이유는 다시 공명작용에 의해서 발생된 것으로 생각되며 가장 심각한 피해를 입은 침엽수는 모두 길이가 비교적 짧은 것들로 평균적으로 10 mG 정도인 사실이 이를 입증하는 근거라고 제시하고 있다. 또한 현대인의 질환 중에서 이명증이라고 귓속의 평행기관이 이상을 일으키고 윙윙거리는 현상을 경험하게 되는데 이것은 귓속의 섬모와 극초단파가 공명현상을 일으키는 것으로 생각한다 고 밝혔다.

그림 2-11에서 보여주는 것처럼 침엽수가지의 모양과 극초단파 수신에 사용되는 전형적인 안테나의 모양 사이에는 불안스러운 예감을 주는 유사성이 있다. 이것은 방위용 전송파를 그 가지들이 효율적으로 수신하도록 할 수 있는 것이다.

공명효과는 폴크로트가 제시하는 바, 전자오븐에 사용하는 것과 비슷할 수 있는데, 말하자면, 물의 분자들이 고속으로 진동하여 열을 발생시키고 조리효과를 일으킨다. 이것은 분명히 영향을 받게 되는 나뭇가지의 겉모습이 오그라들거나 말라드는 것과 매우 잘 들어맞는다. 이 이론을 뒷받침해 주는 사실은 심하게 영향을 받는 나무의 부분은 바로 나무 꼭대기의 부분이며 극초단파들이 숲이나 다른 장애물의 바로 윗부분으로 하여 전도되고 있기 때문이라고 생각된다.

이러한 극 초단파 영향의 이론은 산성비 이론보다 많은 내용을 설명할 수 있는데 산림가운데서 낙엽수(활엽수)들이 같은 주변환경 조건에 노출되어 있음에도 불구하고 침엽수들의 경우와 같은 심각한 영향을 받지 아니하는 것이다.

그림 2-11. 침엽수 나뭇잎과 TV FM 안테나의 구조

이들 활엽수는 뾰족한 바늘이 없지만 앞에 수분을 공급해주는 잎맥의 격자 무늬가 다시 안테나 모양과 어느 정도 닮아있어서 비슷한 수신기능을 할 수도 있는 것이다. 활엽수들은 소나무들처럼 빨리 그리고 높게 자라지 않기 때문에 그것들은 언제나 극초단파의 교신선 밑 부분에 있게 되고 또 물론 잎이 떨어져 매년 절반 정도의 기간에는 극초단파를 수신할 수 없게 된다. 이들 사실을 종합해 볼 때, 활엽수들이 침엽수의 경우와 같은 정도의 피해를 입지 않는 이유를 설명해 줄 수 있게 된다.

4. 전자기파 차폐물과 안전거리

전자기파복사(electromagnetic radiation)를 피할 수 있는 방법은 두 가지가 있다.

첫째는 진원지로부터 충분히 멀리 떨어져 있어서 그 힘이 약해진 나머지 감지될 수 없는 상태에 있거나, 둘째 우리 자신을 보호할 수 있는 방법을 찾아내는 것, 즉 그 복사가 우리에게 접근하는 것을 차단시키는 것이다.

차폐물에 대하여 생각할 때 우리들은 전자기파 복사의 두 가지 형태를 구분하여야 한다.

전기장은 도선에 전압이 있는 한 언제나 만들어진다. 전압(Voltage)이란 회로주위에 전류를 밀어 붙이는 압력인 것이다. 이들 전기장은 심지어 전류가 흐르지 아니하더라도 나타날 수 있다. 회로에 연결된 아무 필요한 것도 없다. 예를 들면 집안의 수도관을 생각해 보자. 물을 사용하던 아니하던 그 안에 있는 물은 압력을 받은 상태에 있는 것이다.

전기장은 전류작용을 하는 어떠한 물체에 의해서도 흡수되어 지는데 벽, 사람, 나무 등등에 의해서 흡수에 의해 감약이 일어난다. 그래서 그것을 차단하기가 비교적 용이하다.

자기장은 다른 한편으로, 전류가 흐르고 있을 경우에만 만들어 진다. 예를 들면 회로에 전류를 통하게 하는 것은 꼭지를 열면 수도파이프에 물이 흐르는 것과 마찬가지이다. 이들 장은 거의 장애를 받지 않고 사람이나 땅 그리고 각종의 건축물 재료 등을 투과하여 흐른다. 비록 건물의 시멘트물이나 철제구조물 등이 그들의 힘을 다소 감소시켜 주고 있긴 하지만, 본선전류의 자기장은 특별히 강하게 흐름을 지속한다.

12 mm 두께의 알미늄 판박은 부분적인 효과가 있을 뿐이며 결과적으로 이것을 막아내기는 대단히 어려우며 실제로는 불가능하다. 일반적인 건축재료는 비교적 소량의 차단효과가 있음을 표 2-2에서 보여주고 있다. 표의 내용은 50 Hz 장에서의 수치를 보여주는 결과이다.

전기, 전자장은 모두 거리에 따라 약해진다. 예를 들면 고압전선의 바로 밑에는 매우 강력한 장(場)이 있으나 장으로부터 움직여 멀어져 가면 점차로 장이 미치는 세기는 약해진다. 이러한 이유 때문에 다른 선진국에서는 정화지대(clear zone ; 100야드(91 m) 또는 그 이상)를 고압선을 중심한 양쪽 방향지대에 주택 설립을 금지하는 지역으로 설정하여야 할 것을 권고하고 있다.

표 2-2. 일반적인 재료의 전기장과 자기장에 의한 투과율(premeability)

	투과율(%)	
	전기장	자기장
철망(wire mesh ; 1 mm)~3 cm 간격	0.5	65
철망(wire mesh ; 1 mm)~0.3 cm 간격	0.1	10
철판(iron sheet ; 2 mm)	0.1	50
동판박(copper foil ; 0.2 mm)	0.1	90
강화시멘트(reinforced concrete ; 60 cm	0.1	

강력한 전원으로부터 형성된 장은 놀랄 만큼 먼 거리에 영향을 주고 있다는 문제는 아직까지 명확한 기준이 제시되지 못하고 있는데 독일에서는 16.67 Hz로 구성된 전철 시스템에서 110킬로볼트 전압으로 작동되고 있는 가장 근접한 철도로부터 땅속 16 km 범위 내에서 측정되고 있는데, 110 킬로볼트는 대부분의 동력 배분선보다 훨씬 낮은 것이다. 머리위로 가설된 500킬로볼트의 고압선이 전기장의 강도가 배경수준으로 낮아지기 위해서는 1.2 km 이상을 멀리 떨어져야 하는 것이며, 이보다 높은 전압선이 세계 도처에 급증하여 사용되고 있다.

그렇지만 우리들의 관심을 집중시키는 것은 단지 고전압만이 아님에도 불구하고, 많은 사람들은 자신의 집에 너무 가까이 고압선이 있는 것만을 걱정할 뿐, 집안에 있는 전선에 대하여 생각하는 사람은 거의 없다. 즉, 침실에 있는 전지전자 제품과 전기콘센트가 우리의 두뇌에 끼칠 수 있는 정도의 자기장이 정원 한쪽에 있는 고압철탑에서 오는 것과 마찬가지 수준이라는 것을 간과한다는 것이다. 바꾸어 말하면 약한 전원에 가까이 있는 것이 강력한 전원에 멀리 있는 것과 비슷하게 많은 결과를 가져올 수 있다는 사실이며, 이 점이 아마도 가장 중요한 특징이 되는 것이다. 이 두 경우에 있어 노출의 결과는 다를 수 있으나 두 가지 모두 건강상에 영향을 미치는 요인이 될 수 있다고 생각된다.

전자기장 노출을 줄일 수 있는 대책은 공학적 제어와 관리적 제어로 나누어 볼 수 있다. 공학적 제어는 장치에서 과도한 전자기장 방출이 있을 경우, 이를 제한치 이하로 줄일 수 있도록 한다. 인체의 전자기장 및 접촉전류에 대한 노출을 제어하기 위해 전자기장 발생원 측에서, 전자기장이 감소되도록 전자기장 발생원을 변형시키고, 접촉전류가 감소되도록 접촉 대상물체를 변형시킨다. 누설 전자기장 등에 대해서는 전자기장 발생원 또는 전자기장 발생원을 포함하는 공간을 전자파 차폐재 등으로 덮어 차폐하거나, 금속판이나 전파 흡수체를 이용하여 전자기장 강도를 경감시킬 수 있다. 문제의 물체를 전기적으로 접지시키거나 절연체를 씌움으로써 상당한 접촉전류를 제거할 수 있으며, 발목을 통해 흐르는 유도전류를 줄이기 위해서는 바닥면을 절연상태로 하는 등의 방법으로 인체의 비접지 조건을 확보하여야 한다.

관리적 제어는, 접근을 통제하거나 시청각 경고장치 등을 사용하는 방법이다. 사람과 전자기장 발생원 사이에 보호막을 설치하거나, 높은 전자기장 지역으로의 접근 및 이러한 전자기장 내의 물체에 대한 접근을 제한한다. 미국에서는 학교와 같은 공공장소에 설치된 마이크로웨이브 오븐(전자레인지) 부근에는 경고문을 부착하여 주의를 시키고 있다.

5. 전자기파 이용 연구와 규제 현황

우리가 살고 있는 주변 어디를 보나 전기와 전파에 관계되는 것이 많이 있다. 최근 들어 사회·경제활동이 정보화와 결합되면서 전파 이용분야에 대한 수요가 매우 많아지고 있다. 특히 전파를 매체로 하는 무선통신은 시간과 거리를 극복하면서 즉시 정보를 전달할 수 있는 특성으로 인해 정보사회에서는 중요한 생활과 생산기반으로 되어가고 있다.

인간의 일상생활을 위한 가장 일반적인 전파이용은 방송 분야이다. 중파, 단파, FM, TV, 위성을 통해 가정, 직장을 비롯한 모든 장소에 교양, 오락, 음악, 경제 등에 관한 다채로운 내용을 음성과 영상으로 제공함으로서 우리 생활을 윤택하게 해준다. 통신, 방송 이외에도 사회적으로 중요한 국가조직, 구급, 소방, 경찰, 방제 등의 공공기관과 의료, 해상교통, 육상 운송분야의 많은 공익단체에서도 전파가 정보 전달수단으로써 중요한 역할을 하고 있다.

의료분야에서도 골절, 신경통, 암 등의 치료에 전자파 이용이 증가하고 있다. 또한 고주파 가열장치, M/W 전력전송 등의 에너지 분야, 원격 탐사, 관측,

계측 등에서도 전파가 이용되고 있으며 목재나 비닐, 종이 제조 공정의 건조나 가열에도 전파가 이용되고 있고, 종합 교통정보 시스템, 속도 측정, 레이다(추적, 탐색, 기상 등), 전파천문학 분야에도 쓰이고 있다. 무선 식별 장치, 원격 제어 장치, 안전 시스템, 응급 구조 시스템 등에도 무선기기가 유용하게 활용되고 있다.

인체에 대한 전자기장 영향에 관한 일반인들의 관심은 송배전 선로나 가전 제품 등에서의 60 Hz 전원주파수 전자기장 문제(ELF 문제)와 이동통신 단말기 사용과 기지국 시설의 증가에 따른 무선 주파수에서의 전자파 문제(RF 문제)에 집중되고 있다.

이에 따라 전세계적인 연구 동향은 극저주파(Extremely Low Ferquency : ELF)와 고주파(Radio Frequency : RF) 각각의 문제에 대한 과학적 증거를 얻기 위해 동물 및 세포실험 연구와 역학조사연구, 문제가 되는 장소에서의 전자기장 환경 측정조사, 안전기준의 설정 및 법제도화 연구 등으로 이루어지고 있다.

전 세계적으로 가장 크게 연구되었거나 진행 중인 프로젝트 몇 가지를 소개하면, 미국에서 1992년부터 1996년까지 수행된 "전기장과 자기장 연구 및 대중홍보"(The Electric and Magnetic Fields Research and Public Information Dissemination : EMF RAPID) 프로그램과 1996년부터 2005년까지 수행되고 있는 세계보건기구(World Health Organization : WHO)의 국제 EMF 프로젝트, 국제 비전리성 복사 방호위원회(International Commission on Non-Ionizing Radiation Protection : ICNIRP)의 연구, 미국의 무선기술연구(Wireless Technology Research : WTR) 프로그램, 유럽에서 1996년부터 수행되고 있는 유럽과학기술협력연구(European Cooperation in the Field of Scientific and Technical Research : COST) 프로젝트 등을 들 수 있으며, 일본에서는 우정성과 환경청 주도로 RF영향의 동물실험연구 및 전자기장 노출량을 감안한 역학 연구를 대규모로 실시하고 있다. 우리나라에서도 독자적인 연구가 진행되고 있다.

전자파 인체보호 기준은 미국(연방통신위원회 ; FCC), 호주(통신국 ; ACA), 캐나다(보건부 ; Health Canada, 산업부 ; Industry Canada), 일본(우정성 ; MPT) 및 스위스(연방환경산림국토청 ; SAEFL) 등에서 법제화하여 강제적으로 규제하고 있다.

먼저, 전자기장 방출시설로부터 발생하는 전자기장 또는 전력밀도에 대한 규제에 대해 살펴보면, 미국은 1997년 10월부터 위성통신 및 방송, 일정 출력 이상의 육상과 해상의 이동 및 고정 통신용 송신시설, 아마추어 무선국(타 시설에 비해 다소 늦게 시행) 시설의 허가 전 초기 환경평가(EA ; Environment Assessment)와 사후의 정기적 환경평가를 받도록 하고 있다. 호주는 1999년 2월부터 기지국과 같은 송신장치의 설치 인허가 시에, 의무적으로 업체의 자체평가를 하고 그 기록을 보관하도록 하고, 호주통신국에서 사후 관리하고 있다.

그리고, 캐나다는 1999년 이후 인체로부터 20 cm 이상의 거리에서 사용되는 이동 전화용 송신장치에 대해 인체보호 기준과의 적합성 평가를 하고 그 기록을 보관하여야 하며, 캐나다 산업청에 적합성 선언서(DoC : Declaration of Compliance)를 제출하여 기술허가인증서(TAC : Technical Acceptance Certificate)를 교부 받고, 요구시 평가 결과를 제출하게 하고 있으며, 기지국이나 방송송신 시설 등의 고정시설물 인·허가시에 인체보호 기준에 대한 환경평가 결과를 산업청에 의무적으로 제출토록 하고 있다. 또한, 일본은 인체보호 기준 초과 지역은 민간인 출입제한시설 설치를 의무화하고 있다.

EU는 일반인에 대한 인체보호 기준 권고안을 회원국내 기준의 합일화를 목표로 EC 지침을 제정, 발표하였으나, 현재 각국은 나름대로의 기준을 채택하고 있다. 특히 스위스는 2000년 2월부터 전력선과 이동전화기지국 및 방송국에서 방출되는 전자기장에 대해 매우 엄격한 인체보호 기준을 채택하였다. 전력선에서 생성되는 자기장에 대해서는 ICNIRP 기준의 1/100 수준인 1 μT로 정하고, 이동통신기지국 주변의 전력밀도는 4 $\mu W/cm^2$로서 ICNIRP 기준의 1/100 수준이다. 우리나라도, 2001년부터 전력선과 위성통신 및 방송, 육상과 해상의 이동 및 고정통신용 송신시설을 대상으로 기준을 초과하는 전자기장 방출을 규제할 예정이다.

휴대전화의 전자파 흡수율 규제와 관련하여서는 미국은 1997년 1월부터 미연방통신위원회(FCC)에서 규제하고 있으며, 구체적인 규제내용은 휴대전화의 FCC 승인을 위한 시험항목에 SAR을 추가하고, SAR 시험성적서를 제출하지 않을 경우, FCC 인증서가 발급되지 않으므로 판매가 불가능하게 하고 있다. 그리고, 호주는 1999년 2월부터 호주통신국(ACA)에서 규제하고 있으며, 규제내용은 업체에서 자체평가를 하여 적합성 레벨을 부착하게 하고, 호주통신국에서 사후관리를 하고 있다.

그리고, 캐나다는 1999년부터 보건부(기준), 산업부(측정표준)에서 규제하고 있으며, 규제내용은 업체에서 자체평가를 하고, 캐나다 산업청에서 기술인증서를 교부하며 사후관리를 하고 있다. 또한, 일본은 1998년 1월, 전파산업협회(ARIB)에서 휴대전화 단말기에 대한 전자파 흡수율 측정 권고안을 발표하였고, 2001년 상반기부터 우정성에서 규제할 예정이다. 유럽은 유럽 전자기술표준화 위원회(CENELEC)에서 1997년부터 SAR 측정방법에 대한 표준화 작업을 진행 중이나, 아직 규제는 하지 않고 제조업체 자율에 맡기고 있다. 우리나라는 2002년부터 외국의 경우와 마찬가지로 휴대전화 단말기를 대상으로 전자파 흡수율을 규제하고 있다.

최근, 영국의 전문가 그룹에서 권고한 휴대전화 단말기에 대한 전자파 흡수율(SAR) 및 인체유해 가능성에 대한 경고문 부착과 관련하여, 영국정부는 SAR 값 부착에 동의하였다. 미국의 경우는 이동통신 산업협회(CTIA)에서 자체적으로 휴대전화의 SAR 값을 측정하여 공개할 예정이며, 미 정부에서는 환경평가를 하여 기준치 이내이면 FCC 인증 표시는 하되, SAR 값에 대해서는 별도의 표시 없이 판매가 가능하도록 하였다. 우리나라도 미국의 경우와 마찬가지로 휴대전화의 형식등록시 SAR을 측정하여 기준치 이내이면 등록시키고, 그 값의 공개여부는 업체의 자율에 맡기도록 할 예정이다.

한국 전자파 학회에서는 「전자장과 생체관계 연구회」에서 1996년부터 수행한 연구결과를 토대로 1999년 5월, 국내 최초로 민간차원의 인체보호 기준을 제정, 공포하였다. 또한 1999년 5월부터 10월까지 국회 내에 국회, 정부, 학계, 연구소 및 환경·노동단체 전문가들로 구성된 「전자파 유해문제 대책위원회」를 운영함으로써, 전자파 인체보호 기준에 대한 법제화와 전자기장의 인체영향에 대한 본격적인 연구의 필요성에 대한 인식을 함께 하였다.

그 결과 1999년 12월, 국회 과학기술 정보통신 위원회 소속 의원들의 발의로 전파법이 개정되어 인체보호 기준의 제정근거가 마련되었다.

전파법 제 47조와 제 47조의 2(전자파 인체보호 기준 등)에는 전자파 노출과 관련된 내용을 언급하고 있으며, 제 47조의 2의 1항에서는 무선설비 등의 전자파 발생원에서 발생하는 전자파에 인체가 노출될 경우, 유해한 영향을 받지 않도록 전자파강도에 관한 기준을 정하여 정보통신부 장관이 고시하도록 하고 있다. 2항에서는 무선설비의 시설자 또는 제작자 및 수입업자는 정보통신부장관이 고시한 기준을 만족시키도록 의무화하고, 전자파강도가 기준을 초과하는 장소에 대한 일반인의 출입을 제한할 수 있는 안전시설을 설치하도록 의무화 하였다.

2000년 1월 개정된 전파법 제 47조의 2, 1항에 근거한 정보통신부 고시(안)는 다음과 같다. 무선설비(전파법 제 2조 제 5호에 규정) 등으로부터 방출된 전자파에 인체의 전신 또는 일부가 노출되는 환경에서 인체의 영향이 없을 정도의 전자파(또는 전자기장) 강도기준, 전자파 흡수율(SAR ; Specific Absorption Rate)기준 등을 정한 것으로서, 일반인과 직업인에 대한 기준값을 다르게 규정하고 있다.

"일반인"이라 함은 전자기장에 노출되고 있는 사실을 모르거나, 과다노출에 대한 조치를 취할 수 없는 모든 연령과 다양한 건강 상태를 포함한 개개인을 말하며, 의료목적으로 노출을 받는 경우는 제외하고 있다. "직업인"이라 함은 직무상 작업수행 과정에서 자신이 전자기장에 노출되고 있음을 알고 있으며 이의 잠재적인 위험성을 알고 주의하도록 훈련받은 사람을 일컫는 말이다. 따라서 일반인에 대해서는 직업인보다 더 엄격한 기준을 적용하고 있다. 다음은 일반인과 직업인에 대한 전자기장 강도기준이다.

휴대전화를 사용할 경우에는, 비록 출력이 수백 mW 정도로 미약하지만 전신(全身)보다는 국부적인 노출, 즉 머리부분이 집중적으로 전자파에 노출되고 또한 근접하여 사용함에 따라 인체에 영향을 미칠 수 있으므로, 전자파 강

표 2-3. 전자파 강도 기준(일반인)

주파수 범위	전기장강도 (V/m)	자기장강도 (A/m)	자속밀도 (μT)	평면파 전력밀도 (W/m^2)
1 Hz 이하	-	32×10^4	4×10^4	
1 Hz 이상 ~ 8 Hz 미만	10,000	$32\times10^4/f^2$	$4\times10^4/f^2$	
8 Hz 이상 ~ 25 Hz 미만	10,000	4,000/f	5,000/f	
0.025 kHz 이상 ~ 0.8 kHz 미만	250/f	4/f	5/f	
0.8 kHz 이상 ~ 3 kHz 미만	250/f	5	6.25	
3 kHz 이상 ~ 150 kHz 미만	87	5	6.25	
0.15 MHz 이상 ~ 1 MHz 미만	87	1.6/f	0.92/f	
1 MHz 이상 ~ 10 MHz 미만	87/f	1.6/f	0.92/f	
10 MHz 이상 ~ 400 MHz 미만	28	0.16	0.092	2
400 MHz 이상 ~ 2,000 MHz 미만	$1.375f^{1/2}$	$0.008f^{1/2}$	$0.0046f^{1/2}$	f/200
2 GHz 이상 ~ 300 GHz 미만	61	0.16	0.20	10

표 2-4. 전자파 강도 기준(직업인)

주파수 범위	전기장강도 (V/m)	자기장강도 (A/m)	자속밀도 (μT)	평면파 전력밀도 (W/m^2)
1 Hz 이하	–	1.63×10^5	2×10^5	
1 Hz 이상 ~ 8 Hz 미만	20,000	$1.63\times10^5/f^2$	$2\times10^5/f^2$	
8 Hz 이상 ~ 25 Hz 미만	20,000	$2\times10^4/f$	$2\times10^4/f$	
0.025 kHz 이상 ~ 0.82 kHz 미만	500/f	20/f	25/f	
0.82 kHz 이상 ~ 65 kHz 미만	610	24.4	30.7	
0.065 MHz 이상 ~ 1 MHz 미만	610	1.6/f	2.0f	
1 MHz 이상 ~ 10 MHz 미만	610/f	1.6/f	2.0/f	
10 MHz 이상 ~ 400 MHz 미만	61	0.16	0.2	10
400 MHz 이상 ~ 2,000 MHz 미만	$3f^{1/2}$	$0.008f^{1/2}$	$0.01f^{1/2}$	f/40
2 GHz 이상 ~ 300 GHz 미만	137	0.36	0.45	50

표 2-5. 전자파 흡수율 기준

주파수 범위	전자파 흡수율 (W/kg)
100 kHz ~ 10 GHz	1.6

도보다는 머리에 흡수되는 에너지를 직접 제한하는 것이 국제적인 흐름이다. 이러한 제한치가 전자파 흡수율(SAR)기준이며, "전자파 흡수율"이라 함은 생체조직의 단위질량에 흡수되는 에너지 율(W/kg)로서 100 kHz 이상의 주파수에서 가장 널리 채택되는 노출량을 나타내는 척도이다. 휴대전화의 경우에는 일반인과 직업인에 대해 동일한 기준이 적용된다. 다음은 전자파 흡수율 기준으

로서 인체 내부 임의의 조직 1킬로그램에 대하여 평균한 전자파 흡수율의 최댓값을 나타낸다.

정보통신부가 고시한 전자파 흡수율 측정기준(안)은 전자파를 발생시키는 무선설비 등이 전자파 인체보호 기준에서 규정한 전자파 흡수율 기준을 만족하는지를 평가하기 위한 측정기준으로, 휴대전화에 대한 전자파 흡수율을 측정하는 기준이다. 이 고시에서는 전자파 흡수율 측정시 사용되는 용어를 정의하고, 측정환경, 피시험기기 측정조건과 측정위치, 인체 대용(代用)으로 사용하는 모의인체에 대한 조건, 그리고 측정절차 및 결과보고 등에 대한 방법을 다루고 있다.

머리에 근접시켜 사용하는 휴대전화와 그와 유사한 휴대용 기기는 국부 전자파 흡수율 기준을 적용하며, 국부 전자파 흡수율은 조직 1그램 혹은 10그램에서 평균된 전자파 흡수율로 전자파에 노출된 면적에 의존한다. 전자파 흡수율 기준은 국제적으로 크게 양분되어 있는데 미국, 캐나다, 호주 등 강제규제를 시행하고 있는 국가에서는 조직 1그램에 대하여 평균한 전자파 흡수율이 반드시 1.6 W/kg 이하가 될 것을 요구하고 있으며, 국제 비전리복사 방호위원회(ICNIRP)와 유럽, 일본 등에서는 조직 10그램에 대하여 평균한 전자파 흡수율 값이 2 W/kg 이하일 것을 권고하고 있으나, 측정절차는 두 경우 모두 동일하다.

직업인의 경우는 통상적으로 노출 상황을 알고 있으며, 또한 잠재적 위험성에 대해 주의를 할 수 있고 적절한 대처 훈련을 받을 수가 있다. 그러나 일반인의 경우는 거의 모든 연령층과 다양한 건강상태의 사람들로 구성되기 때문에 특별히 영향을 받기 쉽거나 건강상태가 양호하지 못한 집단과 개인이 포함될 가능성이 있다. 또한 많은 경우, 일반인은 전자기장 노출에 특별히 조심하지 않으며, 노출을 피한다거나 최소로 하기 위한 예방조치를 취한다는 것은 기대하기가 어렵다. 이러한 사실을 고려하여 직업인 보다는 일반인에 대하여 보다 더 엄격한 기준을 적용하고 있다.

6. 생활 속에서 전자기파의 영향을 줄이는 방법

규칙적인 전기면도기 사용이 비록 수치는 낮지만 통계적으로 피부암을 일으키는 중요한 증가요인이 될 수 있고, 일상 생활 속에서 전기전자 제품들에 의하여 우리의 건강이 위협받을 수도 있다.

대다수의 전기전자 제품들을 예로 들면, 고기를 자르는데 사용하는 전동칼이나 칫솔 등은 필수적으로 사용할 이유는 없다. 그리고 어떤 제품들은 손으로 하는 대용품보다 편리하지 아니한 경우도 많다. 그 같이 불필요한 전기전자 제품들을 생활 속에서 줄여나가는 것이 우리들의 전자기 스트레스 수준을 줄여줄 수 있을 뿐만 아니라, 전력소모를 줄여 전기요금 절약에도 좋으며 환경에 보다 유익하다. 미래에도 우리들 앞에 선보일 전기전자 제품들을 줄여간다면 전반적으로 가계비 지출을 줄여갈 수도 있을 것이다.

하나의 극단적인 예는 원격조정 텔레비전이다. 장애인, 와병중의 환자, 신체허약자가 아닌 경우를 제외한 그 어떤 사람도 이중의 하나가 반드시 필요하다고 주장할 수는 없을 것이다.

그 사람은 게으름뱅이의 표상일 것이다. 이들 제품은 전자기 스트레스를 증가시키는 잠재력이 매우 높은 바, 그런 전자장치 제품들은 일반적으로 작동이 결코 멈추지 아니하고 항상 대기상태에 있거나, 아니면 작동 중에 있게 되기 때문이다.

하나의 텔레비전은 강력한 전자기장을 발산하고 있지만, 그것에 안전거리 적정장소에서 텔레비전을 시청하거나 시청치 아니할 때 스위치를 끄면 지나치게 강한 영향을 받지 않을 수 없다. 만일 하나의 원격조정장치 제품이 부억, 거실, 혹은 침실과 같이 많은 시간을 보내는 곳에 있는 경우 그리고 당신이 그것에 꽤 가까이 있는 경우에는 전자기 스트레스가 매우 높을 수도 있다.

리모컨 장치가 없는 일반 텔레비젼은 전원이 꺼져 있을 경우 우리가 생각하는 것처럼 안전한 것은 아니다. 대부분의 경우 TV세트는 전원이 꺼져 있을 때에도, 놀라울 정도로 강한 전자장을 발산할 수 있는 상태로 남아 있다. 거실에 있는 그 같은 TV세트에 의해 발생된 전자기장은 종종 같은 층에 위치한 침실에서의 수면을 방해하기에 충분할 정도가 되기도 한다. 안전을 기하기 위하여 전기전자 제품을 사용하지 않을 때에는 스위치를 끄는 것보다는 플러그를 뽑아두는 것이 바람직하다. 왜냐하면 플러그를 뽑지 않고 스위치만 끄면 자기장은 사라지지만 전기장은 계속적으로 발생해서 전자파의 영향이 생길 수 있기 때문이다.

어린아이들은 다른 환경적 위험에 대한 것과 마찬가지로 전자기파 방사에 특별히 민감하다. 그리고 성인보다 먼저 반응을 깊게 보인다. 지혜로운 부모는 바른 거리에서 보는 것조차 제한하려 할 것이다. 아마도 그것에 대한 이해가 없어, 대부분의 사람들은 어린 아이들이 동화시간과 연속극 같은 프로를 보면서 텔레비전 앞에서 장시간을 보낸 긴장감, 과도한 흥분, 공격적이 되는 전자기 스트레스의 영향을 경험하고 위험성을 깨닫게 될 것이다.

그러므로 컴퓨터를 사용할 때는 최소한 60 cm 이상 떨어져서 작업하는 것이 건강에 좋을 것이며 TV시청도 최소한 1.5 m 이상 떨어져 시청하는 것이 건강에 유익할 것이다.

부엌에서는 일상의 전기오븐에서 나오는 전자기장은 거리와 더불어 급격하게 줄어들어서 1 m 정도 떨어진 경우 영향이 거의 없는 것이 분명하다. 조리용 믹서, 혼합기, 손으로 잡고 사용하는 도구들은 높은 수치를 보여주고 있으나 그것을 사용하는 시간이 짧기 때문에, 우리가 흡수하는 전자기장에 대하여는 지나친 관심을 가질 필요가 없다. 일반적으로 부엌 전체에 전기설비가 되어 있는 곳에서 매일같이 조리를 하면서 지내는 사람들만이, 그리고 특히 전기에 민감한 사람들에 있어서 걱정스러운 것이다.

여기에 있어서 하나의 예외가 있는데 바로 전자레인지다. 보통의 오븐은 발열소재를 사용하여 마치 재래의 연료 사용의 경우와 마찬가지로 전도와 대류(conduction and convention)에 의해 음식물에 전달하는 열을 만들어 낸다. 전자레인지는 마그네트론(magnetron ; 자전관<磁電管> - 단파용 진공관)이라 불리는 장치를 사용하는데, 이것은 매우 짧은 파장(고주파)을 지닌 강력한 자기장을 발생하는 것이다. 이들은 음식물 안에 있는 분자들은 매우 빠른 속도로 진동토록 한다. 이들 진동이 충분한 에너지를 만들어 내서 음식물의 온도가 올라가도록 한다. 이것의 명백한 위험은 그 초단파가 미칠 수 있는 것은 모두(음식물을 포함해서) 가열될 수 있다는 것이다.

이 점이 바로 전자오븐은 정확하게 전자파를 차단할 수 있도록 확실히 하여야 하는 일이 특별히 중요하다. 물론 이점을 고려하여 고안되었고, 벽이나 문이나 창에 마이크로웨이브를 전부 흡수하거나 차단시킬 수 있는 금속망사를 끼워 넣고 있다.

그리하여 모든 마이크로파들이 오븐의 내부에만 갇혀있도록 하는 것이다. 어떤 종류의 것은 완전차단이 결코 가능하지 않기 때문에, 계속되는 논쟁은 세어 나오는 에너지를 어느 정도로 하여야 안전한가에 집중된다.

또한 남아있는 문제점은 전자레인지 요리방식이 조리된 음식물에 어떠한 영향을 주는 가에 대한 점인데, 분자 수준에서 전기적 교란을 유도하는 과정이 음식물의 성질을 영구적으로, 기능적으로 유해한 방향으로 변경시킬 수 있지 아니할까?

전자레인지로 조리한 일부 음식에서 높은 수준의 자유라디칼(free radical ; = 유리기<遊離基>)이 확인되어 주위를 환기시켜 주고 있음에도 불구하고 견해들은 다양하다. 다수의 다우저(Dowser ; 점막대로 수맥이나 광맥을 찾는 사람들)와 그 밖의 사람들은 그 음식이 몸에 해롭다고 주장하는데 생명체를 마이크로파 방사에 노출시켜 종양을 일으키는 요인이 된다는 것이 밝혀진 것만으로도 충분한 논리를 제시한다.

어떤 이들은 이 방법으로 조리한 음식이 종전의 방법으로 조리한 것보다 소화가 잘 되지 아니하는 것을 느낀다. 훈련된 영양학자들은 판에 박은 듯이 당신들에게 말하길, 오히려 반대로 보다 짧은 조리시간은 열에 민감한 영양소들이 보다 덜 파괴되고 그래서 그 결과 우리들에게 보다 좋을 수 있다고도 한다. 올드필드(oldfield)와 곡힐(coghill)은 키를이언 사진(kirlian photography ; 생물의 피사체를 전기장에 놓음으로써 그 물체에 방사하는 빛을 필름에 기록하는 기법)을 기술하였는데, 그 사진이 보여주고 있는 바, 전자레인지로 조리한 음식이 최상의 상태는 아니지만 종래의 방법으로 만든 것보다 좋은 것으로 나타났다고 주장하기도 하였다.

그러므로 전자레인지를 사용할 때는 1 m 이상 떨어져서 사용하며 작동 중일 때는 절대로 내부를 들여다보지 않는다. 작동중이 아닐지라도 플러그가 꽂혀 있을 때는 마이크로파 발생장치가 예열되면서 전자파가 생기므로 플러그를 뽑아 둔다.

전화기들 또한 수신기(ear-piece)와 송신기(microphone)에 사용된 강한 자석 때문에 우리들에게 문제를 일으킬 수 있다. 수신기를 귀에 대고 있을 때, 뇌에 전달되는 자장의 세기는 몇 백 가우스에 이르는데 만일 오랜 시간 통화하게 되면 전자기방사의 흡수가 높게 된다. 일부 사람들은 그들이 전화기를 많이 사용하면, 비록 전화내용 자체가 유쾌하고 즐거운 경우라 하더라도, 그들이 심한 스트레스, 피로 또는 긴장감을 느끼게 된다는 사실을 알지 못하고 있다.

휴대전화를 가지고 모든 업무를 보거나 세일즈를 위하여 일부 젊은이들이

mp3플레이어의 수신기에 전원을 연결해 놓고 일하는 것을 볼 수 있다. 음악을 듣는 즐거움을 위해 음량을 높이는 것이 분명히 위험하다는 것은 제쳐놓더라도 그들은 또한 매번에 몇 시간 동안 귀가 심한 전자기장에 노출되어 있는 것이다. 그 자기장의 세기는 전화기보다 약하지만 일반적으로 이 같은 경우 전체적인 흡수량은 더 높을 수가 있다.

집안의 조명방법들 또한 전반적인 전자기환경에 중요한 영향을 미칠 수 있다. 종래의 백열등 전구(진공 속에서 전선이 단지 빛을 발산하는)들은 분명코 가장 좋은 선택이었는바, 그것들은 아주 미약한 장을 발생하고 있기 때문이다. 단지 몇 인치만 떨어져 있으면 그 영향은 거의 없다. 백열등 전구는 흔히 투명하거나 또는 진주(pearl)빛 유리에 사용하기 적합하다. 그리고 경우에 따라서는 일광(day light)전구라는 것이 있는데 이것은 같은 둥근모양이지만 색깔의 유리를 사용해서 햇볕에 가까운 빛을 발산하도록 한다. 일부 기다란 전등(길고 곧으며, 관 모양으로 1피트 정도의 길이)은 화장실 위에 그리고 부엌벽면 가구 밑에 부착하고 있는 백열등으로 그 성능은 일반 전등에 대한 설명과 같다. 어떤 의문점이 있다면, 백열등 빛은 항상 두 가지의 특성을 갖는데, 그것은 스위치를 켜면 그 속에 있는 선이 빛을 내는 것을 볼 수 있으며(제광스위치 ; dimmer switch) 부착되지 아니한 경우), 그것은 깜박이거나 늦어지는 일 없이 즉시로 빛을 발산한다. 그것은 또한 아주 빨리 뜨거워진다.

형광등은 공장, 사무실 상점 등에서 널리 사용하는 원통모양으로 우리에게 가장 친숙하지만, 집에서는 특히 부엌이나 화장실에서 많이 사용하고 있다. 그것들은 백열전구와 상당히 다른 작용을 하는데, 빛을 내기 위해 튜브 안쪽에 특수 코팅을 하여 방전하는 방법을 사용한다. 이것은 스위치를 켜면 잠시 시간이 걸린 후 깜박거리다가 불이 켜지게 된다. 이것은 몇 피트에 달하는 곧고 긴 튜브 형태를 일반적으로 취하고 있으며, 가정에서는 원형의 모형을 취하고 있는 것이 많다.

형광등은 오래 사용할 수 있다. 백열전구가 1,000시간 정도인데 반해 이것은 6,000시간 이상정도 소정의 빛을 발산하는데 전력소모가 적으며, 마지막으로 그것들이 발산해내는 빛깔은 특별한 목적을 위해서 조정될 수 있다. 이것들 중 일부는 순전히 미용적(cosmetic ; 美容的)기능을 하는데, 푸줏간에서 육류가 보다 신선하게 보이도록 핑크색 유형을 사용하는가 하면, 또한 상이한 색깔의 가시파장역(spectra ; 可視波長域)을 만들어 내는 일광형(daylight types ; 日光形)들이 있는데 이것들은 그 불빛 아래서 작업하는 것이 보다 효과적일 수 있다고도 말한다.

이러한 장점에도 불구하고 형광등 아래서의 작업이 불편함을 느끼는 바, 과도한 피로감, 눈의 긴장감, 그리고 두통을 일으키는 것을 확인할 수 있다. 다양한 형태의 빛과 조명장치들이 사람에게 미치는 영향에 대하여 연구해 온 미국의 과학자 존 오토 박사(Dr. Jogn Otto)는 확고한 생각을 보여주고 있는데, 학교의 교실에서 나쁜 행동과 형광등에 의한 조명 간에 인과관계가 있다는 것이다.

왜 이것이 그럴 수 있는가에 대해서는 까닭이 있다. 표 2-6에서 보여주듯이 천정에 있는 하나의 형광등(전형적인 60에서 80와트)은 보통 전구의 1 mG 한계치 보다 훨씬 강한 자기장의 영향을 인체에 미칠 수 있기 때문이다.

위에서 살펴본 것처럼 휴대폰을 사용할 때는 안테나를 뽑지 않고 통화하며 되도록 머리에 바싹 대지 않는다. 근래 유행하는 내부가 투명하게 보이는 휴대폰은 전자파 차폐막이 설치돼있지 않아 보통 제품에 비해 전자파 강도가 엄청나게 강하다. 헤어드라이어나 조명등도 되도록 거리를 두고 사용하며 사용시간을 줄이는 것이 전자기파 스트레스를 줄이는 방법이다.

강력한 전자기장이 송전선 아래 사람의 키 높이 보다 약간 위 부분으로 흐

표 2-6. 일상생활 사용 전자제품의 자기장의 세기

전원(電源)	대표적 장의세기
고압선 밑 55 m 이내 구간거리	220~12
전기면도기 -- 0.5인치(12 mm)	2~400
진공청소기 -- 10 cm	600
전기담요	50~100
60와트 백열전구 -- 2인치(5 cm)	0.3
6인치(15 cm)	0.05
10와트 형광튜브 -- (110볼트) 2인치(5 cm)	
6인치(15 cm)	2
60와트 형광튜브 -- (220볼트) 천정	80
전기발열판 -- 0.4인치(1 cm~	500
18인치(46 cm)	50
스커트형 히터 -- 6인치(15 cm)	23
3피트(91 cm)	1
천정부착형 히터 -- 방 전체	10

르고 있다. 시골의 송전탑에 걸쳐있는 송전선들은 흔히 40만 볼트 가량의 위력을 지니고 있다. 그런 전선 밑에 서있을 경우(특히 지하철이나 전철) 자주 윙윙거리는 소리를 듣거나 습한 날씨에는 공중에 방전하는 톡톡 튀는 소리를 들을 수 있다. 보다 강력한 송전선 밑에서 누군가가 케이블 밑에서 형광튜브의 한 쪽을 손으로 잡고 있으면 불이 켜지는 것을 확인함으로써 전기장을 확인할 수 있다.

송전선 고압 철탑에서 나온 전자기장에 의해서 집단적 발병의 유명한 사례는 영국(글로우체스터셔 = Gloucestreshire)의 피시폰드(Fishpond) 마을의 경우인데, 그곳 주민 중 많은 사람들은 불행하게도 몇 개의 고압선으로 둘러싸여 있었지만 주민들의 건강과 연관되어서 분명한 이상이 발견되지 않았으나, 그 전선에 전압을 급격히 올리면서 이상이 나타나게 되었다. 마을 주민 중 그 누구도 이 사실을 아는 사람이 없었으며, 일부 사람들에게 일어난 증세의 심각성이 급격히 증가하였고 심지어는 일시적인 시각(의식, 기억) 상실증(black out)이 나타나기도 하였다. 그들 발병이 있는 가정에서 전자기장의 세기를 측정조사하게 되었고, 그들의 일부 가정에서는 전자기장의 수치가 높게 측정되었으며, 그 전선에서 좀 더 먼 거리에 위치한 집들에서는 그 수치가 1 mG 정도의 안정된 전자기장의 수준이었다.

스코틀랜드 아르길(Argill)에 있는 달말리(Damally)마을에 대한 조사보고서가 있는데, 275킬로볼트 전선이 지방의회 주택단지(council house estate), 경찰서, 우체국 그리고 100미터 범위 안에 있는 학교 위를 지나가고 있다. 36세대로 구성된 단지 안에서 지난 5년 동안 8명이 암으로 사망하였고 좀 더 떨어져 있는 작은 마을에서는 3명이 운동근육질병(motor neurone disease)으로 죽었다. 지

그림 2-12. 마을 위를 지나고 있는 송전탑 전경

방의회는 기존의 송전탑 위치에다 지었는데 그 탑이 너무도 집과 가까이에 있어서 기술자들이 전류가 자신들을 통해서 접지되는 것을 피하기 위해서 뜰에 있는 작은 나무들이나 관목들을 잘라내어야만 하였다. 낙뢰가 바로 그 뜰에 내리쳐 섬광이 번뜩거려 개들과 집주인이 소스라쳤는데, 당시 그 집 주인은 글을 쓰고 있던 중 명백히 밝혀지지 아니한 근육 류머티즘(myalgic illness)을 앓아 휠체어를 타는 상태였다.

그 집들이 1977년에 지어졌을 당시, 그 누구도 고압선과 질병과의 연관성을 깨닫지 못 하였다. 그렇다하더라도 전선이 윙윙거리고 톡톡거리는 소리가 심지어 쾌청한 날에도 나고 있어 불안을 느끼게 하였다. 그 같은 대규모의 고압선이 밀집하여 가설되어 경관의 부조화 극치를 이룬 곳은 당신들이 하이랜드(Highland)의 경관을 조망할 때인데, 그 곳에서 가장 가까이에 있는 작은 마을은 18 km나 떨어진 곳에 위치해 있다. 그 전선에서 150 m 떨어진 곳에서 근육통척수염(M = myalgic, E = encephalomyelitis) 사례를 조사하였을 때, 데이비드 코완(David cowan)씨가 발견한 바와 같이 고압선들이 이 경우에 있어서는 부분적 원인이 될 수 있었다. 하나의 기류가 그 마을의 뒤쪽으로 흘러내려갔고 그래서 최소한 지전류의 한 가닥이 건강에 해로운 와류들을 만들어 내면서 영향을 받고 있는 집의 밑 부분을 지나고 있었다.

송전선에서 비롯한 고압전자기장에 노출된 많은 사람들은 원인 모를 질병으로 고생을 겪고 있다. 경우에 따라서 일부는 스트레스의 심각한 증상으로 발전하는데, 우울증 또는 자살하고픈 생각으로 진전하기도 하였는데, 앞에서 언급한 페리(Dr. perry) 박사와 도슨박사(Dr. Dowson)의 연구에서 보여준 바와 같은 증상들이었다. 천식이나 다른 알레르기성 반응도 전선과 연관시켜 볼 수도 있다. 임상생태학(clinical ecology)전문 의사들은 병이 침범하는 계기에 있어 결정적인 자극요인을 제공하는 것은 전자기장에 노출로 보고 있다.

동물들도 또한 고압선에 대한 불리한 반응으로 고통을 받을 수 있으며, 그 반응은 앞에서 기술한 바와 같은 사례에서 우리가 느끼고 있는 것들이 단지 심신증(psychomatic)에 지나지 아니한다는 어떤 생각도 불식시켜 준다. 1984년에 영국의 채널4에서 처음으로 방영된 이후, 재방영되고 있는 텔레비전의 3부작 '좋은 것과 나쁜 것' 그리고 방어할 수 없는 것(The good, the bad and the Indefensible)은 자신의 농지를 통과하여 거대한 송전선이 세워진 한 미국인 농부의 곤경을 묘사한 것이었다. 간단히 말해서 그것이 설치된 이후 그의 암탉들이 흰자와 노른자가 뒤범벅이 된(scrambled) 알을 낳는가 하면, 그의 가축들이 유산을 하고 우유생산이 급격히 줄어들었다. 이들 결과는 실험을 통해서도 새로 반복되었는데, 달걀과 쥐들이 다양한 형태와 세기의 전기장에 노출되면 피해와 고통을 받는다는 것이다.

우리나라에서도 중앙일보 2007년 6월 보도에 따르면 "전자제품·고압선서 나오는 전자파 소아백혈병과 관련이 있다."라고 밝히고 있다.

전자파의 인체 유해 여부를 조사해 온 세계보건기구(WHO)가 "전자레인지 등 전자제품이나 고압 송전선에서 나오는 초저주파 전자파가 소아백혈병과 무관치 않다."는 결론을 내렸다고 교도통신이 17일 보도했다. 18일 공개될 WHO 보고서 '전자파 환경보건 기준'은 전자파가 장기적으로 인체에 미치는 영향에 관한 최초의 국제지침으로, 회원국에 전자파 예방대책을 마련할 것을 권고하고 있다.

교도통신에 따르면 WHO는 구체적인 전자파 규제치는 제시하지 않았지만 '0.3~0.4 μT(마이크로테슬라)의 전자파에 상시 노출될 경우 소아백혈병 발병률이 두 배로 높아진다'는 일본 국립환경연구소의 역학조사 결과를 지지했다.

0.3~0.4 μT의 전자파는 30 cm 떨어진 TV에서 나오는 최대 전자파의 5분의 1 정도에 해당한다. 또 "전자파와 건강과의 직접적인 인과관계는 분명하게

확인되지 않으나 관련성은 부정할 수 없다."며 "인체 유해 여부가 과학적으로 입증되기를 기다리지 말고 각국이 피해 방지 대책을 세워야 한다."고 촉구했다. 보고서는 송전선을 가급적 땅에 묻되 가설할 때 주민들과 협의해야 한다는 내용도 담았다.

전자파의 인체 위해성 여부에 대한 국제적 논란이 20년 이상 지속되고 있는 가운데 선진국들은 전자파 관리 기준을 설정해 놓고 있다.

미국 국립방사선 방호학회는 전자파 노출을 0.2 μT 내로, 샌디에이고시는 신축 건물의 자기장 한계치를 0.2~0.4 μT로 정해 놓고 있다.

캘리포니아주 교육청은 송전선 전압이 50~133 kV일 때는 학교와의 거리를 30 m 이상, 220~230 kV일 때는 45 m 이상, 500~550 kV일 때는 105 m 이상 유지해야 한다는 규정을 두고 있다.

스웨덴 정부는 전자파 권고치를 0.2 μT 이내로 규정하고 있다. 전자파에 관한 규제 기준이 없는 일본 정부는 최근 경제산업성에 특별연구팀을 만들고 고압선에서 나오는 전자파를 규제하는 방안을 검토하고 있다.

또한 2007년 10월 12일 조선일보에 따르면 휴대전화 전자파, 유전자 변이 일으킬 수 있다 는 "면역세포 자극 줘 인체에 영향" 서울의대 교수팀 연구결과 발표와 '세포자살' 현상 관찰 "장기적 노출에 대한 기준 필요"하다는 한림대 교수팀의 연구결과를 발표하였는데 전자파가 사람을 포함한 동물의 유전자에 변이(變移)를 일으킬 수 있고, 심지어는 동물의 세포조직을 죽게까지 한다는 연구결과이다. 전자파의 영향을 많이 받는 어린이는 그렇지 않은 경우보다 기억력과 집중력 장애 등을 호소하는 경우가 더 많은 현상도 나타났으며 현재 세계보건기구(WHO)를 비롯한 국제기구는 전자파 유해성과 관련해 "전자파가 인체에 해롭다는 '확실한' 증거는 없다."는 입장을 유지하고 있다.

2007년 10월 11일 서울대 의대 서정선, 박웅양 교수팀이 정보통신부 의뢰로 실시한 '이동전화 전자파에 대한 유전자 감수성 연구'에 따르면, 휴대전화

주파수 대역의 전자파가 사람의 면역세포 조직에 자극을 줘 특정 유전자의 수를 늘리거나 줄이는 등 인체에 영향을 끼치는 사실이 확인됐다. 박 교수는 "면역세포를 배양시켜 하루 1시간씩, 1주일 동안 일정한 강도로 전자파를 쪼였더니 조사 대상 2만여 개의 유전자 중 68개 유전자가 정상적인 세포와 비교해 뚜렷이 증가하거나 감소하는 등의 경향을 보였다."고 말했다. 쥐의 신경세포를 대상으로 한 실험에선 2만 여 개 유전자 가운데 130개 유전자는 최고 18배까지 증가했고, 107개 유전자는 최고 30배 가량 감소한 것으로 나타났다. 실험에 쓰인 전자파의 세기는 휴대전화 전자파 흡수율 기준의 20~40배 강도였다. 박 교수는 "이보다 더 낮은 세기의 전자파에 대해서도 같은 양상이 나타나는지 등에 대해선 앞으로 밝혀야 할 과제"라고 말했다. 이 연구결과는 지난달 한국전자파학회 학술대회에서 발표됐다.

송전선이나 가전제품 등의 주파수 대역인 극저주파 실험에선 더 뚜렷한 부작용이 관찰됐다. 한림대 의대 김윤원 교수팀이 수컷 생쥐 60마리에 대해 16주간 60 Hz(헤르츠) 극저주파 전자파를 쪼인 결과, 이른바 '세포 자살(apoptosis)' 현상이 두드러지게 관찰됐다(그림 2-13). 세포 자살은 유전자의 명령에 의해

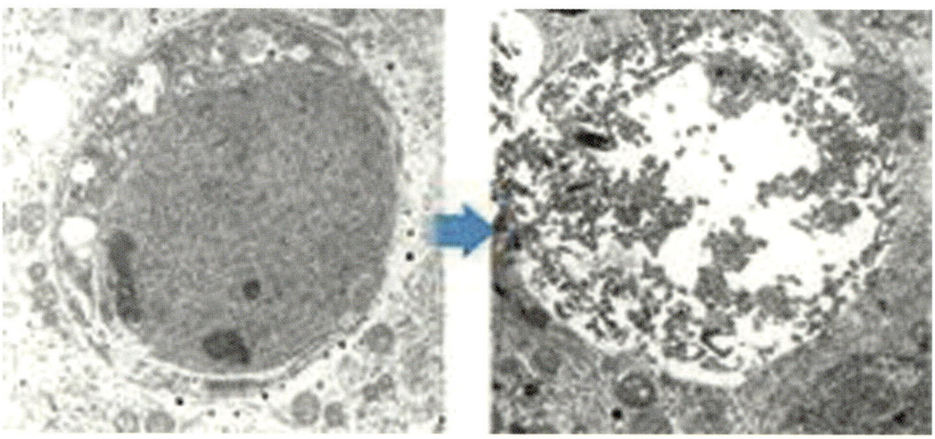

그림 2-13. 전자기스트레스에 따른 자살세포의 증가

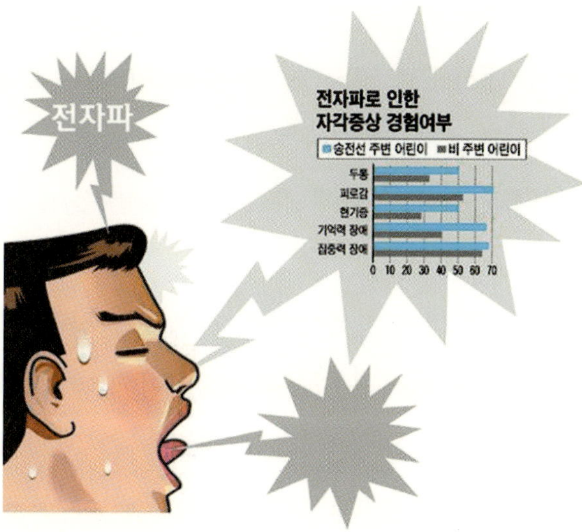

전자파의 종류

	주파수	적용기기
극저주파	0~1khz	전자제품, 사무용기기, 전철, 송전선 등
저주파	1~500khz	
통신주파	500khz ~300Mhz	라디오파, TV방송용 등
마이크로파	300Mhz ~300Ghz	휴대폰, 레이더기지 등

대중교통시설의 전자파 방출량

단위:mG(밀리가우스)

서울지하철1호선	구로~천안	19.9
국철 중앙선	용산~덕소	19.2
KTX(경부선)	서울~대구	17.7
서울지하철1호선	의정부북부~인천	13.3
KTX(경부선)	대구~부산	10.8
서울지하철4호선	당고개~오이도	8.9
서울지하철8호선	암사~모란	4.7
서울지하철7호선	장암~온수	2.9
서울지하철5호선	방화~상일동	2.0
서울지하철6호선	봉화산~응암	1.4
서울지하철2호선	왕십리~왕십리	1.2
서울지하철3호선	수서~대화	1.1

지료:환경부

*mG는 자기장의 세기를 나타냄.
*세계 전문기구는 전자파 인체보호기준으로 2~833mG까지 다양하게 권고하고 있음.
*현재 국내 인체보호기준은 833mG.

그림 2-14. 전자파의 종류 및 양에 따른 자각 증상

세포가 스스로 죽음을 택하는, 동물의 발달과정에서 정상적으로 일어나는 과정이다. 하지만 김 교수는 "전자파라는 인위적 자극에 의해 세포 자살이 나타나는 것은 정상적인 현상은 아니다."고 말했다. 김 교수의 실험에 쓰인 전자파의 강도는 140 mG(밀리가우스)로, 이 정도의 전자파는 가정용 전자레인지에서 방출되는 전자파와 비슷한 수준으로 파악되고 있다.

이보다 더 약한 강도의 전자파 실험에서도 부작용은 마찬가지로 나타났다.

한국원자력의학원 이윤실 박사팀은 "12~18개월간 생쥐에게 62.5 mG의 저주파(20 khz)를 쪼인 결과, 혈액세포와 비뇨 기능에서 중요한 변화가 관찰됐다." 고 말했다. 실험에 쓰인 전자파의 세기는 서울지하철 1호선 객실에서 측정된 전자파 강도의 5배 수준이었다. 이 박사는 그러나 "생쥐의 태아에게 독성이 나타나거나 암을 일으키는 등의 부작용은 관찰되지 않았다."고 전했다.

한양대 의대 김윤신 교수팀은 휴대전화 전자파와 송전선 전자파가 어린이에게 미치는 영향을 조사했는데, 서로 상반된 결과가 나왔다. 우선 송전선 주변 수도권 초등학교 6학년생 154명을 대상으로 '자각 증상'에 대해 설문조사한 결과, 학교 주변에 송전선이 지나가는 곳의 어린이들이 그렇지 않은 어린이보다 두통과 피로감, 현기증, 기억력과 집중력 장애 등을 경험한 비율이 모두 높게 나타났다.

연구팀은 "특히 기억력 감퇴는 어린이들의 신경행동학적 작용에 영향을 미칠 수 있기 때문에 향후 추가적인 연구가 필요하다."고 말했다. 이에 반해 김 교수팀이 수도권 초등학생 700명을 대상으로 실시한 휴대전화의 자각증상 설문조사에선 휴대전화가 있는 어린이와 없는 어린이 사이에 자각증상에서 뚜렷한 차이가 발견되지 않았다.

김 교수팀은 이와 별도로, 송전선 주변 어린이와 비(非)주변 어린이들이 하루 중 전자파에 얼마나 노출되는지를 측정했다. 송전선 주변 어린이들의 노출량은 하루 평균 4.6 mG로, 비교집단(1.05 mG)보다 4배 이상 높았다. 현재 전자파와 관련된 국제기구들이 인체 안전기준으로 제시한 수치는 크게 다르다. 국제비전리방사선 보호위원회(ICNIPR)의 경우 833 mG를, 미국 국립방사선 보호위원회(NCRP)는 2 mG를 세계 각국에 권고하고 있다. 이와 관련, 한림대 김윤원 교수는 "ICNIPR이 제시한 기준(833 mG)은 사람들이 장기적으로 전자파에 노출되는 것을 고려하지 않은 것"이라며 "현대인들이 일상생활에서 하루 24시간을 전자파에 노출되고 있는 실정을 감안해 장기적 노출에 대한 기준을 마련할 필요가 있다."고 말했다.

한편 전문가들은 "전자파는 되도록 피하는게 상책"이라고 지적하고 있다. 인제대 의대 홍승철 교수는 "가전제품 가운데 청소기나 헤어드라이어, 전자레인지 같은 경우는 전자파 방출량이 높기 때문에 특히 주의해야 한다."며 "전기장판과 돌침대 같은 경우는 자기 전에 데운 뒤 취침할 때는 플러그를 뽑는게 현명하다."고 말했다.

하루 수백만 명의 시민이 이용하는 지하철은 어느 호선에서, 얼마나 많은 전자파가 방출될까. 11일 환경부가 국회 환경노동위 배일도 의원(한나라당)에게 제출한 '전자파 노출실태 및 건강영향 조사연구' 자료에 따르면 노선별로 전자파 방출량이 확연하게 차이가 났다.

한양대 의대 김윤신 교수팀과 인제대 의대 홍승철 교수팀이 서울지하철 1~8호선과 부산지하철 1~3호선 객차의 전자파를 측정한 결과, 서울지하철의 경우 3호선이 평균 1.1 mG로 가장 낮았고, 지하철 1호선(구로~천안 구간)은 이보다 18배 가량인 19.9 mG로 최대치를 기록했다. 부산은 1.2~2.5 mG로 서울지하철 2·3·5·6호선과 비슷한 수준이었다. 전자파 방출량이 많은 노선은 직류보다 전자파를 상대적으로 많이 방출하는 교류 전기가 흐르는 구간이었다.

우리나라를 비롯해 세계 대부분 나라가 전자파 인체보호 기준으로 채택하고 있는 국제 비전리방사선 보호위원회(ICNIRP) 권고치(833 mG)에 따르면 현재의 전자파 방출 수준은 전혀 위협적이지 않은 수준이다. 하지만 미국 국립방사선 보호위원회(NCRP)의 권고치(2 mG 이하)에 비추면 사정이 달라진다. 서울지하철 2·3·6호선과 부산지하철 3호선(대저~수영)을 제외한 전 구간이 기준치를 초과하게 되는 것이다. 연구팀은 "특히 교류 전기가 흐르는 구간의 전자파가 많기 때문에 앞으로 기존 시설을 개·보수하는 과정에서 전자파 차폐 기술 등을 도입해 승객들의 전자파 노출을 줄이려는 노력이 필요하다."고 지적했다.

그림 2-15. 지하철 전철의 고압선 모습

한편 KTX 경부선의 경우 서울~대구까지의 전용구간 객차에선 전자파 방출량이 평균 17.7 mG였고, 이보다 상대적으로 속도를 줄여서 운행하는 대구~부산(일반철도와 노선 겸용) 구간에선 10.8 mG였다. 인제대 홍승철 교수는 “KTX의 전자파 방출량은 프랑스 파리와 독일 베를린 구간을 운행 중인 고속열차(ICE)보다 네 배 남짓 높은 수준”이라고 말했다.

위에서 살펴본 것처럼 우리 일상생활에서 밀접한 연관을 가지고 있는 것이 고압선이나 지하철, 전철이다. 지하철이나 전철은 교류 25,000 V를 사용하는데 여기에서도 다량의 전자기파가 발생한다. 그러므로 지하철이나 전철을 탈 때 고압선로에서 되도록 멀리 떨어지는 것이 건강에 유익할 것이다. 또한 전동차가 오기 전에 선로에 바싹 붙어서 기다리지 말고, 전동차가 완전히 멎어 문이 열린 다음 천천히 타는 것을 습관화 하는 것이 자신의 건강을 전자파로부터 지키는 방법이 될 것이다.

7. 현대인의 전자기파 스트레스와 만성적 질병

앞에서는 여러 가지 형태의 전자기장의 영향에 관하여 기술하였다. 이번

장에서는 건강에 관련된 다른 요인들과의 영향에 대해 설명하고 이와 관련된 많은 현상론적 증상들이 과학적으로 완벽하게 밝혀지지는 않았지만 앞으로 더 연구하고 증명되어져야 한다는 사실을 강조하고자 한다.

왜 오늘날 그렇게도 많은 사람들이 꾸준하게 스트레스와 긴장을 받고 있으며, 긴장완화가 분명하게 이루어지지 못하고 잠을 잘 잘 수가 없으며, 반복해서 아침마다 지친 상태로 잠에서 일어나 두통을 겪고 있는 경우가 그렇게도 많은 것인가? 또는 왜 매우 많은 사람들이 끊임없이 기진맥진한 나머지 그에 대처하지 못하는가? 비록 그들의 식이요법과 일상적 생활양식에 있어 그럴만한 분명한 원인을 살펴볼 수 없음에도 불구하고, 결과적으로는 그러한 사람들은 원기가 저하되거나 자멸적 상황에 적면하기도 한다.

자살과 관련된 연구는 영국에서 1980년대로, 물리학자인 페리 박사(Dr. Perry)에 의하여 논증되었는데, 그 실험은 영국의 미들랜드(Midlands)에서 행해졌다. 그는 자신의 지역에서 일어난 자살과 자살미수 경우가, 그 환자들의 집과 연관하여 의미 있는 관계가 있음을 밝혔는데, 그 환자들의 집에 대한 조사는 지붕위로 설치된 것 뿐만 아니라 지하에 매설되어 흐르고 있는 고압전선의 배선에까지 조사한 것이었고, 그 곳에 사는 사람들은 그것들이 애당초부터 그 곳에 있었기 때문에 그런 것들이 있다는 사실을 감지할 수 없었다. 그래서 정신신체성(psychosomatic)의 결과란 있을 수 없는 것으로 보인다. 그 후의 연구에서도 비슷한 결과를 밝혔다.

1988년 페리박사(Dr. perry)는 고층빌딩에 살고 있는 사람들과 그 빌딩의 측면에 걸쳐 있는 고압선에 가까이 살고 있는 사람들의 질병 상호 관련성을 보여주는 연구결과를 발표하였다. 고층빌딩에 살고 있는 병원입원 환자 중 심장발작증과 국소성빈혈(ischemia)이 62%였고, 이 중 71%가 우울증환자(depressive illness)였음이 확인 되었다. 도슨 여박사(Drs. Dowson)와 레위드(Lewith)씨는 또한 두통과 우울증이 고압전선과 관련되어 있을 수 있음을 보여 주고 있다.

표 2-7. 병인성 전자기스트레스와 연관된 건강문제

구 분	건강문제
일반증상	두통, 현기증(Swimming vision), 허약증, 수면장애 및 선잠(light superficial sleep), 피로, 욕지기(Nausea), 현기증과 졸도, 정력부족(Loss of potency), 포만감
신경계에 영향	신경중추의 기능이상, 신경쇠약증(Symptoms of neurasthenia), 교감신경체계의 기능이상, 발한의 경향(Tendency to perspire), 대뇌피질에서 신경 역동현상, 손가락의 경미한 떨림, 집중력 상실, 박동의 미약, 뇌파의 변화(electro-encephalogram), 저혈압(Low blood pressure), 손의 신경근 기능 및 감각의 쇠퇴
심장/ 순환계 장애	심장 혈관 장애, 빈맥(Tachycardia), 저혈압, 심전도(Electrocardiogram), 고혈압
혈액중의 변화	혈액체계 주변의 양, 질적 변화, 혈액 구성 성분의 다양한 변화
반응시간	반응시간의 변화, 자극영향, 체온조절의 이상

알레르기 또한 가장 일반적인 유행병증으로 점차 확대되고 있으며, 특히 어린아이들에 널리 번지고 있다. 알레르기는 산업사회 현대인의 가장 전형적인 병증으로 여겨지고 있다. 건초열(hey fever ; 乾草熱)과 습진과 같은 피부병이 지난 20년 동안 놀랄 정도로 급속하게 증가하여 왔다.

피부관련 질병의 급격한 증가는 화장품이나 화장실 용품 및 세제, 그리고 기타에 새로이 첨가되는 독한 화학성분 물질의 사용증가로 설명되는 것이 타당성이 있다 하겠다. 하나의 단적인 예로, 묵지(carbon paper)를 이용하여 복사를 하였으나, 전자복사기의 출현으로 토너를 사용하고 있는데, 복합화학 성분으로 만든 흑색안료[lamp-black]인 간편한 재료가 캡슐에 담겨져 탄소가 없는 2중 막 세트로 대부분 교체된 것을 생각하면 된다.

그렇지만, 이 설명은 유아들에 만연하는 호흡기 문제를 야기하는 알레르기가 증가하는 것을 생각할 때, 그에 대한 확신을 주는 설명이 되지 못한다. 여러 논문자료가 알 수 있듯이 어린 학생들의 10에서 30% 정도가호흡기관 질환으로 고통을 겪고 있다는 것이다. 예전보다 더 많은 꽃가루와 먼지가루가 대기 중에 떠돌고 있다는 것은 참으로 바람직하지 않지만 확실한 것이다. 그리고 공기정화법규(clean air laws)의 덕으로 대부분의 공기 중에 있는 산업오염물질의 정도수준이 실제로 감소하고 있다. 교통수단들이 배출하는 대기 오염 물질의 증가 추세는 비난받아 마땅하지만, 어린이 천식환자(asthmatic ; 喘息患者)의 증가가 교통체증이 심한 도시와 마찬가지로 농촌지역에서 나타나고 있는 사실이다.

음식에서 오는 알레르기 또한 놀라울 만큼 도시와 농촌에서 공통적으로 나타난 현상으로, 대중들의 이해정도의 향상이 보다 높은 진단을 가져오게 한 것도 하나의 요인이 될 수도 있지만, 음식물로부터 알레르기의 증가는 현저하게 언론보도 매체에서 확인할 수 있는 것처럼 현저히 증가 일로에 있다.

또 다른 흥미를 끄는 수수께끼는 처리방법에 대한 대표적 반응이다. 여기에는 대중요법과 동종요법(allopathic and homeopathic)의 약을 이용하는 효과적인 두 가지 방법으로 하나의 알레르겐(allergen ; 알레르기를 일으키는 물질)에 대한 환자의 민감성을 경감시키거나 제거할 수 있는 것이다. 식이를 엄격히 제한함으로써 자극을 일으키는 음식물의 유입을 피하는 방법이다. 문제는 바로 많은 알레르겐들이 확인되어 제거되었음에도 대게의 경우 민감성이 분명히 사라지지 아니한다는 점에 있는 것이다. 환자의 신체가 단지 어느 하나의 자극성에서 다른 것으로, 심한 경우 환경적 요소의 대부분으로 옮겨가는 것처럼 보인다는 것이다. 바꾸어 말하면 일부 다른 요인이 환자에게 과민반응 증세를 만들어 내면 다른 모든 것들이 이 불운한 개인에게 잠재적 알레르겐으로 된다는 점이다.

이 민감한 반응에 작용을 하는 인자를 전자기장의 다양성에 노출시켜 볼 수 없을까?

진 몬로 박사(Dr. Jean Monro)는 씨릴 스미스 박사(Dr. Cyril Smith)와 함께 영국 킹스 랑글레이(Kings Langley)에 있는 브레이크스피어(Breakspear)병원에서 1980

년대에 알레르기와 전기적 감응도 간의 관련성 조사 연구를 통하여 많은 활동을 하였다. 그들이 밝혀 낸 것은 심각한 알레르기 환자들은 미약한 전기장에 강한 반응을 보일 수 있다는 사실이다. 가장 충격적이게도 그들은 단지 특별한 라디오 주파수 신호를 환자에게 가함으로써 알레르겐에 의하여 만들어진 것과 같은 반응을 만들어 낼 수 있었다. 이 같은 작업은 병인성 전기스트레스가 최소한 이야기의 일부가 될 수 있음에 충분히 부합된다 하겠다.

백신주사의 광범한 사용이 또 다른 예민한 감각을 자극하는 요인이라 주장하는 일부 사람들도 있다. 백신은 혈액 속에 특유한 보호항체의 생성을 독려하도록 하는 방편적인 무해한 질병의 형태를 사용함으로써, 면역체계의 증진을 위해 고안된 것이다. 통계 수치상으로 볼 때, 백신주사의 효과가 있는 것으로 보이지만, 그 접종을 받은 상당수가 분명히 짧은 기간이지만 백신의 역효과로 고생하는 것 또한 사실이다. 이로써 추론할 수 있는 사실은 백신이 또한 직접적으로 확인되지 아니한 그 무엇인가에 의한 항체를 만들어 냄으로써 바라지 아니한 장기간에 걸친 반응을 일으킬 수도 있다고 할 것이다. 이들은 박테리아나 바이러스 뿐만 아니라 음식, 공기 안에 떠도는 생소한 물질 등등이 될 수도 있다. 만일 이것이 사실이라면, 이 바람직하지 아니한 반작용에 대한 돌파구는 유전자 공학이 주요 식품의 새로운 형태를 만들어냄으로 하여 분명히 증가되었고, 이 식품산업은 내용물을 다양한 형태로 가공처리 하고 있다. 면역접종을 경험한 사람과 그리고 접종을 하지 아니한 사람들의 알레르기 상대적 수준을 조사해 보는 것 또는 백신접종이 처음으로 소개되는 제 3세계(특히 아프리카 아시아 등지의 개발 도상국가)에서 알레르기 반응이 증가하는 것으로 보이는가의 여부를 조사하는 것은 분명히 흥미로운 고찰이 될 것이다.

알레르기와 병행하여 명백히 관련이 없는 많은 병증들이 또한 더욱 널리 나타나고 있는데 그 중 일부는 청천벽력같이(out of the blue) 나타난 것처럼 보인다. 이명(Tinnitus ; 耳鳴), 근육통(M = myalgic), 뇌척수염(E = encephalomyelitis) 다

중경화증(M.S multiple sclerosis; 多衆硬化症), 그리고 선염(glandular fever; 腺炎)들은 이들 잡동사니의 몇 종류들이다. 병인성 전자기스트레스(electro-stress)는 병인성 지구 스트레스(geopathic stress)와 함께하거나 함께하지 아니하거나, 이들에 대한 일부 또는 전부에 대한 실마리를 제공해줄 수 있을까? 그런 질병의 많은 환자들이 실재로 병인성 지구, 병인성 전기 또는 자기장에 민감하게 노출되어 왔다는 사실은 분명해 보인다.

만성피로증후군(chronic fatigue syndrome, 달리 근육통<M>, 뇌척수염<E>로 알려진)은 하나의 좋은 예이다. 당초부터 바이러스에 의한 것으로 처음부터 널리 의심받아 왔던(그것은 연구조사의 초기에 후천적 바이러스 증후군<Post-viral Syndrome>으로 불렀음) 원인자를 추적하고자 하는 많은 도시가 있었다. 이 연구는 전염성안구증가증(mononucelosis) 또는 엡스타인 바 바이러스(Epstein-Barr virus; 인간의 각종 암에 관계된다고 생각됨)는 제외하였으며, 사실에 있어 항바이러스 성능의 많은 만성피로증후군으로 진단된 사람들에게는 일반적으로 듣지 아니한다. 근육통, 척수염(M,E) 혹은 만성피로증후군(C.F.S) 환자를 치료하고 있는 의사들은 전자기장에 대한 민감성을 의심하는데, 물론 이 같은 관련은 런던에서 금융시장의 전산업무를 처리하는 사무실에서 작업하는 곳에서 이 증후군이 처음으로 다수의 환자가 나오면서 관련성이 언급되었다. 이러한 가설에 대한 일부 찬성은 만성피로환자(chronic fatigue patients)들의 상당수가 휴가를 시골에서 보내고 난 후, 심지어는 그들이 살아왔거나 일하였던 도시, 사무실, 또는 공장을 완전히 떠나는 경우에는 훨씬 더 기분이 좋아지는 것이다.

선천성면역결핍증(AIDS)에 이르는 메커니즘에 대한 전통적인 생각들 또한 의심을 받고 있다. 인류면역바이러스(HIV; human immune-deficiency virus) 그 자체가 불가피하게 완전히 성숙하여 AIDS로 발전하는지에 대한 의구심이 일부 연구자들에 의해 피력된 바 있다. 거기에는 일정한 역할을 담당하고 있는 여타의 면역체인자(immune system factors)가 있을 수 있는 것으로 확실히 여겨진다. 캘리포니아에서 다니엘 비 리얄박사(DR. Daniel B. Lyall)는 한 실험에서사람의 T세포(T-cells ; 흉선에서 분화한 임파세포<淋巴細胞> - 사람의 면역체계에 있어 중요한 임파구<淋巴球>역자 주)의 배양 도중에 약한 전자기장에 48시간 동안 노출시킨 결과 침입세포(invading cells)를 처리하는 이들 세포들의 능력이 뚜렷하게 감소한다는 것을 보여준 것은 흥미를 일으키게 한다. 전기장에 노출되어 있는 사람의 몸속에 메커니즘이 작용할 수 있다면 물론 그들의 면역체계는 인류면역결핍바이러스와 같은 위험한 침입에 대응할 수 있는 능력이 훨씬 더 떨어질 것이다.

미국에서 전자기장이 사람에게 끼치는 영향에 대한 많은 조사연구를 해온 로저콕힐(Roger Coghill)은 12개의 미국도시 중, AIDS발생이 높은 11개 도시는 또한 다양한 종류의 전자기적 '교통량'(electromagnetic 'traffic')이 전반적으로 높은 수준임을 보여주었다.

전자기적 공해(특히 radio TV 그리고 마이크로웨이브 통신교류)의 거대한 성장이 AIDS 질병의 원인은 아닐지라도 주요한 근인(根因)이 된다.

지금당장은 정상적인 전자기장에 민감한 반응을 일으키는 메카니즘이 알려지지 않고 있지만, 신경체계에 직접적인 영향이 있으며 면역체계에도 역시 관계되어 있을 것으로 여겨진다. 전자기장의 복사에너지가 신체의 세포벽(walls of the cells)을 통과하는 칼슘(calcium)의 흐름을 교란시킬 수 있으며, 그리고 이것이 세포분열을 포함한 중요한 세포질의 기능 중의 몇 가지에 영향을 끼칠 수 있다. 만약 전자기장의 복사에너지가 우리가 암시해온 바와 같이 암세포 증식을 촉진시킬 수 있다는 것이 사실이라면, 바로 이것은 암이 발생하는 원인을 설명할 수 있게 된다. 이와 같은 다른 이론으로는 칼슘의 흐름에 주는 영향은 암과 싸우고자 하는 세포의 활력에 모종의 변화를 주고 있다는 주장이다.

브리스톨대학교에서 최근에 간행한 조사연구서에, 전력본선(manis electricity)이 암을 일으키는 영향은 발암유인물질(carcinogenous)로 알려진 라돈가스(radon gas)가 모여드는 국부적 증가를 가져오는 것으로 보인다는 사실에 기인할 수 있다는 암시를 더욱 발전시켜 나갔다. 이 같은 가능성에 대하여 많은 회의적 견해들이 있으나, 그것은 흥미롭게도 공감된 이론으로 반응을 가져왔는데, 그 이론은 톰 윌리엄스(Tom Williamson)가 라돈가스를 건강에 해로운 에너지 계통으로 간주하는 것으로 발전시켰던 것이다. 건강에 해로운 지구 에너지가 흐르는 표면지역 위에는 움직임이 느린(slow-moving) 중성자 수준이 평상 지역보다 높다는 사실을 독일의 연구가 아쇼프(DR. D. Aschoff) 박사가 밝혀냄으로써 궤를 같이 하는 연구도 있다.

사람들은 통상적(conventional) 이유로 하여 지금까지 살펴온 알레르기 그리고 근육통(M) 뇌척수염(E) 등등의 질병에 시달릴 수 있다. 아마도 그들은 일이나 또는 가족문제로 걱정하거나 체중이 줄어들어서 잠을 자지 못할 수도 있을 것이다. 또 그들은 유전 또는 생활 작업 조건, 바이러스 등 또 여타의 어떠한 그럴듯한 이유들 때문에 류머티즘으로 발전을 보인다. 또한 그들은 열악한 식이생활, 공기오염이나 식수오염에 반응 작용을 일으킬 수도 있다. 그러나 이들 요인들로 인하여 일어날 수 있는 경우는 근자에 이르러 훨씬 심각성이 덜하여졌다. 이들이 살고 있는 국가에서는 생활, 작업 여건이 여러 면에서 향상되었고, 신체적, 정신적 스트레스가 줄어들었다. 많은 종류의 유행병증들이 사실상 없어졌는데 비하여 면역계와 연관된 건강문제들은 줄어들기 보다는 도리어 증가하고 있는 것이다.

지금까지 살펴본 여러 가지 스트레스를 초래하는 인자들은 개별적 스트레스 요인들을 애써 제거한다 하더라도 전체적 스트레스 부하량(負荷量)은 꾸준히 증가하였다는 점이 우리가 관심을 가지고 지켜보아야 할 과제이다. 인체에 스트레스를 주는 세세한 원인들은 그다지 중요하지 않으며 비교적 적은양의 전자기장에 노출이 전형적 스트레스 반응을 일으킬 수 있는 사실에 대한 연구 결과를 우리는 알고 있다. 어떤 스트레스도 몸에 유사한 영향을 주고 있다.

스트레스가 원인으로 작용하여 일으킬 수 있는 가장 치명적인 것은 부신

(adrenal ; 副腎)으로 하여금 아드레날린(adrenaline ; 보다 정확히 에피네피린<epinephrine>이라 불리는)의 분비를 촉진시키고, 그리고 혈류 속의 여타의 호르몬의 유입을 촉진시키는 일을 하고 있는 것이다.

아드레날린은 때때로 양비(兩飛)의 호르몬(fight or flight)이라 언급되기도 하며, 그의 생성은 사실에 있어 아주 원시적 반응의 하나이다. 인간은 다른 동물과 마찬가지로 약탈자로부터 오는 위험에 직면할 경우 두 가지의 선택을 보이는데, 돌아서서 싸울 것인가 아니면 도망칠 것인가이다. 어느 경우에도 급격한 에너지의 발산이 필요하며 그래서 부신샘(adrenal glands ; 副腎샘)들이 작동하기에 이른다.

우리들은 두 개의 부신을 가지고 있는데 신장의 윗부분에 하나씩이 자리하고 있다. 모든 호르몬샘들과 마찬가지로 이 부신의 역할은 특별한 목적을 위한 호르몬들을 신체에 공급하는 것이다. 이들 부신은 두 부분을 가졌는데, 피질(皮質 ; cortex)이라 불리는 겉 부분과 수질(隨質 ; medulla)이라 불리는 내부중심부위다. 아드레날린을 분비하는 곳은 수질부분이며, 부신이 만들어낸 약 32종의 상이한 호르몬 가운데 하나이다.

그리하여 위험에 직면하면 부신은 아드레날린과 여타 호르몬들을 몸 안에 분비하기 시작한다. 심장박동이 증가하고 근육에 더 많은 산소와 영양분을 보내면서 호흡률이 올라가고, 혈압이 상승, 이들 모든 준비는 어떤 행동방향을 선택하던 간에 필요한 에너지를 제공하는 것이다. 그런데 여기에 하나의 문제가 있다. 부신반응(副腎反應)은 위험상황에 맞서기 위한 것이다. 옛날 미개인들은 싸워서 이기든가, 아니면 안전한 곳으로 도망치던가 하여 다음 위기가 다가올 때까지 자신의 몸이 회복할 수 있는 시간을 주면서 정상적인 휴식기간을 가질 수 있는 것이다. 특별히 그들 부신은 필요한 호르몬의 재충전을 가능토록 하는 시간을 갖는다.

불행하게도 위에서 기술한 바 현대의 스트레스 유형들은 병인성 전자기스트레스, 병인성 지구 스트레스를 포함하여 순간적인 위험상황은 아니다. 그들 모두가 다소간의 지속적인 경향을 띠고 있으며, 결과적으로 부신이 간단히 감당할 수 없는 것이다. 점차적으로 부신들은 활동재원이 고갈되고, 에너지 수준은 내려가며 신체는 스트레스가 높은 상황에 효과적 대응력이 줄어들면서 무엇보다 중요한 것은 신체의 면역반응 체계의 효율적 작동이 멈춰버리게 되는 것이라 할 수 있다.

3부
동양 과학

1. 동양 철학(東洋 哲學)이란?

동양철학은 음(陰)과 양(陽)을 기초(基礎)로 한 학문이다. 우주가 형성되기 전 진공(眞空)한 상태를 무극(無極)이라 한다면 만물을 형상(形象)할 수 있는 이(理) 기(氣)가 구비된 상태를 태극(太極)이라 한다. 이(理)는 무형(無形)이고 지, 정, 의(知情意)의 주체이며 기(氣)는 유형(有形)이고 질(質)의 주체로서 이(理)에 대한 대상(對象)이다.

태극이 이와 같이 이(理)와 기(氣), 주체와 대상, 음과 양, 그리고 무형과 유형의 이성성상으로 구성되었으므로 태극의 실체대상인 피조만물이 모두 음과 양, 무형과 유형, 주체와 대상의 이성성상(二性性相)으로 창조된 것임을 알 수 있다. 정(靜)적이고 유(柔)한 기운(氣運)은 음(陰)이 되고 동(動)적이고 강(强)한 것은 양(陽)이 된다. 이것을 도(道)라고 한다.

무극과 태극, 이와 기, 음과 양, 무형과 유형은 동전의 앞뒷면과 같아서 한쪽만 보면 별개이지만 양쪽을 같이 본다면 하나인 것이다. 이 상태를 음 가운데 양이 있고 양 가운데 음이 있다고 한 것이다. 그러므로 만물이 생길 때에 음 기운은 등지고 양 기운은 안고 태어남으로 그 무엇이든 음양 기운을 갖추지 않은 것이 없다.

사람에 비유한다면 소우주라 할 수 있는 사람자체는 태극이 되고 사람 중에서 남자는 양이 되며 여자는 음이 된다. 또 사람의 마음은 무형이고 주체가 되며 몸은 유형이고 대상이 되는 것이다. 사람의 마음 중 능동적이고 진취적이며 나타내고자 하는 마음은 양이 되고 수동적이고 정체적이며 숨기고자 하는 마음은 음적인 것이다.

또한 신체구조 중에서 눈, 귀, 콧구멍, 항문, 겨드랑이 등과 같이 들어가고 감춰진 부분은 음이 되고 눈두덩, 콧날, 무릎, 팔꿈치, 광대뼈 등과 같이 솟은 부분은 양이 된다. 이와 같이 동양철학에서 본 창조원리는 음과 양 유형과 무형 주체와 대상의 상대성 원리로 창조되었으며, 인간은 주체요 만물은 대상으로 창조되었으므로 만물은 인간을 위해 창조 되었고 인간은 만물의 척도가 되는 것으로서 진리의 유일한 기준이 되는 것이다.

우주의 모든 별들은 구심력(求心力, 主體)과 원심력(遠心力, 對相)의 주고받는(授受作用)작용에 의한 원형운동(圓形運動)에 의하여 일정한 궤도를 유지하면서 공존한다. 우리가 살고 있는 지구도 자전(自轉, 主體 +)과 공전(空轉, 對相 -)의 주고받는 작용에 의하여 일정한 궤도를 돌며 존재한다.

인간도 남자(主體, +)와 여자(對相, -)의 주고받는 관계에서 생존과 번식을 할 뿐만 아니라 보이지 아니하는 무형의 마음(主體, +)과 보이는 유형의 몸(對相, -)의 주고받는 관계에서 활동하며 생존한다. 동물도 수컷(主體, +)과 암컷(對相, -)의 주고받는 관계에서 번식과 생존을 할 뿐만 아니라 보이지 아니하는 무형(主體, +)의 본능과 보이는 유형(對相, -)체의 주고받는 관계에서 작용과 생존을 한다.

식물도 수술(主體, +)과 암술(對相, -)의 주고받는 관계에서 번식과 생존을 할 뿐만이 아니라 보이지 아니하는 무형의 취향성(主體, +)과 보이는 유형의 체(對相, -)의 주고받는 관계에서 작용과 생존을 한다. 광물도 양이온(主體, +)과 음이온(對相, -)의 주고받는 관계에서 광맥(금광 철광 등)을 이루며 존재하고 또한 보이지 아니하는 무형의 경향성(主體, +)과 보이는 유형의 체(對相, -)의 주고받는 관계에서 물리적 작용을 하며 존재한다. 예를 들어 무형(主體, +)의 수소(H2)와 산소(O)가 결합하여 유형(對相)의 물(水)을 이루는 물리적 작용과 같은 것이다.

이와 같이 모든 피조물은 양(陽)과 음(陰), 무형(無形)과 유형(有形), 주체(主體)와 대상(對相)의 상대성 원리에 의하여 작용과 번식과 생존을 하고 있다.

동양철학의 원리를 기초로 하여 발전된 학문이 한의학과 침구학 그리고 명리학(운명철학)과 풍수지리학이다.

1.1. 음양과 한의학 및 침구학

한의학은 인간의 체질을 음, 양, 체(陰陽体, 태음과 소음, 태양과 소양체)로 분류하여 그 체질에 적합한 약물로서 체내의 음양과 중화를 이루게 하여 음양의 조화로운 순환작용으로 병을 치유하는 방법이고 침구학은 1년이 365일인데 인체의 경혈(질병과 반응이 피부 및 피하 조직에 출현하는 점혈(點穴)도 365혈이 있다고 보아 현행은 361혈) 경락의 류주(流注)는 음은 상행(上行)하고 양(陽)은 하행(下行)함을 나타내어 경맥의 기시점(起始點·主體 +)과 종결점(終結點·對相 -)을 연속선(連續線)으로 하여 질병을 치유하는 방법의 학문으로서 치유의 핵심이 음과 양 주체와 대상의 상대성 원리를 응용한 치유법이다.

1.2. 음양과 명리학(운명철학)

인간의 사주(生年月日時)를 체(体, 主體 +)로 하고 오행(木火土金水)은 용(用·對相 -)

으로 하여 사계절(四季節)과 우주변화의 원리를 포태법(胞胎法)과 대입(代入)시켜 인간운명의 길흉을 보는 학문으로서 그 핵심이 음양의 상대성 원리이다.

1.3. 음양과 풍수지리학

보이는 유형의 형상(形象)을 대상(對相 -)으로 하고 보이지 않는 무형의 이기(理氣)를 주체(主體 +)로 하며 또한 움직이지 아니하는 정태적(情態的)인 산(山)을 대상(對相 -)으로 하고 움직이는 동태적(動態的)인 물(水)을 주체(主體 +)로 한다. 또한 인간을 주체(主體 +)로 하고 오행(五運 · 六氣)의 작용을 대상(對相 -)으로 하여 양, 음택(陽陰宅)의 길흉(吉凶)을 감정(鑑定)하는 학문이다.

1.4. 음택(陰宅)에 대하여

음택은 죽음과 관계되는 것으로 죽음을 세 가지로 보는데, 첫째 죽음을 정사(精死), 즉 자손을 번식시키지 못하는 상태를 말한다. 두 번째 죽음은 성사(性死), 즉 기억력을 잃은 상태 다시 말하면 치매가 왔을 때 이것도 죽음으로 본다. 세 번째 명사(命死), 즉 호흡이 끊어진 상태 우리가 통상 죽음으로 보는 상태를 말한다.

남녀가 교합(交合)하면 포(胞, 아이를 잉태하는 것)가 되기도 하고 절(絶, 아기가 잉태되지 않는 것)이 되기도 한다. 포가 되면(아기가 잉태되면) 아기씨(胞子)가 태반(胎盤)에 접착되는데 이때 무위자연(無爲自然), 즉 창조의 법도에 의하여 혼(魂)이 저절로 포자에 접착이 된다. 그 후 10개월간 아기가 태반에서 다 성장이 되면 파포(破胞), 즉 아기보를 찢고 출생되는데 이때 아기가 발성(發聲), 즉 울음으로서(이를 有爲活動이라 한다) 백(魄)이 아기에게 내접(內接)함으로서 비로소 혼과 백 그리고 육체를 갖춘 인격체가 완성되어 인간으로서의 생을 출발하게 되는 것이다.

혼(靈)은 형이상학적으로 정신을 주관하는 주인, 즉 이성(理性, 知情意)이며 백

(魂)은 형이하학적으로 육체를 주관하는 주인, 즉 기질(氣質)인 것이다. 출생 후 남자는 8세가 되면 음낭수종(陰囊水腫)에 정액(精液)이 생기기 시작하며 16세가 되면 만낭(滿囊)이 되어 자손번식이 가능하여 조선조 때에는 남자 15세가 되면 성인으로 인정하고 호패(號牌, 지금의 주민등록증)를 차게 되었던 것이다. 그리고 24세가 되면 육체의 발육이 완성되며 64세가 되면 정충이 죽어(이것은 보편성을 말함) 생식, 즉 번식이 중지 되는 것이다.

여자는 7세가 되면 음낭수종에 정액이 생기기 시작하여 14세가 되면 만낭이 되어 조선조 때에는 아무리 조혼을 하였다 하여도 여자 14세가 되기 전에는 남편과 동침을 허락하지 아니하였던 것이다. 21세가 되면 육체의 발육이 완성되고 49세가 되면 정충이 죽어 생식이 중단된다. 그러므로 여자 49세면 폐경(이것 역시 보편성을 말함)이 되어 생리적으로 자연히 남자를 멀리하게 된다.

인간이 정액을 배출할 수 있는 기력이 보편적으로 5,000회라고 한다. 그러므로 젊었을 때 호르몬의 배출을 절제하지 않고 남용하여 5,000회를 다 하게 되면 40대에도 부부관계를 못하게 되는데 이 사람은 이미 정사가 된 상태라 그런 것이다.

기력이 소진되면 이에 수반하여 기억력이 상실되게 되는데 이 상태가 점점 심하여 치매에 도달하면 부부간이나 부자간 또는 아무것도 기억을 하지 못하는 상태가 되는데 이는 이미 성사가 되었기 때문이다. 명(命)이 다하여 호흡두절상태, 즉 육체의 활동이 중지되어 일반적으로 죽은 상태를 명사라고 한다.

1, 2, 3, 4, 5, 6, 7, 8, 9, 10의 수 중 양수(홀수)를 합하면 25가 되고 음수(짝수)를 합하면 30이 되며 양수와 음수를 합하면 55가 된다. 이 수 중 1은 시간과 공간을 초월하여 어디에나 적응이 되는 보편타당한 수, 즉 진리이며 호로한 분이신 창조주의 수라하여 제(除)하고, 목, 화, 토, 금, 수 5수는 운행하는 오운(五運)과 땅에서 운행하는 육기(六氣), 즉 창조의 조화와 우주변화의 기본수로서 역시 제(除)하면 49수가 남는데 이것이 바로 인간이 쓸 수 있는 용

(用)수인 것이다.

인간이 죽으면 묘 속에 들어가는데 묘 속에서 49일 간은 혼백(영혼)이 같이 있다가 용수인 49일이 다되면 혼(靈)은 본래 왔던 곳(본향)으로 돌아가고 백(魂)만 남는데 이 백은 육체의 활동이 중지된 것과는 아무런 상관이 없이 육체의 활동이 있었던 때와 같이 작용을 한다.

불가에서 사람이 죽은 후 49제를 드리는 이유가 혼(靈)이 본향으로 귀향을 할 때에 아무런 장애가 없이 평안하게 귀향을 하게 하기 위한 가는 길을 닦아 드리는 자손된 자로서의 정성과 도리를 하는 것이라 생각된다.

모든 물체에는 자력(磁力), 즉 기(氣)가 있으며 그 자력에서는 파장이 발산되는데 그 파장은 동기감응(同氣感應)과 친자감응(親子感應)이 된다. 예를 들자면 서울 KBS방송국에서 송출되는 전파는 각 가정에서 KBS채널을 켰을 때 KBS방송을 볼 수 있는 이치와 같은 것이라 할 수 있다.

이와 같은 맥락에서 갑(甲)이라는 시신에서 발산되는 파장, 즉 기는 동기감응의 공식에 의하여 유행(流行)하며 동기(同氣), 동근(同根), 동류(同類)인 그 시신 갑(甲)의 후손에게 미치게 되는 것이다.

그리하여 그 시신이 목근(木根)에 감겨있든가 뱀이나 기타 해충(害蟲)에 둘러싸여 있다든가 또는 찬 물속에 잠겨 있으면 그 시신에서 파생되는 흉파(兇波)가 그 후손에게 계속 전파되기 때문에 그 파장의 정도에 따라 후손에게 흉사(凶事)가 각양각색으로 나타나게 되는 것이다.

묘는 생기가 많이 취기(聚氣)된 혈(穴)에 해골(骸骨)로 하여금 생기를 흡수(吸收)하게 하는 것인데 주로 내기(內氣)인 지기(地氣)와 외기(外氣)인 천기(天氣)를 일치시키는 방법인 것이다.

사자(死者)가 비록 숨을 거두어 영혼과 육체는 분리되었으나 이는 동적(動的)인 것과 물리적인 측면에서 정지되었을 뿐이지 세포조직과 골육(骨肉)은 일정한 기간동안 살아있기 때문에 그 살아있는 기간을 되도록이면 오랫동안 유지시켜 보자는 것이다.

고로 좋은 기(氣)가 흐르는 좋은 혈에 조상을 잘 모셔서 그 영혼을 평안하게 해 드림과 동시 조상으로부터 길(吉)파가 후손에게 전파됨으로서 그 후손이 길운(吉運) 중에 삶으로서 가정이 행복하고 평안하여 예수님이 이상했던 지상천국이 건설될 것이고 부처님이 바라셨던 불국정토가 건설되어 인간이 죄 없고 고통 없는 삶을 살다가 죄 없는 깨끗한 영혼(열매)을 가지고 알곡만 있는 천국에 입성한다는 천상천국에도 가게 될 것이다.

이것으로 미루어 볼 때 모든 종교의 이념과 진리가 바로 동양철학에서 나온 것을 알 수가 있는 것이다.

1.5. 양택(陽宅)에 대하여

음택(陰宅)이 죽은 사람의 집이라면 양택(陽宅)은 산 사람의 집을 말한다. 음택은 양지(陽地 +)와 음지(陰地 -)로 구분하는데 반하여, 양택(陽宅)은 동사택(東舍宅)과 서사택(西舍宅)으로 구분한다. 이러한 법칙에 위반되지 않는 집에서 살면 길(吉)하고 이러한 법칙에 저촉되는 집에서 살면 흉(凶)하다.

동사택이라 함은 주택의 중심점을 기준으로 하여 양택삼요인 대문(大門) 부엌 안방(內室)이 나경(羅經)상으로 정북(正北), 정동(正東), 남동(南東), 정남(正南)쪽에 있는 경우이고 서사택이라 함은 대문 부엌 안방이 나경 방위상으로 북동(北東), 정서(正西), 북서(北西), 남서(南西)쪽에 있는 경우를 가리킨다.

만약 어느 한 요소(양택 3요 가운데)가 다른 방위에 섞여 있는 경우에는 3요소가 어느 사택의 한 방위로 동일시 될 때 보다 매우 흉하다고 보게 된다. 예를 들어 안방이 자리 잡은 방향이 서사택 방향인데 대문과 부엌의 위치가 동사택인 경우에는 양택 3요소의 생기(生氣)가 어우러지지 못함으로 좋지 않다고 여기는 것이다.

표 3-1. 동·서사택표(東西舍宅表)

동사택(東舍宅)		서사택(西舍宅)	
나경방위	8괘	나경방위	8괘
정북(正北)	감(坎)	북동(北東)	간(艮)
정동(正東)	진(震)	정서(正西)	태(兌)
남동(南東)	손(巽)	북서(北西)	건(乾)
정남(正南)	이(離)	남서(南西)	곤(坤)

아울러 건물(집)의 좌향이 동사택인가 서사택인가의 여부에 따라 대문의 방향을 결정하되 건물의 좌향과 대문의 방향은 음양오행상의 조화를 중시하여 충(冲)이나 극(克)이 되는 것을 피하고 상생되는 방향으로 조절한다.

표 3-2. 8괘방위에 의한 동·서사택의 좌향과 가족관계

구 분	8괘 소속방위		가족관계 (좌방위기준)	五行
	건물(住宅)의 좌(坐)	향(向)		
동사택 4방위	(1) 임(壬), 자(子), 계(癸)=감(坎)=정북(正北)	정남(正南)	중남(中男)	水
	(2) 갑(甲), 묘(卯), 을(乙)=진(震)=정동(正東)	정서(正西)	장남(長男)	木
	(3) 진(辰), 손(巽), 사(巳)=손(巽)=남동(南東)	북서(北西)	장녀(長女)	木
	(4) 병(丙), 오(午), 정(丁)=리(離)=정남(正南)	정북(正北)	중녀(中女)	火
서사택 4방위	(1) 술(戌), 건(乾), 해(亥)=건(乾)=북서(北西)	남동(南東)	부(父)	金
	(2) 경(庚), 유(酉), 신(辛)=태(兌)=정서(正西)	정동(正東)	막내딸	金
	(3) 미(未), 곤(坤), 신(辛)=곤(坤)=남서(南西)	북동(北東)	모(母)	土
	(4) 축(丑), 간(艮), 인(寅)=간(艮)=북동(北東)	남서(南西)	막내아들	土

다만 현대의 아파트 문화나 연립주택 상가 건물 등에는 대문이 따로 없으므로 대문의 의미를 접어두고 본 건물(아파트 등)의 현관문을 출입문으로 삼아 그 출입문의 위치 선정에 주의를 기울여야 하겠다.

다시 말하면 출입문에 맞추어 주요 3요소를 결정하되 건물 내부에서 거실이 집의 중앙에 있을 때 거실을 중심점으로 삼아 배치 구조를 결정한다면 실내 공간의 이상적인 활용이 가능할 것이다.

2. 오행(五行)론

(A) 천간오행(天干五行)

甲(木)乙
丙(火)丁
戊(土)己
庚(金)辛
壬(水)癸

(B) 지지오행(地支五行)

寅(木)卯
巳(火)午
辰戌(土)丑未
申(金)酉
亥(水)子

태극(太極)이 이(理 ; 주체적이고 양적인 속성), 기(氣 ; 대상적이고 음적인 속성)의 동적작용(動靜作用 또는 授受作用)으로 인하여 음양이 발현(發現)되었고 음양이 다시 동정생극(動靜生剋)으로 인하여 오행 목화토금수(木火土金水)가 발현되었다.

오(五)는 오행을 말하고 행(行)은 오행의 기운이 부단히 생극분합(生剋分合)운동을 하면서 우주간에 유행(流行)한다는 의미이다.

천체는 북극성을 중심으로 회전운동을 하는데 주체성(主體性)은 구심력(求心力)의 자력(磁力)을 발파하고 행성(行星)들은 원심력(遠心力)의 자력을 발파함으로 자전(自轉)과 공전(公轉)운동으로 일정한 궤도를 충돌 없이 돌고 있는 것이다.

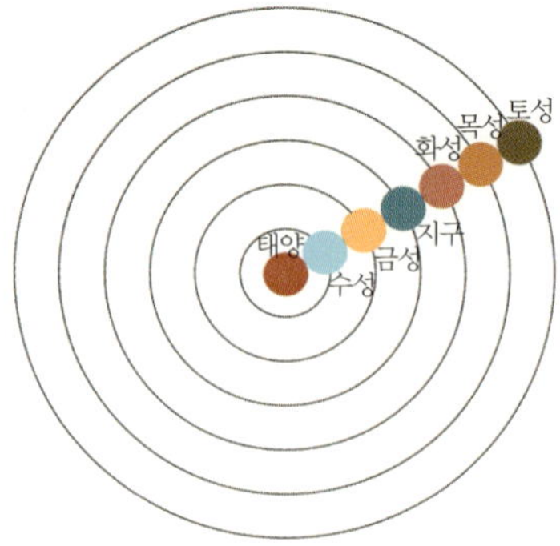

그림 3-1. 태양계에서 천체 행성과 오행

천체의 유행하는 궤도를 태양을 중심하여 살펴보면 태양에서 가장 가까운 위치에 수성(水星)이 있고 다음에 금성(金星), 다음이 지구(地球), 화성(火星), 다음이 목성(木星), 마지막이 토성(土星)의 순으로 자리 잡고 있다.

목성에서부터 태양을 행하여 귀도순서를 보면 묘(妙)하게도 목화토금수(木火土金水)의 천간오행(天干五行) 상생순서와 일치한다. 이 순서는 지구를 중심으로 사시(四時)가 유행(流行)하는 순서이다.

오행이 서로 생극동정(生剋動靜)의 수수작용에 의하여 기(氣)의 청탁(淸濁)과 인성(人性)의 강유(剛柔)와 생활의 길흉화복(吉凶禍福)이 발현(發現)된다. 그러므로 오행의 변화작용(變化作用)을 잘 파악(把握)하는 것은 동양과학상 매우 중요한 것이다.

2.1. 생성수리오행(生成數理五行)

만물의 생성이치(生成理致)를 수리(數理)에 맞게 배치한 오행이다. 봄에 만물이 싹이 나면 여름에 번성하여 가을에 결실이 되면 겨울에 수장(收藏)하는데, 이 4계절을 매개(媒介)하고 중화(中和)하는 오행이 토(土)이므로 토를 중앙에 놓은 것이다.

이를 도시(圖示)하면 그림 3-2와 같다.

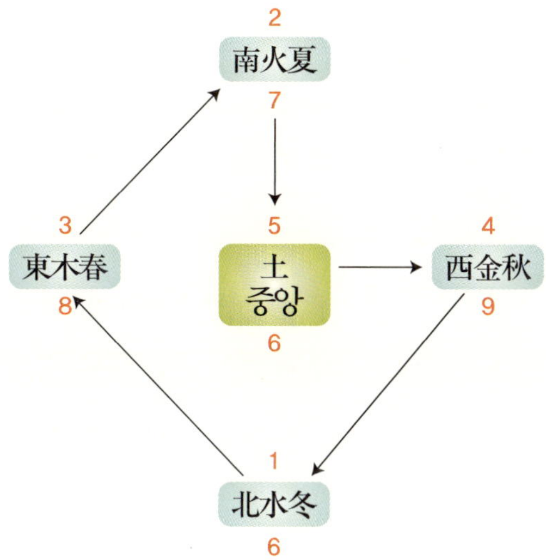

그림 3-2. 생성수리오행도

2.2. 천간수리오행(天干數理五行)

천간수리(天干數理)는 1년 4개월의 순환이치(循環理致)에 따라 오행을 배열(配列)한 수로서 하도(河圖)의 상생이치(相生理致)와 같다.

천간 중(天干中), 목(木)은 갑을(甲乙)이므로 수(數)로는 1·2가 되고 두 번째 천간은 병정(丙丁)이므로 수(數)로서는 3·4가 되며 세 번째 천간은 무기(戊己)로서 수(數)로는 5·6이 되고 네 번째 천간은 경신(庚申)으로 수(數)로서는 7·8이 되고 마지막 다섯 번째 천간은 임계(壬癸)인바 수(數)로서는 9·10이 된다(그림 3-3).

(木)은 생장(生長)의 기운(氣運)이며 계절로는 봄에 해당한다. 인생에 비하면 19세 전 미성년기로 보며 신체 기능은 간장(肝腸)에 해당하고 시간으로는 아침이며 방향으로는 동방이고 색깔은 청색이다. 형상은 곡직(曲直)하며 수로는 3·8이다. 맛은 신맛이며 성격은 인자하고 원자(原子)는 산소(酸素)이다.

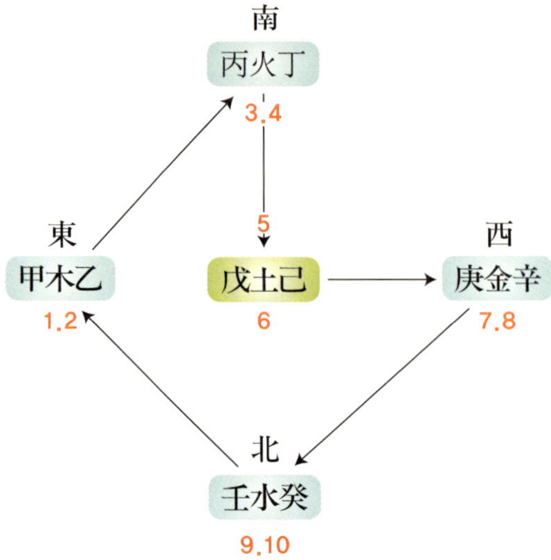

그림 3-3. 천간수리오행도

(火)는 위로 상승하고 분열하는 기운이다. 계절로는 여름이 되고 봄에 나온 싹이 여름에 가지와 잎으로 분열한다. 인생에 비유하면 40세 전 청년기에 해당하고 신체로는 심장이고 방향으로는 남쪽이며 시간으로는 정오가 된다. 색깔은 붉은 색이고 맛은 쓰다. 형상은 뾰족하고 성격은 명랑하며 급하다. 숫자는 2·7이고 원자는 헬륨, 탄소(炭素)이다.

(土)는 만물을 포용하며 살찌우게 하는 기운이다. 4계절의 끝 달에 18일식 관장하며 환절기에 다음 철로 변전(變轉)시키는 조절역할을 하므로 이를 계절(季節)이라 하고 토왕절(土旺節)이라고 한다. 인생에 비하면 노, 장기(老壯期)를 막론하고 인격형성의 중화 작용으로 볼 수 있다. 신체적으로는 위장이고 방향으로는 중앙이며 색깔은 황색이고 맛은 달다. 형상은 둥글고 성격은 중후하고 느긋하다. 숫자는 5·10이며 원자는 중성자이다.

(金)은 만물의 생장을 위축(萎縮)하고 중지시키는 기운이다. 4계절로는 가을이고 인생에 비하면 60세가 되고 신체적으로는 폐와 대장이 된다. 방향은 서쪽이고 시간으로는 저녁이 되며 색깔은 백색이고 맛은 맵다. 형상은 모지고

의협심이 강하다.

숫자는 4·9이고 원자는 질소(窒素)이다.

(水)는 만물을 위축시키며 결정체(結晶體)로 응고(凝固)시키는 기운이다. 이 응고된 결정체가 핵(核)이 되고 정(精)이 되는 것이니 만물의 생명을 창조하는 근원이 된다. 인생에 비유하면 60세 이후로 원시반종(原始反終)이라 하여 인생이 이 세상에 오기 전의 본래 세상으로 다시 돌아간다는 것이다. 계절로는 겨울이고 신체적으로는 신장과 방광이 된다. 방향은 북방이고 시간으로는 밤이 되며 색깔은 검은색이고 맛은 짠맛이다. 성격은 이지적(理智的)이면서 음흉(陰凶)하다. 숫자는 1·6이고 원자는 1번인 수소(水素)가 된다.

3.3. 음오행(音五行)

만물의 생멸성쇠(生滅盛衰)는 기운(氣運)의 작용에 의한다. 이 기(氣)가 우주공간(宇宙空間)에서 운행(運行)하는 것을 오운(五運)이라 하고 시간(時間)에서 운행하는 것을 육기(六氣)라고 한다. 이 기운은 첫째 소리를 통하여 바람(공기)을 타고 전달된다. 사람의 생각은 주로 소리를 나타내는데 사람이 낼 수 있는 소리는 입안에 있는 오관작용(五官作用)에 의하여 소리의 형상이 구분된다.

즉 (1) 목구멍소리(喉音·宮音), (2) 잇소리(齒音), (3) 어금니소리(牙音·角音), (4) 혀소리(舌音), (5) 입술소리(脣音) 등이다.

이 오음의 발성음(發聲音)의 영향에 따라 인간의 운명과도 연관지어진다. 이름을 부를 때나 들을 때나 그 소리의 파장은 뇌 신경세포를 통하여 정신과 육체 조직을 자극하게 되고 나아가 생리적인 반응을 일으켜 성격과 정신적 변화를 가져오게 된다.

같은 언어권의 사람이라도 저마다 바람의 강약고저완급(强弱高低緩急)에 따라 듣는 사람의 감정 차이는 매우 다르기 때문에 이름이 불려지는 발음의 영향력 또한 대단히 크다 할 것이다.

우리나라 훈민정음(訓民正音)의 해례본(解例本)에 자음 중 초성(初聲)의 경우 아(牙, 어금니), 설(舌, 혀), 순(脣, 입술), 치(齒, 이빨), 후(喉, 목구멍) 소리로 구강오행이 구별된다.

즉 (ㄱ) 어금니소리인 ㄱ, ㅋ은 목(木)이 되고 (牙音)

(ㄴ) 혓소리인 ㄴ, ㄷ, ㄹ, ㅌ 화(火)가 되고 (舌音)

(ㄷ) 입술소리인 ㅁ, ㅂ, ㅍ는 토(土)가 되며 (脣音)

(ㄹ) 잇소리인 ㅅ, ㅈ, ㅊ는 금(金)이 되며 (齒音)

(ㅁ) 목구멍소리인 ㅇ, ㅎ는 수(水)가 된다. (喉音)

이 다섯 가지 기본음은 모두 입과 혀의 모양을 본떠서 만든 것이다.

목구멍소리를 수(水)로 보느냐 토(土)로 보느냐 하는 것이 문제시 되는데 최국봉 선생의 정음성명학(正音姓名學)에 의하면 소리는 폐(肺)로부터 나오는 호흡작용이 후두(後頭)의 울대를 통하여 나오는 공기가 소리로 된다. 공기의 흐름(氣流), 진동(振動)이 소리가 되는데 이것을 소리결인 음파(音波)라 한다.

인체 오장 중, 폐(肺)가 금(金)이다. 숨을 쉬게 하는 것이 폐라면 폐에서 드나드는 숨의 공기가 목구멍의 울림판을 통하여 소리가 된다. 상생오행(相生五行)의 원리에 따라 폐에서 나온 목구멍소리(喉音)가 수(水)가 됨은 金生水 함으로 자연스러운 것이다.

목구멍에서 가까운 어금니소리(牙音)는 상생오행의 이치에 따라 水生木되고 목구멍의 반대쪽에 있는 혀끝소리의 상생오행원리에 따라 화(火)가 되며(木生火) 입술소리(脣音)는 자연히 토(火生土)가 되고 입술이 감싸고 있는 잇소리(齒音)는 금(土生金)이 되는 것이다.

오행이 생긴 순서가 수화목금토(水火木金土)로서 이와 같은 우주질서의 원리에 따라서 소우주(小宇宙)인 인간의 소리도 목구멍에서 나오는 소리인 수(水)에서부터 시작되는 것이 원리인 것이다.

목구멍을 둥글게 펴서 내는 소리가 하늘소리(天聲)가 되는데 하늘 소리는 웅장하다. 둥근 목구멍에서 둥글게 나오기 때문에 걸림이 없이 넓게 퍼짐으로 이것을 모음(母音), 중성(中聲) 홀소리라 하며 청음(淸音)이라 한다.

이러한 후음(喉音) 수(水)를 토(土)로 사용하고 있는 것은 최세진(崔世珍; 1473-1542)의 사성통해(四聲通解)의 책머리에 홍무정운(興武正韻)의 31자모지도(字母之圖)를 인용한데서 원인 있는 것으로 보고 있다.

3.4. 상극오행(相剋五行)

하도수(河圖數)는 우측으로 돌면서 상생하지만 낙서수(洛書數)는 좌측으로 돌면서 상극(相剋)하는 것을 알 수 있다. 즉, 북방(北方)의 一六水는 남방(南方)의 二七火를 극하고 화(火)는 서방(西方)의 四九金을 극하며, 금(金)은 동방(東方)의 三八木을 극하고 목(木)은 중앙의 五十土를 극하며 토(土)는 북방(北方)의 一六水를 극한다.

하도수는 화(火)와 금(金) 사이에 토(土)가 있어 生하지만 낙서수는 목(木)과 수(水) 사이에 토(土)가 이어 극한다. 이것이 상극의 순서이다. 백호통에 이르

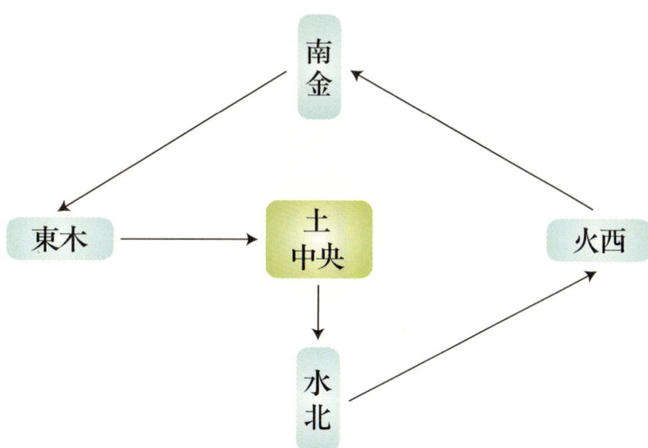

그림 3-4. 상극오행도

기를 오행이 서로 해(害)하는 이치는 만물의 성질이 많은 것이 적은 것을 이기는 고로 수(水)가 화(火)를 극하고 정한 것이 굳은 것을 이기는 고로 화(火)가 금(金)을 극하고 강(剛)한 것이 부드러운 것(柔)을 이기는 고로 금(金)이 목(木)을 극하고 전일(專一)한 것이 산만(散漫)한 것을 이기는 고로 목(木)이 토(土)를 극하고 실(實)한 것이 허(虛)한 것을 이기는 고로 토(土)가 수(水)를 극한다고 하였다.

표 3-3. 오행표(五行表)

五行	木	火	土	金	水
五方	東	西	中央	西	北
五時	春	夏	四季	秋	冬
五色	靑	赤	黃	白	黑
五味	酸	苦	甘	辛	鹹
五音	ㄱ, ㅋ 角	ㄴ, ㄷ, ㄹ, ㅌ 徵	ㅁ, ㅂ, ㅍ 羽	ㅅ, ㅈ, ㅊ 商	ㅇ, ㅎ 宮
五數	3,8	2,7	5,10	4,9	1,6
五常	仁	禮	信	義	智
五臟	肝	心	脾	肺	腎
五氣	愛	剛	寬	殺	柔
五靈	魂	紳	意	魄	情
五福	壽	康寧	富	絶命	好德
五多	호사다마격 여자조심	우환이 많다.	재벌사주	인덕이 많다.	변동이 많다. SEX조심
五無	의욕상실 목적이 없다. 빈곤하다.	이혼율이 많다.	걸인사주	인덕이 없다. 사기를 잘 당함	부부이별수 매사에 막힘이 많다.
五虛	간이 약함	심장이 약함	위가 약함	폐가 약함	신장이 약함

＊ 상극과 조화(相剋과 調和)

木은 토(土)를 파괴시킨다. 아무리 단단한 흙이라도 초목은 땅에 뿌리를 내리며 바위틈을 비집고 들어가 뿌리를 내리고 살아간다. 그러나 토(土)가 너무 많으면 뿌리를 박지 못하고 썩음으로 나무는 고사하고 만다.

土는 흡수할 뿐만 아니라 흐르는 강물을 막아서 저수하여 요긴하게 사용하고 있는 수해를 예방도 한다. 그러나 수(水)가 너무 많으면 흙이 떠내려감으로 수해를 입는다.

水는 불을 끈다. 아무리 폭염일지라도 소나기에는 그 기세가 꺾인다. 그러나 火가 너무 많으면 물이 말라버림으로 한해를 당한다.

火는 쇠를 녹인다. 쇠를 녹이는 첨단(尖端)과학기술이 아니고서는 인류문명은 고도화 될 수 없다. 첨단이란 용어 자체가 불을 상징한다. 그러나 금(金)이 너무 많으면 불이 금(金)을 녹이지 못하고 꺼져버린다.

金은 나무를 자르고 다듬어 가구를 만든다. 금속도구가 없으면 인류생활을 윤택하게 하지 못한다. 여름에 무성하던 초목이 가을의 숙살지기가 되면 잎은 떨어지고 성장은 중지된다. 목(木)이 너무 많으면 낫이나 도끼는 날이 무뎌지고 부러진다.

3.5. 자원오행(字源五行)

이상, 소리에도 오행이 있듯이 글자에도 오행이 있는데 이것은 글자의 부수명칭(部首名稱)에 의하여 구분된다.

표 3-4. 자원오행 표

오행(五行)	해당 글자 및 부수 명칭				
木	움집 면 宀 돌집 엄 广 병부 절 㔾 마디 촌 寸 삼 마 麻 쌀 미 米 수건 건 巾 새을 乙 푸를 청 靑 향기 향 香	문 문 門 적은 수 사 糸 힘력 力 콩 두 豆 눈 목 目 옷 의 衣 날 생 生 스스로 자 自 표할 주 丶 범의문채 호 虍	방패 간 干 죽 엄 시 屍 덮을 멱 冖 대 죽 竹 벼 화 禾 손 수 手 어진사람 인 人 선비 사 士 캘 채 采 책상 궤 几	풀 초 艸 당길 인 廴 들 입 入 그물 망 网 저녁 석 夕 갈고리 궐 亅 지게 호 戶 긴 장 長 바람 풍 風 가로 왈 曰	밭 전 田 나무 목 木 큰 대 大 볼 시 示 그럴 문 文 한 일 一 열 십 十 멀 경 冂 활 궁 弓
火	사람 인 人 자축거릴 척 彳 창 과 戈 지을 율 聿 털 자랄 삼 彡 달아날 주 走 다닐 행 行 빠질 흠 欠	볼 견 見 날 일 日 피 혈 血 페이지 혈 頁 열 십 十 큰 대 大 붉을 적 赤	문 문 門 마음 심 心 귀 이 耳 깃 우 羽 저녁 석 夕 볼 시 示 거물 현 玄	장인 공 工 높을 고 高 한 일 一 신하 신 臣 토 두 亠 아비 부 父 활 궁 弓	수레 거 車 어진사람 인 人 불 화 火 새 추 隹 솥을 정 鼎 새 조 鳥 힘력 力
土	뫼 산 山 올 내 來 몸기 己 들 입 入 그칠지 止 입 구 口 마디 촌 寸 이를지 至 누를황 黃	언덕 부 阜 고을 읍 邑 큰 대 大 사슴 록 鹿 열 십 十 절구 臼 가로 왈 曰 별 진 辰	발 족 足 양 양 羊 흙 토 土 늙을 노 老 모방 方 당길 인 廴 세울 곤 丨 범 호 虍	낮 오 午 힘력 力 밭 전 田 마을 리 里 점복 卜 두 이 二 게와 와 瓦 한 일 一	토 두 亠 뛸 착 辵 간방 艮 주살 익 弋 기슭 엄 厂 어진사람 인 人 삐칠 별 丿 몸 기 己
金	칼 도 刀 돌집 엄 广 적을 소 小 창 과 戈 소리 음 音 가죽 피 皮	그릇 명 皿 칠 복 攴 흰 백 白 근근 斤 활 궁 弓 화할 위 韋	쇠 금 金 구슬 옥 玉 돌석 石 마디 촌 寸 조개 패 貝 고칠 혁 革	말씀 언 言 설 입 立 볼 시 示 닭 유 酉 하늘 천 天	여덟 팔 八 힘력 力 덮을 아 襾 칠 수 殳 한 일 一
水	벌릴 감 凵 들 경 冂 기운 기 气 사람 인 人 비수 비 匕 돼지 시 豕 선비 사 士	물 수 水 골 곡 谷 입 구 口 검을 흑 黑 비우 雨 두 이 二 죽 엄 시 尸	계집 여 女 굴 혈 穴 저녁 석 夕 열 십 十 적을 소 小 내천 川 피 혈 血	걸을 발 癶 칠 별 丿 달 월 月 흰 백 白 새을 乙 고기 육 肉 내천 川	아들 자 子 입 구 口 고기 어 漁 쓸 용 用 밥 식 食 벌래 충 蟲 토 두 亠

3. 풍수지리 이론

3.1. 풍수의 역사

중국 한나라 때에 음양과 오행설로 풍수설이 체계화 되어 풍수의 원조인 청 오경이 청 오자에 의해 완성되었으나 연대는 미상이다. 한 이후 진나라 때 곽박(276-324)이 청 오경을 바탕으로 장서를 지었는데 풍수논리와 구체적인 해석을 담고 있다. 청 오경과 같이 풍수의 조종서라 하여 청 오경을 장경 곽박의 저서는 금낭경이라 하고 장서라고 부른다.

남송조의 주자에 와서는 이와 기를 합친 이기의 실존론을 내세워 학설화 하였다. 의사가 환자를 잘못 진단하면 당사자의 화로 그치지만 풍수가 현장을 잘못 판단하면 삼대가 상한다고 했다. 이래서 옛 선사들은 수양이 잘된 사람이 익혀 베풀면 백성을 행복하게 할 수 있으나 마음이 못 된 사람이 알게 되면 남의 재물이나 축내는 사기꾼을 만들기 십상이라고 경책했다.

우리나라의 풍수역사는 신라 말과 고려 초에 활동하며 고려 건국에 지대한 영향을 준 도선 국사로부터 시작이 되었다. 신라가 서기935년에 멸망했으니 1,000년 전 후의 일이다. 도선은 구산 선물 중 동리산파의 개조인 혜초선사로부터 법을 인가 받았다. 전남 광양의 옥룡사에서 독자적 산문을 개창한 도선이 중국에서 전수받은 풍수를 우리의 지형에 알맞게 비보풍수로 완성시킨 것이다.

비보는 허한 곳을 보충하여 산과 물을 절묘하게 원용하는 비법풍수이다. 그 같은 도선의 비법풍수는 구전심수(입으로 전해주고 마음으로 내려받음)로 전해지며 일반화 되지를 못했다. 이것이 바로 "옥룡자통맥법"이다. 옥룡자는 도선 국사의 호이다. 도선의 학맥은 고려의 나옹선사와 여말선초 무학국사로 이어져 오늘에 이르고 있다.

조선조의 과거제도에서 풍수지리는 잡과인 음양과에 속했다. 개국 초부터 칠과의 하나로 들어가 있었으며 그것도 책을 보지 않고 외워야 하는 배강방식이었으니 얼마나 비중이 컸는지를 알 수 있다. 요즘으로 말하면 공무원 시험과목 중의 하나였던 풍수지리가 일제강점기를 거치면서 된 서리를 맞게 된다.

고급학문인 풍수가 조선민중들에게 보편화 되는 것을 두려워 한 일제가 풍수를 미신 또는 속설화시킨 것이다. 이때부터 고급학문인 풍수지리학은 학문이 짧은 민중들로부터 미신 시 홀대를 받게 되었고 역술로 비하되었다. 그러면서 그들은 조선의 풍수 책을 그들 방식대로 펴냈으며 조선전국산하의 기맥을 끊으려고 요지내룡맥마다 철장을 박아 놓았다.

산을 보는 데는 여러 가지 법도와 등식이 적용된다. 이를테면 포태법, 정음정양 법, 삼합 법, 구성법, 현공법 등, 산을 보고 물을 보는 법이 참으로 많다.

전원주택이나 아파트를 새로 짓고 사옥을 옮기는 것은 양택풍수요, 도읍을 이전하고 군청이나 도청을 신축하며 이주마을 자리를 선택하는 것 등은 양기풍수이다.

3.2. 명당 택지와 가상 법

인간은 풍수지리자연을 벗어나서는 한 시도 살 수 없는 게 진리인즉 우선 내가 살고 있는 환경을 살려 보금자리인 가상을 바로 하는 것은 나의 안정은 물론 후손의 희망이 약속되는 자연의 진리인 것이다.

명당의 정의를 말한다면 주산과 후룡이 후부하며 야산에 와서 양명한 산이 순행으로 나선을 이룬 보국 내에 경혈된 지점은 명혈이라 하는 것이요. 나성을 이룬 보국 내를 명당지역이라 하는 것이다.

3.2.1. 명당택지

보국 형성된 산 진처에 결혈된 자리가 명혈이요 집을 지으면 바로 명당 택지인 것이다. 그 결혈지는 묘를 쓰기 보다는 동 사택이나 서 사택이든 배합사택으로 맞춰 안방이 혈 중심에 위치하도록 길한 가상을 세운다면 그 혈성 정에 따른 발 복이 가택에서는 가족에게 영구하게 발복하는 것이니 수십 대를 살아도 그 발 복이 변함없을 터이라 영구한 명당택지인 것이다.

양택의 명당 택지도 주산과 내용의 기세력도 보는 것이나 천기지기의 보화를 위주로 하는 것이라 국세를 위주로 해야 하는 것이다.

나성을 이룬 보국형성의 자세로서 명당국세의 차등이 생기는 것이나 대국세의 형성은 주세가 태조산과 행룡에 있는 것이다.

가옥에는 가상법이 있어서 동서사택의 구별이나 건물의 상, 정원의 상, 구조 등의 길한 구성법이 있으니 아무리 좋은 복구된 명당택지라도 가상 법에 맞지 않으면 흉가가 되는 것이다.

3.2.2. 공기와 양택법

사람이 살아가는 데는 가장 중요한 것이 주택일 것이다. 하루 일과의 피로를 회복하자니 바로 내가 살고 있는 곳이 휴식하는 주택이요 잠을 자는 고방인 것이다. 가옥 내는 기의 조화된 정기라야 건강과 정신이 안정되는 것이다. 가상에 흉풍이 되는 골목바람이나 골목에 막다른 대문이 난 가옥은 흉가가 되는 것이다. 건물배치에 내외건물을 가까이 하면 정원이 좋아도 공기가 흉한 공기로 변한다. 또 경사진 바람이 불순하니 가옥 내에도 정기로 조화되지 못한다.

3.2.3. 양택법

양택삼요결은 인간생활에 중요한 법으로서 이법을 따르는 것은 천지이치에 순응하는 것이라 부귀가 약속되는 것이요 이법에 불응하는 것은 천지이치에 불응하는 것이니 비천함과 궁색함이 올까 두렵다.

그러하기에 천지자연의 법에 순응하는 것이 현명한 삶이라 생각된다.

3.2.4. 양택삼요

양택삼요란 (1) 문(門), (2) 주(主), (3) 조(竈)로서 문은 다니는 길이기 때문에 만약에 길이 없다면 집을 출입할 수가 없으므로 중요한 것의 하나가 되고 있으며, 주는 그 집의 주인이 자는 방이기에 또한 중요하며, 조는 온 가족의 식사를 마련하는 부엌이기 때문에 또한 중요하며 이상 세 가지를 양택에 있어서 삼요소라 하는 것이다.

고로 집을 볼 때에는 제일 먼저 대문을 보고 그 다음으로 주방과 부엌을 보는 것이다.

문과 방의 상생은 곧 길로 판단하며 상극은 흉으로 판단을 한다. 주조는 양생의 곳으로서 관계가 매우 크니 제일은 문과 상생이요. 다음은 주와 상생이 되어야 한다.

문이 주를 생하고 주가 조를 생하여 삼자가 서로 생하고 극이 없어야 길하다. 혹 서로 비화되거나 또는 택주의 생명복원에 합이 되면 인구가 대왕하고 복수가 쌍전하는 것이다.

3.2.5. 택지선택

평지에서는 남향으로 된 택지나 가옥을 선택하는 것이 현명하다. 명당택지를 선택하려면 도시나 촌락을 막론하고 비산비야를 찾아갈 것이며 택지는 사정 향을 볼 것 없이 지형지세에 따라 산을 뒤로 하고 야지를 향하는 것이 지리의 자연에 순응하는 명당택지의 가상이 되는 것이다.

촌락에서 보국된 택지가 없을 때에는 요처를 택하여 강한 질풍을 피하는 것이 길한 방법이다. 도시는 대 도로를 피하여 주거지역을 택하되 소음진동이 없는 곳이 길하다.

대소 빌딩 사이의 주택은 음풍을 맞아 불길하다.

철도주변은 소음진동에 신장이 상하고 정신건강에 극을 받아 기형아 출산이 우려된다. 습기가 많은 택지는 허약한 자나 소아에게 해롭고 질병에 걸리는 수가 있어 불길하다. 오물로 매립된 지역의 택지는 독가스가 나와 인체에 많은 해를 주기 때문에 불길하다.

명당택지는 비석비토나 생토여야 지기가 상승하여 기의 조화로 정신이 맑아지고 인재도 출산하게 되는 것이다.

3.2.6. 가상의 삼대요소

명당택지의 가상은 배산임수하고 전저후고하며 전착후관 하여야 한다.

(1) 배산임수(背山臨水)하면 건강하고 장수한다고 하며 이에 역하면 흉가라 했다. 도시에서는 높은 언덕은 불길하고 낮은 언덕은 길하나 촌락에서는 낮은 언덕도 국세가 미약한관계로 불길한 것이다.

도시에서 높은 언덕 일 때에는 언덕아래를 택할 것이며 낮은 보국이라도 형국이 되어있는지를 살펴 언덕을 뒤로 두고 낮든 곳을 향하여야 배산임수가 되는 것이다. 평지에도 가옥의 정원이 행로보다 낮은 가상은 흉가로 본다.

(2) 전저후고(前低後高)하면 세출 영웅이라 하며 내당의 주 건물은 높이 위치하여 정원과 행랑체는 낮아야 하는 것이다. 전저후고도 경사가 급한 곳은 불길하다. 비산비야에서 하당건물과 담장이 주 건물을 보호하도록 하여야 전저후고가 된다.

(3) 전착후관(前搾後寬)하면 부귀여산이라 했다.

전착후관이란 출입하는 곳이 좁으면서 정원에 들어서면 건물에 비하여 정원이 너그러이 안정감이 감돌아야 후관이라 하는데 이것은 정원의 안정을 말하며 공기조화의 정기에 뜻을 둔 것이다.

대지의 형태는 네모가 반듯하여 향 곳으로 배가 되어야 건물을 세우고도 길한 정원의 상이 될 수 있다. 건물을 위주로 하여 보호건물이 좌우전면으로 낮게 배치하여 건물에다 내외 문을 설치한다면 전착후관이 되는 것이다. 전관후착에는 살인도주라 하였다.

3.2.7. 패철법

문주조의 중요위치를 팔괘정방위에 닿도록 하는 것이 중요하다. 양자는 팔괘방위에 부속되는 글자이니 기가 약한 것으로 생각하면 된다.

(1) 동 사택(東 舍宅) : 감(坎, 子) 이(離, 午) 진(震, 卯) 손(巽, 巽)

(2) 서 사택(西 舍宅) : 건(乾) 곤(坤) 간(艮) 태(兌)

팔괘에 소속된 남녀로 음양을 분별하고 오행으로 화복론을 한다. 화복의 시기조만은 하락수로 추산한다. 단, 동 사택에 수화상극은 배합사인 때는 길조로 추리하고 불배합사일 때는 흉조로 추리한다.

표 3-5. 간지불배합법

右旋左旋	右旋左旋	右旋左旋
丑干 干丑 辰巽 巽辰 未坤 坤未 戊乾 乾戊	子癸 癸子 卯乙 乙卯 午丁 丁午 酉辛 辛酉	亥壬 壬亥 寅甲 甲寅 巳丙 丙巳 申庚 庚申

3.2.8. 부배합의 화복논법

좌 우선을 분별하여 그 기두자(起頭字)를 위주로 하여 정음정양은 남녀를 분별하고, 천간지지자는 연상연소자를 분별하여 삼합오행으로 응용하여 다음과 같은 예로 추리한다.

*** 자계용은 순양이라 성격이 난폭해지면서 사기, 도박, 음난으로 패하게 된다.

*** 축간용은 순음이라 내장병으로 인하여 백병이 생기고 자식은 여아 출산이 많은 것이다.

*** 인갑용은 남자의 사망이 많고 우선은 인오술생이 화로 인하여 해를 당하게 되며 좌선 해묘미생이 목으로 인한 죽음을 당하게 된다.

*** 묘을용은 우선용은 내주장과 음난으로 패하며 좌선은 남자의 음난과 도박으로 패하게 된다.

*** 진손용은 반음반양이라 음행이 많고 우선이면 남자의 연소자요 좌선이면 연로자에 의해 여자가 음행하게 된다.

*** 사병용은 우선이면 여인이 쇠붙이로 죽임을 당하게 되며 좌선이면 인년술생이 화로 인한 사망이다.

*** 오정용은 우선은 내주장과 음행이 많고 좌선은 연노자의 여자가 음행으로 재패한다.

*** 미곤용은 미곤 내맥은 절맥이 많아서 과부가 양자하고 병패 한다.

*** 신경용은 우선은 남자로서 신자진생이 익사하게 되고 좌선은 여자, 사유축생이 금에서 치사하게 된다.

*** 유신용은 순음이라 내장병이 많고 문등병이 나는 수가 있다.

*** 술건용은 순양이라 홀아비와 과부가 많고 성격이 난폭해지고 호탕해지며 주색잡기로 파산하게 된다.

*** 해임용은 우선이면 여자 중 해묘미생이 목으로 인하여 해묘미 연월일 시에 사망하는 것이요 좌선은 남자신자 진생이 물로 인한 사망이다.

이 방법은 기두자위주(起頭字爲主)로 추리한다.

家相의 發福

동 사택은 陽의 기운이 강하고 서 사택은 陰의 기운이 강하다.

동 사택 가상은 양의 상징인 귀가 먼저 發福하고 후에 부가 따른다.

반면에 서 사택 가상은 陰의 상징인 부가 먼저 發福하고 나중에 귀가 따른다는 사택가상의 發福論이다.

(3) 음택

음택은 죽은자의 집을 의미하는 것이며 음택을 중시하는 이유는 동기감응에 의한 길흉화복론 때문이다. 모든 물체에는 자력, 즉 기가 있으며 그 자력에는 파장이 발산되는데 그 파장은 동기감응 된다.

예를 들면, 서울 KBS 중앙방송국에서 송출되는 전파는 각 가정에서 KBS 채널을 켰을 때 KBS 방송을 볼 수 있는 이치와 같은 것이라 할 수 있다.

이와 같은 맥락에서 갑이라는 시신에서 발산되는 파장, 즉 기는 동기감응의 공식에 의하여 동기, 동근, 동류인 그 갑의 후손에게 미치게 되는 것이다. 시신이 목근에 감겨 있다든가 또 뱀이나 여러 해충들에 둘러싸여 있다든가 또는 찬 물 속에 잠겨 있다면 그 시신에서 흉파가 그 후손에게 계속 전파되기 때문에 그 흉한 파장의 정도에 따라 후손에게 흉사가 각양각색으로 나타나게 되는 것이다.

묘는 생기가 많이 모이는 곳인 혈에 장사하여 해골로 하여금 생기를 흡수하게 하는 것인데 주로 내기인 지기와 외기인 천기를 일치 시키는 방법인 것이다.

사자가 비록 숨을 거두어 영혼과 육체는 분리되었으나 이는 동적인 것과 물리적인 측면에서 정지되었을 뿐이지 세포조직과 골육은 계속 일정한 기간 동안 살아있기 때문에 그 살아있는 기간을 되도록이면 오래 유지시켜 보자는 것이다.

그러므로 좋은 기가 흐르는 좋은 혈에 조상을 잘 모셔서 그 영혼을 평안하게 해 드리고 또한 조상으로부터 길파가 후손에게 계속 전파됨으로서 그 후손이 길운 중에 삶으로서 가정이 행복하고 평안하며 그 사회가 평안하고 국가가 평안하며 세계가 평안하여 예수님이 이상했던 지상천국이 건설될 것이고 부처님이 바라셨던 불국정토가 건설되어 인간이 죄 없고 고통 없는 삶을 살다가 죽으면 그 영혼은 죄 없는 선한 영의 열매를 맺었기에 죄와는 전혀 관계가 없는 세계, 깨끗한 알곡만이 저장된 세계인 천상천국으로 입성하게 되는 것이다.

4. 나경(羅經)의 이해

나경은 만상을 모두 담아서 천지를 다스린다는 의미의 포라만상 경륜천지(包羅萬象 經綸天地)에서 따온 이름이다. 나경 중심부에는 지남철인 쇠가 중간에 떠있기에 이를 뜬쇠라 부르며 풍수들이 차고 다니는 뜬 쇠라해서 패철(佩鐵)이라 흔히 부르기도 한다.

뜬쇠, 패철이라고 부르는 나경은 어떠한 논리로서 경륜천지를 한다는 것일까? 천지만상들은 태극에서 발하여 이는 음양을 가지고 있는 것으로써 오행과 함께 음양오행설로 설명되어지고 있다. 이것이 1, 2, 4, 8체계를 이루는 동양사상이다. 서구 과학적 방식의 사고방식의 경우 모든 현상들을 숫자로 이해하여 이를 근거로 수학적 계산을 도출시켜 어떠한 답이 나왔을 때, 그 답의 숫자를 다시 현상으로 환원시키는 학문적 시각을 가지고 있다. 나경 역시 그와 같은 시야에서 만상을 경륜할 수 있다는 것이기도 하다. 만상에 있는 음양오행들을 경륜할 수 있도록 미리 음양오행을 분석하여 나경의 방위에 배정시켜 놓고서 방위라는 공간에서 해석하여 가는 것이 나경의 특징이다. 이러한 현상의 분석들은 음양오행을 담은 나경이 주축이 되어 방위로써 측정한다. 이때 나온 결과 역시 음양오행으로 분석된다. 판정과 처리에 있어서 만약 북쪽에 왕성한 기운의 물줄기가 있을 때 북쪽은 오행 중 수(水)에 해당되고, 또 남쪽에 불꽃같은 산이 버티고 있다면 이는 남쪽에 해당하는 화(火)로 분석되어진다. 이때 물줄기와 산은 단순히 산수관계이기 보다는 수(水)와 화(火)라는 오행의 개념으로 놓여지게 된다.

이렇게 도출된 수와 화는 오행법칙에 의하여 답은 수극화(水克火)라는 흉격으로 판정된다.

이와 같은 수극화를 처리하기 위하여 다시 오행으로 해석하여 보면 여기에 목(木)이 필요 해결책임을 알게 된다. 상극작용을 하는 수와 화 사이에 목이 끼이게 되면 자연히 수생목(水生木) 목생화(木生火)라는 상생들로 연결되어짐을 알 수 있다. 이러한 목의 처리를 3,8장(3,8은 木의 기운과 같다)이라는 시장 개장일로 맞춘다는 등의 행위들이 그것이다.

만상의 음양오행과 포라된 음양오행은 현상과 나경관계가 되고, 앞서 설명했듯이 이를 처리하는 3,8장의 경우는 곧 경륜천지임을 알 수 있다.

나경의 원조라 할 수 있는 가장 오래된 나침반 모양은 사각형 모양 안에 둥근 모양이 들어 있는데, 하늘은 둥글고 땅은 네모모양의 형상이라는 천원지방(天圓地方)을 나타내는 것이다. 하늘을 상징하는 내부의 둥근 원안에는 북두칠성이 그려져 있고 땅을 상징하는 바깥의 사각형에는 팔괘방위 등이 그려져 있다.

오늘날 나경에 있어 중심이 되는 지반정침(地盤正針)이 알려졌던 것은 구연한(丘延翰, 713-774)이 생존했던 시절이었고, 12세기 때 자기 편각이 북쪽에서 서쪽으로 기울어져서 7.5^0 늦은 인반중침(人盤中針)이 나왔다.

이에 앞서 당나라 시절 자기 편각이 북쪽에서 동쪽으로 틀어졌기에 천반봉침(天盤捧針)으로 바로 잡은 사람은 양균송(활약시기, 874-888)이었다.

10세기 초의 풍수 책인 [구천현녀청낭해각경(九天玄女青囊海角經)]에 실려 있는 그림, 그림의 제목은 '부침의 방위와 기' 두 번째 원과 네 번째 원은 방위를 나타내고 서로 7.5^0 정도 어긋나 있다. 이것은 자기 편각이 관측되었다는 사실을 증명하는 것이다. 중국인들은 자기편각 현상을 8,9세기에 인식하였으나 유럽인들은 14세기 말까지 알지 못했다. 오늘날 나경의 사용은 그 방법에 있어서는 나름대로의 논리를 갖고 있으나, 사용하는 자들의 과장 확대적인 활용으로 실무에서 전혀 불가능한 공리공론까지 난무하고 있다.

이러한 반발로 52층까지 존재했던 나경이 5층까지 축소된 사례도 있다. 본고에서는 가장 일반적으로 통용되어 왔던 9층 나경을 중심으로 설명하겠다.

① 천지(天地) ; 옛날 바늘 모양의 지남철을 종이에 끼워서 이를 물위에 띄워 남북을 가름하였기에 이를 못 지(池)라 했고, 나경 중심의 둥근 모양은 천원(天圓)을 상징하기에 천지라 일컫는 것이다. 천지는 나경을 동서남북으로 맞추어 놓는 역할로써, 한쪽에 구멍이 뚫린 지남철 바늘이 가리키는 쪽에 자(子)를 맞춤으로써 나경을 보는 법은 시작된다.

② 8살황천(八殺黃泉) ; 1층에 해당되는 8살황천은 좌향 중에서 좌를 기준으로 하여 황천에 걸리는 방위를 따지는 것이다. 여기서 황천이란 저승길을 황천길로 표현하는 점에서 보듯 죽음에 이른다는 대흉을 뜻하는데, 살이란 악하고 모진 기운으로서 8살황천은 모진 기운인 살을 맞으면 황천이라는 대흉을 당한다는 맥락임을 알 수 있다.

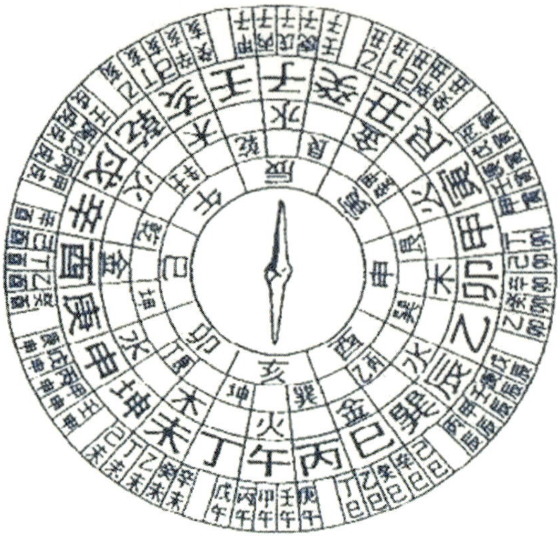

그림 3-5. 9층 패철의 모양

가령 동쪽에 배산을 두고 서쪽을 향한 집의 경우 좌향은 동좌서향(東坐西向)이 되는데 이때 동은 묘(卯)에 해당되고, 서는 유(酉)에 해당되기에 동좌서향은 곧 묘좌유향(卯坐酉向)이 된다. 8살황천은 좌향 중에서 좌를 가지고서 판단하는 것이기에 묘좌에 해당하는 묘좌(4층지반정침) 윗녘의 8살황천을 보면 신(申)자가 나온다. 신 방향이 묘좌유향의 경우에는 황천살 방위임이 드러나고, 이때 신방위에 산이 꺼져 있거나 허(虛)하거나 그리고 물줄기가 내수(來水)로써 들어오면 황천살을 받는다고 한다. 좌와 황천살 방위의 관계를 음양오행으로 고찰하면 좌를 상극하고 게다가 음양부조화를 이루는 절명(絶命)임이 드러난다. 이때 자좌(子坐)의 황천살 자는 후천팔궤방위에서 감(坎)에 해당되기에 이는 팔괘오행상 양수(陽水)가 되는데, 양수를 가장 극하는 것은 음양부조화와 오행상극인 양토(陽土)임을 알 수 있다.

이럴 적 12지 중에서 양토는 진(辰)과 술(戌) 이렇게 2개가 된다. 이점 같은 감괘(坎卦)에 있는 임좌(壬坐) 계좌(癸坐) 역시 같다.

③ 8로4로 황천(八路四路黃泉) ; 2층에 해당되는 8로4로 황천은 좌향 중향을 가지고서 판정하는 것으로, 묘향유향일 경우 유향 글자를 앞서 살펴본 8로 황천의 경우와 같은 방법으로 찾아보면 2층에 빈칸이 걸린다. 이럴 경우 유와 동궁이 되는 경자윗녘의 2층칸 곤(坤)을 끌어다 사용한다. 묘좌유향의 경우 8로4로 황천은 곤이 되고, 이때 곤방위에서 물이 들어오거나 물줄기가 빠져나가면 황천살을 맞는다고 한다. 즉 8로4로 황천살은 내수(來水) 거수(去水)를 금기시 하는 것이다. 8로는 갑을병정경신임계(甲乙丙丁庚申壬癸)를 4로는 건곤간손(乾坤艮巽)을 지칭하는 용어이기도 하다.

④ 3층은 삼합오행(三合五行)을 보는 칸으로서 좌(坐)와 득수(得水), 그리고 파구(破口)가 같은 오행에 속하면 좋다는 것이다. 가령 묘좌유향의 경우 묘좌 위에 목(木)이 있는데, 3층에 있어서 목은 해(亥)와 미(未)에도 걸린다. 이때 좌가 묘, 그리고 특수와 파구가 각각 해와 미 방향에 성립되어 합을 이뤄 좋다는 것이다. 삼합이 좋으나 이합인 경우도 좋으며 이때 비석 역시 합을 따지기에 원래 무덤정면에 있던 비석들이 후일 좌우 삼합자리로 변형되어진 이유 역시 이러한 나경 삼합원리를 따른 것이다.

⑤ 4층은 지반정침(地盤正針)으로서 나경 중 가장 중심적인 역할을 한다. 즉 배산인 주산에서 혈 자리까지는 모두 지반정침으로 측정하여 좌향을 정한다. 이를 지반이라 하는 것은 혈은 땅에 있기에 천지인(天地人) 중에서 지(地)를 붙인 것은 당연하다 하겠다. 지반정침은 지중지기(地中之氣)에 해당하는 생기와 승생기하는 혈 자리 등을 배정하는 등 나경 중에서 가장 중요한 칸이기도 하다.

⑥ 5층은 천산 72룡(穿山七十二龍)으로서 여기서 천산은 주산을 가리키고 천(穿)은 주산에서 뻗어 내려오는 용맥(龍脈)이라는 산줄기를 말한다. 이것

들을 측정하는데 5층칸이 72칸으로 나누어져 이를 천산 72룡이라 하는 것이다. 무덤풍수에서 사용하는 일례가 있기도 한데, 너무 칸 수를 세밀히 나누어서 실용에는 의아심마저 있다. 소위 만두(巒頭)라는 잉(孕)자리에 나경을 놓고서 주산에서 뻗어오는 마지막 맥을 측정하는데, 이론상 빈칸을 제외하고 글자가 있는 칸 중 2번째 4번째만 생룡이라는 정기맥(正氣脈)과 왕기맥(旺氣脈)으로 지칭하기도 하며 이를 사용한다는 이론이 있다.

⑦ 6층은 인반중침(人盤中針)으로서 배산인 주산에서 혈까지 측정하는 지반정침의 대상 이외의 사(砂)들 중에서 물을 제외한 모든 것들을 측정한다. 물을 제외한 모든 것들이란 결국 음을 상징한다. 풍수에 있어서 물은 동(動)이며 산, 바위, 비석들은 부동이니 정(靜)이고 음(陰)이 된다. 이와 같이 정이기에 정침보다 늦게 움직인다는 관념상 지반정침보다 인반중침은 7.5^0 늦게 배정되어 있기에 붙여 놓은 명칭이다.

⑧ 7층은 투지60룡(透地六十龍)으로서 여기서 투지의 지자는 흙을 가리키는 것으로 지반정침의 지와 똑같은 위치인 혈자리를 가리킨다. 즉 들어간다는 투(透)자를 풀어보면 잉자리에서 혈 자리를 측정하는 용도임을 알 수 있다. 이것 역시 60칸으로 세분된 용 중 둘째, 넷째 칸만 사용하는데 자세히 보면 천산72룡과 투지60룡 중 생룡들의 글자가 모두 같음을 알 수가 있어 이런 점을 참고로 하면 혼돈을 피할 수 가 있다.

⑨ 8층은 천반봉침(天盤縫針)으로서 사용 방법은 6층인 인반중침과 유사하다. 단지 물줄기를 측정할 때만 사용하고 정침보다 7.5^0 빠르게 배정시켜 놓았다는 점이 다른데 이는 물은 동으로 양이기에 그와 같은 배정을 한 것이다. 이 점 음을 대상으로 하는 인반중침의 경우 7.5^0 늦게 배정한 것과 동일한 음양맥락임을 알 수가 있다.

⑩ 9층 분금(分金)은 음택풍수에서 망자(亡者)의 생년을 납음오행(納音五行)에 맞추어 정해진 오행과 정해진 좌향 중 좌의 분금 칸에 들어 있는 두 개의 간지 중에 이것 역시 납음오행으로 계산하여 이때 상극을 피해준다는 방법이 가장 무난한 것 같다.

5. 패철로 보는 황천살 방향

패철로 황천살 방향 식별하는 요령

① 시중에서 쉽게 구입할 수 있고 통상적으로 사용하는 패철은 그림과 같은 9층패철이다. 그중 황천살 찾는데 사용되는 패철칸은 1층, 2층, 4층, 그리고 6층, 8층이 해당된다.

② 황천살 식별 요령은 1층, 2층, 4층을 가지고 설명하여도 이해할 수 있기에 9층 패철 중 필요부분만을 편의상 따로 만들었다.

③ 패철을 중심되는 건물 중앙에 놓고서 동서남북 방향을 맞춘다. 서쪽을 등지고 동향한 건물일 경우, 좌향(坐向)은 서좌동향이 되는데, 서쪽과 동쪽을 4층 칸에서 찾아보면 유(酉)자와 묘(卯)라는 글자에 해당되기에 이는 유좌묘향(酉坐卯向)임을 알 수 있다.

④ 좌(坐)의 황천살은 1층에서 찾는다. 유좌와 같은 각도의 1층에 사(巳)라는 글자가 보인다. 향(向)의 황천살은 2층에서 찾는데, 2층은 빈칸이다. 이때 시계바늘이 오는 방향의 옆칸 글자를 가져오면 된다. 옆칸에 간(艮)자가 쓰여져 있다. 이렇게 1층과 2층에서 찾은 巳와 艮이 유좌묘향의 황천살 방향들이다.

⑤ 현장에서 황천살 방향을 4층칸으로 살피면 된다.

유좌묘향의 황천살인 巳와 艮을 4층에서 찾으면 그림과 같은 각도가 된다. 저의 황천살은 해당방향으로 산이 움푹 꺼져있거나 물줄기가 들어오면 황천살을 받고, 향의 황천살 방향에서 물줄기가 들어오거나 나가면 황천살을 받는다.

⑥ 황천살 방향은 산을 보는 것과 물을 보는 것에 따라 각각 편차수정을 하여야 한다. 편차 이동각도는 7.5^0로써, 물줄기를 보는 경우 시계바늘 진행방향으로 황천살 칸을 7.5^0를 더 이동시킨다. 그 이외에는 반대로 시계바늘이 오는 쪽으로 7.5^0를 이동시켜 측정하면 된다. 여기까지가 패철에서 황천살 찾는 방법이며 모든 황천살들을 이상과 같이 찾으면 된다.

⑦ 황천살 방향 식별요령을 우리가 살고 있는 주택에 적용하여 보자.

방향을 보려고 하는 주택의 중심 건물이 동향을 하고 있다면, 주택 중심 건물의 좌향을 ③번 설명처럼 측정하면 주택 중심 건물은 유좌묘향(酉坐卯向)에 해당됨을 알 수 있다.

⑧ 유좌묘향에 해당되는 주택 중심 건물에 의해 우리가 거주하는 주택의 황천살은 정해진다. 여기에 ④, ⑤, ⑥번 설명들을 그대로 적용하면 된다. 주택의 현장에서 좌의 황천살인 사(巳) 방위를 살펴 꺼져있거나 물줄기가 들어오는 곳이 없으면 황천살 문제가 생기지 않는다. 그런데 간(艮)에 해당되는 황천살 방향에 물줄기가 들어오고 있으면 문제를 일으키게 된다.

⑨ 이러한 황천살은 나무를 심거나 벽과 담을 설치하대 집안에서 보이지 않게 하여 풍수적으로 비보를 하게 된다.

더욱 세밀한 측정 각도수치를 계산하려면 진북(眞北 ; 북극성위치)까지 약간의 편차 수정이 필요하지만 일반인의 현장 답사시에는 위와 같은 요령만으로도 충분하다.

이상의 요령만 알면 모든 방향의 황천살을 파악할 수 있다(단지 子坐일 경우에만 패철층에는 없는 戌방향 하나가 음양오행 불통상극상 황천살에 끼어들 뿐이다).

이상과 같은 요령으로 우리의 비보풍수, 전통가옥에서 패철로 황천살을 살펴보면, 하다못해 나무한그루라도 서있는 황천살 불견처리에서 우리는 선조들의 풍수관념을 이해할 수 있게 된다.

4부

에너지 인지 수맥풍수

1. 에너지 인지(Divinator) 수맥풍수란?

지구에 존재하는 모든 물질과 생명체들은 각각의 고유한 에너지를 가지고 있다. 인간은 그러한 에너지의 장(場) 환경 하에서 인류의 기원인 어류로부터 2억 년의 세월에 걸쳐서 주위환경에 적응하고 도구를 이용하는 기술의 DNA 정보를 유전이라는 매개체를 통하여 전수하여 왔다.

그러므로 인류는 1000만 년 전(하바드대 인류학 연구 발표자료)이나 446만 년 전 인류원인으로부터 지구환경에 적응과 학습을 그대로 500억 개가 넘는 뇌세포 속에 세월 의 흐름과 더불어 환경에 적응하고 삶을 유지하여 왔던 정보량이 고스란히 담겨져 있다고 필자는 생각한다. 예를 들면 동물들이 지구의 재난이 미리 있기 전 미리 감지하여 대피하는 초감각을 가지고 있는 것이 그것들 중 하나이다. 얼마 전 동남아시아 푸켓에서 일어난 쓰나미가 발생했을 때 몇몇

동물들은 괴성을 내며 위기를 모면하고 인간이 사육하던 동물들은 자신을 묶고 있는 끈을 풀려고 발버둥치다가 수난을 당했다고 한다.

원래 인간도 야생과 원시적인 생활을 영위할 때는 이러한 자연의 신호를 감지하는 능력을 가지고 있었다. 그러나 도시생활을 시작하면서 자연의 소리를 감지할 수 있는 능력이 점차로 퇴화되어 현재는 지구로부터 재난의 신호 에너지를 감지하는 능력이 현저히 저하되어 있다고 학자들은 말하고 있다.

인간이나 동물이나 지구의 초기 조건인 척박한 환경에서 적응하고 생명을 보존하기 위해서 자연의 신호 에너지를 들으려고 노력을 기울였고 이러한 초감각 능력의 개발을 위하여 노력을 견주어 왔다. 이와 같이 생존을 위해서 주위 환경을 관찰하고 삶을 보다 윤택하고 풍요롭게 영위하기 위하여 인간이 초감각적으로 본능적으로 자연환경으로부터 생명의 에너지를 선조로부터 형성되어진 감각을 이용하여 주어진 능력을 총 동원하여 생존에 알맞은 최적의 자리를 찾는 행위를 인지과학(Divinator science)이라고 필자는 정의한다.

그림 4-1의 왼쪽 그림은 유네스코 유적으로 선정된 구석기 고창 고인돌 유적의 전경이며 오른쪽 그림은 신석기 공주 석장리 유적의 전경이다. 지금은 도로와 관광지의 개발로 원형이 다소 훼손되기는 하였으나 당시의 생활환경이 어떠했는지를 판단하는 데는 무리가 없어보였다. 그림에서 보는 것처럼 자연과학과 풍수과학이 존재하지 않는 시대임에도 불구하고 지세가 바람을 가두고 물을 슬기롭게 취수하며 자연의 재난을 슬기롭게 모면할 수 있으며 먹을 식량을 구하는 데 부족함이 없는 지역에 삶의 터전을 위치시켜 생활하였음을 증명하고 있다.

더욱 놀라운 것은 현대의 풍수과학에 근접하게 안산 또한 풍성한 금산형과 일자문성을 가지고 있음에 필자는 감탄을 금치 못하였다. 이외에도 풍수지리가 중국으로부터 우리나라에 도입되던 시기인 통일신라 이전에 유적지와 삶의 터전 흔적으로부터 이와 같은 자연을 인지하여 삶의 터전을 위치시키고 생활하던 인지과학의 흔적들을 무수히 많이 찾아 볼 수가 있다.

그림 4-1. 선사시대 유적지와 에너지 인지풍수

그림 4-2. 풍수 이론 도입전 유적지와 에너지 인지풍수

그림 4-2는 4,300년 전 3씨의 시조가 솟아올랐다는 설화가 내려오는 제주도의 삼성혈의 모습이며 왼쪽 그림은 풍수지리가 우리나라에 전래되기 시작한 시대보다 400년 앞서서 조성된 공주의 무녕왕릉의 모습이다.

이러한 자리를 필자가 아니더라도 다우징의 능력을 가지고 있는 사람이라면 정말로 생명의 에너지(일반인들은 생기에너지 혹은 정혈자리라고 말함)가 충만한 자리이며 풍수지리학적 관점으로도 지세와 격국이 명당의 자리에서 한 치도 벗어나지 않음을 알 수가 있다.

주산의 기맥이 계룡산과 지리산에서 출발하여 현무정과 좌청룡 우백호 남주작의 지유사세(地有四勢)를 완벽할 만큼 훌륭하게 위치를 시켰고 혈의 위치 또한 정혈 자리에 위치를 시켰음을 알 수가 있다.

최근 풍수지리 분야에서 명성을 얻고 있는 전 서울대 교수였던 최창조 교수는 "풍수잡설"과 "청오경 금낭경"에서 풍수지리의 과학적 해석을 하려고 노력을 하여 자생풍수라는 것을 처음으로 제안하였다. 최 교수가 주장하고 있는 자생풍수의 원조는 우리나라에 중국의 풍수를 처음으로 전하여 풍수학을 집대성하여 오늘 날 풍수지리학의 시조로 추앙 받고 있는 도선 국사로 들고 있다. 그러다가 최근에는 "음택이나 양택 자리로 발복을 받는다는 것이 사실이라면 본인은 풍수계를 떠나겠다."고 장담을 한 것이 신문에 기사화 된 적이 있다. 필자는 이 말이 처음에는 이해가 잘되지 않았으나 후에 이렇게 주장한 이유를 알게 되었다. 최 교수는 최근 집필한 "도시풍수"라는 책을 발간하기 이전에 언론에 내용을 홍보하기 위해서 그와 같은 발언을 한 것으로 필자는 생각이 되었다.

본래 풍수지리분야는 양택풍수, 음택풍수, 양기풍수가 있는데 양택풍수는 산 사람이 생활하는 주거공간의 위치잡이를 하는 분야이고 음택풍수는 죽은 사람의 주거공간을 위치잡이하는 분야이다. 그리고 양기풍수는 국가의 수도, 마을, 기관관청의 위치잡이를 하는 분야인데 최 교수는 이중 양기풍수를 하는 분이라고 해야 할 것이다. 얼마 전까지 전국을 돌며 땅의 기운을 지역적으로 인물과, 역사유적으로 연관하여 새로운 풍수적 관념으로 해석을 하여 대기업의 양택과 공장의 위치 심지어 청와대의 위치잡이에 관여하여 유명세 얻기도 한 그런 분이 갑자기 풍수 분야를 떠날 것이라니? 그를 최고의 자연풍수학자라고 추켜세우고 추종했던 풍수학계에서도 난리가 났을 만한 일이 아니겠는가?

필자는 이부분에 대해서 이미 예정된 일이 아닌가 싶은 생각이 들었다. 왜냐하면 양기 풍수라고 하는 것이 우리나라의 국토는 한정되어 있고 이미 잘 알려진 풍수서에 기록된 땅들은 이미 점유가 된 상태이며 개발이 되고 자리의 주인이 이미 존재하고 있기 때문이다.

그러므로 우리나라에서 풍수분야에 연구를 거듭한 들 새로운 길지를 찾는 것은 매우 어려운 일이라 할 것이다. 바꾸어 말하면 풍수전문가가 할 일이 없다는 것을 의미하기도 한다.

최 교수는 "도시풍수"에서 이와 같은 내용을 언급하며 명당은 없으며 현대적 의미에 맞는 풍수를 하는 것이 좋을 것 같다 하며 그의 생각을 정리해 놓고 있다. 이러한 접근은 얼마가지 않아 또다른 장벽을 만날 것이라고 필자는 생각한다.

최근 풍수분야를 연구하고 교육하는 전문가들이 중국의 남방풍수, 다시 말해 인류의 풍수 기원이 되는 BTB(Black hat Tantric Buddist)풍수를 적극적으로 도입하고 활용하고 있다. 이것은 우리의 풍수개념과는 다른 관점을 가지고 있는데 우리의 풍수문화를 위치와 자리 중심의 기 흐름을 중시하는 문화라고 표현한다면 BTB풍수는 방향 중심의 기 흐름에 중점을 두고 있는 문화라 할 것이다. 이 두 문화의 차이점은 그들이 속한 지역적 환경에 부합하게 합리적이며 슬기롭게 경험론적 사실을 근거로 점차 발전시켜온 점이라 할 것이다. 하나는 평지가 대부분이며 기후가 덥고 습한 열대지방에 근거한 것이며 다른 하나는 사계절이 뚜렷하고 입체적인 산의 구조가 많고 계절의 변화와 더불어 생존할 수 있도록 발전시켜온 문화라 할 것이다.

이것을 무방비로 그대로 받아들인다면 어떠한 결과가 벌어지겠는가?

얼마간은 유행처럼 번질 수는 있지만 오래지 않아 새로운 우리에게 적합한 새로운 것에 대한 갈망을 할 것이다.

이에 필자는 이러한 한계를 극복하고 인류가 우리선조가 우리에게 생존을 할 수 있도록 전하여준 인체의 감지기관에 자연을 보고, 느끼고, 감지하고, 판단하여 현재의 생활환경에 맞게 위치잡이를 하고 건축을 하며 웰빙의 생활을 영위할 수 있도록 할 수 있는 인지(Divinator)과학에 대해 널리 소개하고 보급하고자 한다.

인지 과학이란 우리 인체에서 기존에 가지고 있는 뇌의 정보를 찾아내서 활용할 수 있는 능력을 개발하여 그에 부합하게 본인에게 최상으로 적합한 환경을 조성하는 기법을 말한다. 이는 인간이 공통적으로 필요하고 갖추어야할 에너지 환경이 존재하며 유해파 에너지로부터 자유로운 청정지역이 필요한 것이 그 예이며 또한 개개인이 필요한 에너지가 각기 다르며 본인이 느껴지는 대로 전문가의 도움을 받아 주위 환경을 조성하는 행위이다.

개인 각자가 인지능력을 훈련하기 위해서는 500억 개의 세포로 이루어진 뇌기능을 이용한 파형 감지 능력을 연마하여야 할 것이며 또한 지금까지 밝혀진 자연현상과 물리학적 내용들을 탐독하고 동서양을 아우르는 내용을 선입견 없이 받아들이고 자기 것으로 소화하여 최종적인 인지를 판단하는 기준으로 활용하여야 할 것이다. 다시 말하면 인지과학은 지금까지 알려진 최고의 과학 기술과 전통적으로 내려오는 자연의 이치에 대한 지식과 경험론적 산물인 민속학적 이론을 총동원하여 그 시대의 환경과 여건에 부합하도록 위치잡이와 건축행위, 웰빙의 삶 행위를 추구하는 수단 과학이라고 말할 수 있다.

백범 김구 선생과 만해 한용운 선생은 구한말과 일제강점기, 대한민국 초기에 민족의 지도자이다. 이 분들은 현대의 과학기술과 전문적인 교육을 받지 못한 분들이다. 그럼에도 불구하고 민족의 지도자로 백성의 동반자로서의 역할을 충분히 수행을 하여 왔다. 백성의 동반자로서 침술로 백성들의 질환을 다스리고 명리학과 주역의 해석으로 인생의 상담자가 되기도 하고 풍수지리의 연구로 양택, 사원, 마을의 위치잡이 역할을 훌륭하게 수행을 하였다. 그래서 선비들이 꼭 읽어야 할 책으로 역리삼요(易理三要)를 권장하였다.

이것이 진정한 의미의 자연 인지과학이며 오늘날 학문과 백성을 위해 봉사한다는 민족의 지도자들이 갖추어야 할 덕목으로 판단된다.

다우징(Dowsing)이나 인지 과학이란 분야도 어떤 이는 미신이라고 치부하여 거들 떠 보지도 않는 이가 있는 반면 어떤 이는 초과학이라 하여 과학으로 입증될 날이 있을 거라면서 열심히 연구하려 하는 이들이 있다. 여기에서 우리는 과학의 정의를 생각해볼 필요가 있다. 예를 들어 과학은 10번의 실험을 통하여 6번 이상의 재현성을 갖는 것을 과학이라고 표현하며 4번 미만으로 재현되는 것을 미신이라고 한다. 그러나 미신도 재현성이 적기는 하지만 현상론으로 존재하고 있는 물리학적 사실들 중의 하나이다.

만약 이를 미신으로 치부하고 방치한다면 과학의 미래는 없을 것이라고 생각한다. 갈릴레이 갈릴레오를 그 시대의 과학으로 설명할 수 없다 하여 당시의 권력가들이 혹세무민 한다하여 그를 처형했지만 그가 옳았음을 우리는 알고 있다.

향후 21C의 과학의 패러다임은 보이지 않는 세계가 지배할 것으로 많은 경제학자나 사회학자들이 예측하고 있다. 현재의 초과학 행위를 연구하고 활동하는 사람들은 이러한 사실을 직시해야 할 것이며 우리나라의 좋은 전통 문화 유산인 "선비정신"을 계승하여 과학적으로 증명되고 활용될 수 있는 그날까지 부단한 노력을 경주해야 할 것이다.

2. 에너지의 인지 원리

지금으로부터 약 45억 년 전 탄생한 지구는 35억 년 전 쯤 마침내 생명을 태동하게 된다. 생명이 최초로 탄생한 후 다시 34억 5000년 동안 단세포에서 다세포로 바다생물에서 육지생물로 양서류에서 포유류로 생물이 진화를 거듭하고 마침내 포유류에서 갈라져 나온 한 종이 있었으니 이 종은 다시 4650만 년 동안의 세월을 견디고 진화를 거듭하여 지금으로부터 약 350만 년 전 최초의 인류인 오스트랄로피테쿠스가 탄생하게 된다.

다시 이 오스트랄로피테쿠스의 탄생으로부터 약 345만 년이 지나 현생인류로 구분되는 호모사피엔스로 진화하게 되는데, 호모사피엔스를 직역하면, "지혜 있는 인간"이란 뜻으로 이때의 인류는 지구상의 모든 생물 중에서 의식(意識)을 획득한 유일한 생물로 현재로부터 약 4~5만 년 전부터 지구상에 널리 분포하여 후기 석기문화를 형성하게 된다. 즉 최초의 인류가 탄생하고 현생인류인 호모사피엔스가 탄생하기까지 345만 년이라는 장구한 어둠의 터널을 통과하여 마침내 인류는 의식을 획득하게 된 것이며, 이때에 이르러 정신적, 물질적 힘을 발휘할 수 있게 되었다.

최초의 인류인 오스트랄로피테쿠스로부터 현 인류 호모사피엔스의 탄생 전까지의 기간에 호모사피엔스의 출현과 현재까지의 기간을 비교하면 0.001퍼센트에 불과한 수치가 나온다. 이와 같이 인류사를 통틀어 시기적 개념으로 보면, 현 인류는 아직 유아기에 불과한 역사성을 가진다.

최초의 인류의 탄생으로부터 현생인류가 탄생해 정신활동을 하게 되기까지 계속된 의식의 암흑기는 매우 험난했을 것이며, 그 결과 의식의 여명기를 맞이한 이후 정신적, 물질적 힘을 활발히 행사케 됨으로서, 도구를 발명하여 주위의 위협으로부터 자신을 보호하고 수렵, 어로, 채취 등 생계를 위한 무기생산과 획득물을 가공하고 생활에 필요한 도구인 생활용구를 생산하고, 생존을 위한 집단생활을 하면서 자연스레 하나의 사회를 형성해 가며 필요에 의해 독창적인 언어를 구현, 발전시키기에 이르렀다. 이와 같은 초기 인류사회를 두고 우리는 통칭하기를 선사시대라 부르며 이 중 석기시대는 구석기시대와 중석기시대, 신석기 시대로 다시 나누어 구분하게 되었다.

사람으로 진화하게 되는 가장 큰 특징은 머리(골부피)가 커지고, 연장을 만들어 사용하고, 두발로 서서 걷는 능력이었다. 이렇게 두 발로 걷고 뛸 수 있다는 것은 다리뼈와 엉덩뼈의 구조가 원숭이와 다른 루시(Lucy, Australopithecus afarensis)가 300만 년 전의 유적에서 발견되어 뒷받침 되었다. 남쪽원숭 사람 중 아파렌시스(A. afarensis)는 앞니와 송곳니가 크고 턱이 튀어나왔으며, 로버스투스(A. robustus)와 보이세이(A. boisei)는 어금니가 매우 크고 씹는 힘살이 발달하였다. 이는 단단한 껍질의 열매, 과일, 풀뿌리 등을 깨뜨려 씹어 먹었음을 시사해준다. 그러나 사람 종(Homo species)은 어금니의 크기가 차츰 작아지고, 골부피가 커지면서 튀어나온 턱이 들어가고, 뒤로 기운 이마는 반듯하게 서게 된다. 즉 남쪽원숭사람 속(Auwtrralopithecus genus)에 견주어 얼굴이 작아지고, 머리가 커지는 변화를 보여준다. 동아프리카에서 발견된 손쓰는 사람은 보이세이와 같은 시기에 살았으며, 그들은 간단한 석기를 만들고 사용했던 뇌가 더 큰 곧선사람의 뿌리였다. 곧선사람은 더 발달된 연장을 만들었고, 불을 다루었으며, 그들은 130만 년 동안 걸쳐 살았던 것으로 나타난다. 슬기사람은 곧선사람이 사라진 30만 년 전쯤에 그 수가 늘어났다. 그러나 4만 년 전 즈음에 그들은 없어졌거나 슬기있는 사람으로 진화되었다.

사람의 뇌는 전체 몸무게의 2% 정도인데 몸에서 필요로 하는 산소량의 20% 이상을 사용하며 또 전체 혈액량의 20% 정도를 필요로 한다. 쉬지 않고 일하는 뇌세포들은 신진대사의 에너지원으로 산소와 혈당을 필요로 하기 때문에 산소와 혈당의 과소, 과다에 쉽게 손상 받을 수 있다.

뇌에는 5백억 개 정도의 신경세포(Neuron)가 서로 복잡하게 연결되어 뭉쳐있고 어떤 신경세포는 그 하나에 6만 개 정도의 다른 신경세포가 연결되어 있기도 하다. 뇌의 구조를 전뇌(Forebrain)와 후뇌(Hindbrain)로 구분하기도 하지만 좀더 세분하여 대뇌(Cerebrum), 소뇌(Cerebellum), 간뇌(Pons), 중뇌(Midbrain), 연수(Medulla obolongata)로 나누기도 한다.

연수와 중뇌는 심장, 폐, 소화기관 등의 내장의 기능을 관장하는 뇌신경(주로 부교감신경)의 중추를 함유하고 있으며, 간뇌에는 주로 시각과 청각을 주관하는 뇌신경의 중추가 들어있고, 소뇌는 동작의 균형(Balance)을 유지시키는 중추라 할 수 있으며, 대뇌는 모든 동작을 지시하는 최고 사령부이며 모든 정보를 수집, 분석, 평가, 판단하는 감정을 느끼는 등의 총체적인 지적기능의 중추라 할 수 있다.

대뇌는 다시 전두엽(Frontal lobe), 측두엽(Temporal lobe), 두정엽(Parietal lobe), 후두엽(Occipital lobe) 등의 4엽으로 나뉘어 진다.

이 부분에 손상을 받으면 전두엽은 판단력(Judgemont)과 억제력(Inhibition)의 장애를 초래하며, 측두엽은 정서와 감정의 장애(Eg. Intense emotion)를 초래할 수 있으며, 두정엽은 지능의 저하(Impaired intelligence)를 일으키고, 후두엽은 시각의 장애(Impaired vision)를 일으킨다.

뇌 자체가 곧 마음인가 하는 질문에 대한 해답은 영원히 명확하지 않을지도 모른다. 불완전한 뇌를 이해하여야 하는 것이 우리들의 불완전한 뇌이기 때문이다. 우리가 모르는 것이 모르는 채로 남아있는 한 그것이 계속 '신비롭다'던가 '초자연적이다'라는 말로 표현될 것이다. 그러나 이 세상에 '초자연 현상'이란 없다. 다만 우리가 모르는 '자연 현상'이 있을 뿐이다. 그나마 이런 현상을 이해할 수 있는 최상의 기구는 우리의 뇌이다. 몸(身)의 작용은 움직이고(動), 먹고(食), 숨쉬고(息), 정보를 수집하는 것(覺)이며, 맘(心)의 작용은 느끼고(感), 배우고(知), 깨닫고(識), 판단(意)하는 것인데, 뇌는 이 모든 것을 조절(Control)하고 조정(Coordinate)하고 조화(Harmonize)시키는 기능을 담당한다. 뇌의 구조는 대뇌, 소뇌, 간뇌, 중뇌, 연수로 구분되는데 동물과 다르게 사람을 사람이게 만드는 사고(Thinking)의 기능은 대뇌가 담당한다. 1970년대 이후로 많은 연구가들에 의해 대뇌의 좌반구와 우반구는 서로 다른 방향의 사고를 주관한다는 사실을 알게 되었다. 좌측 뇌는 언어적, 분석적, 직역적, 직선적, 수학적, 과학적, 논리적인 사고를 하고, 우측 뇌는 비언어적, 포괄적, 간적, 음악적, 은유적, 상상적, 예술적, 정서적, 성적, 영적, 철학적, 직관적인 사고를 한다. 자연현상을 이해하는 것은 뇌이고 뇌를 이해하는 것도 역시 뇌임으로 사물을 나름대로 잘 이해하려는 좌측 뇌와 우측 뇌의 기능을 조화롭게 동원시켜야 한다. 신심(身心)은 정신(精神)의 표현이며 정신은 뇌 기능이 조정한다.

이러한 뇌는 500억 개의 세포로 구성되어지는데 대부분의 사람은 이중 10% 정도도 이용을 못한다고 한다. "뇌에는 엄청난 양의 지구정보가 들어있다."라고 하는 것이 필자의 주장이다. 인류의 선조인 어류, 아니 2억5천 만년 전 최초의 생물체의 출현서 시작을 해서 현재에 이르기까지 진화를 거듭하면서 생물체가 지구의 변화에 적응하고 발전하면서 획득한 정보량을 후손에게 DNA정보량으로 전달하여 현재의 인류의 뇌를 형성하였다고 보는 것이 필자의 주된 견해이다.

그러므로 인류의 뇌에는 이미 지구의 에너지를 감지하고 유해여부와 응용을 할 수 있는 정보량을 뇌를 통하여 조상으로부터 얻은 지식을 이미 지니고 있는 것이다. 이는 초감각으로 자연과 대화하는 현상과 텔레파시, 다우징 등의 행위로서 미루어 짐작할 수 있다.

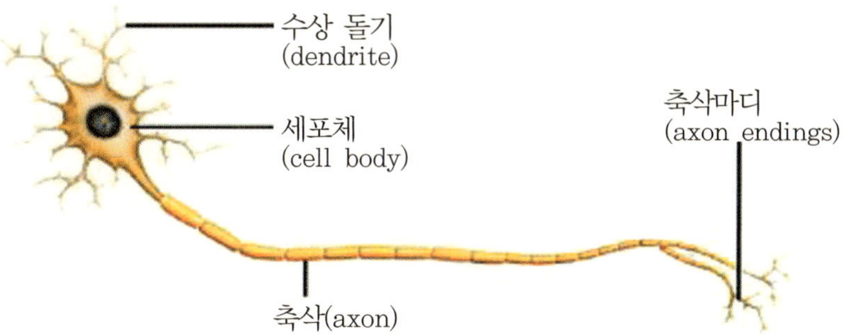

그림 4-3. 뇌 신경의 구조

인체에서 파동에너지의 감지의 신호전달체계는 외부로부터 자극이 전달이 되면 인체는 오감과 파동에너지의 직접 자극을 뉴우런에 전달 뉴우런의 신호 감지를 통하여 뇌와 연수에 신호 정보를 축적하여 신호에 대한 반응을 판단하고 운동에 대한 명령으로 뉴우런이 운동을 통하여 호르몬의 분비와 자극, 근육의 운동현상으로 발현하는 과정을 수행하게 된다.

3. 물과 살아있는 에너지

에너지의 본질적인 속성은 무엇인가?

이런 원론적인 질문에 대한 대답은 어디서 찾아야 하는가? 놀랍게도 그토록 많은 과학적 탐구가 이루어졌음에도 불구하고 아무도 여기서 얻고자하는 해답에 이르지 못할 것 같다. 우리들이 알고 있는 모든 것들은 에너지를 표현하는 방법에 불과하다.

흘러가는 물의 흐름에 에너지가 함유되어 있다. 구름이 만들어질 때에 에너지가 연관되어 있다. 석유나 가솔린을 연소하는 과정에서 에너지가 힘을 발휘한다.

그렇다면 에너지란 무엇인가? 무엇이 에너지의 본질인가? 운동이 있는 곳에는 항상 본질적으로 에너지가 관련되어 있는데 이처럼 차원 높은 과정이란 무엇인가?

솔직한 물리학자라면 이렇게 대답할 것이다. "우리는 모릅니다. 우리도 목사나 신부님에게 이렇게 물어보고 싶습니다." 정신이란 무엇입니까? 정신의 실체란 도대체 무엇입니까? 많은 안건들이 제시가 되겠지만 이것저것 따져보다가 결국에는 자신들이 아무것도 아는 것이 없음을 알게 될 것이다. 과학자가 에너지로 명명하는 것이나 성직자가 정신이라고 칭하는 것은 본질적으로 같다고 볼 수 있다. 그렇지만 그것의 근원에 대한 문제는 여전히 미결인 채로 남아 있다.

실제로 에너지는 볼 수 없다. 다만 에너지가 발현되는 현상을 볼 수 있을 뿐이다. 에너지의 근원은 언제나 우리의 감각이 미치지 않는 영역에 머물러 있다. 에너지는 아마도 새로운 경험을 획득하기 위한 모든 가능성을 이끌어내서 제공하려는 욕망의 결정체라고 할 수 있다. 과학적으로 잘 이해되고 실제로 측정할 수 있는 아주 강력한 에너지도 있는 반면에 이와는 달리, 우리가 이해는 하고 있으나 과학적인 검증과 측정이 미치지 못하는 그런 형태의 에너지도 있다. 그러한 에너지는 너무도 미세하여 아무리 훌륭한 과학기기를 동원하더라도 측정이 불가능하다.

과학적으로 그러한 에너지 존재를 인지(Divinator)해야만 한다. 과학자 자신도 인간이기 때문에 과학을 통해서 다양한 인간 에너지(생각, 욕망, 사랑, 열정, 증오, 노여움 등)를 정확하게 측정하지는 못한다. 이런 모든 것들은 행동하려는 인간의 마음과 충동에서 발현된다. 과학이 이와 같은 인간의 감정과 관련된 다양한 두뇌활동을 측정하지만, 실제로 이런 현상이 가지고 있는 고유의 세기, 크기, 진동수, 진동상태 등을 측정하는 것이 아니며 본래의 발생원을 관측하고 있는 것도 아니다. 이것들은 물리적인 실체가 존재하지 않는 허공이라고 할 수 있는 다른 차원(3차원 이상의 고차원)에서 비롯된 비물질(非物質)형태의 에너지로서 지금까지는 편의상 이를 무시해 왔다. 그런데 빅터 샤우버거 박사는 이런 비물질 에너지들이 에너지 반보존의법칙에 따라 기능한다고 주장했다.

현대 과학문명 이전의 사람들은 비물질적인 에너지를 기(氣)라고 이해했다. 그러나 우리는 이를 거의 간과하고 있다. 우리는 보다 높은 차원의 형이상학적 실체를 인정하고 4차원, 아닌 16차원에 대한 올바른 이해가 있을 때에만 우리는 자연을 올바르게 해석할 수 있다.

예를 들면, 중국과 우리나라 사람들은 수 천년 전부터 인체의 생명에너지가 흐르는 경락체계가 있는데 이곳으로 흐르는 생명의 에너지를 기(氣)라고 했으며 질병의 치료를 위하여 경락체계를 활용하였다. 이때 침술은 경락에서 에너지의 흐름을 조절하는 기술이며 기의 불균형을 바로잡기 위하여 침을 도구로서 사용하였다. 이러한 동양의학은 질병의 치유에 탁월한 효험을 보이고 있는 것이 현실이다. 그러나 정통의학 해부생리, 병리, 약리를 연구 외과적 수술에 바탕을 둔 현대의 주류적인 의학 체계에서 아직도 아무것도 이해 못하고 있다. 그러나 이와 같은 침술의학을 비가시적 차원의 이해를 위한 하나의 계기로 삼을 수 있다면, 우리는 인간이 경험할 수 있는 가장 고귀하고 강력한 에너지가 사랑임을 이해할 수 있으며, 이로부터 새로운 과학을 추구할 수 있을 것이다.

에너지의 본질적인 근원이란 삼라만상의 근원을 거슬러 올라가다 보면 만나게 되는 가장 근본이 되는 원인인데 이것으로부터 모든 에너지가 발생하여 방사(放射)한다고 가정해보자. 이때 말하는 만물의 근본이 되는 원인을 우리는 하나님, 혹은 특정 종교적인 의미와 구별하여 보다 보편적인 의미를 강조하기 위해서 "영원한 창조적 지성체(ECI : Eternally creative intelligence)"라고 할 수 있을 것이다. 당연이 ECI와 같은 존재는 자기 자신의 진화 과정에서 끊임없는 창조 활동을 수행한다. 이렇게 우주를 가정하고 생각하면 에너지란 ECI의 창조의지가 발현될 수 있도록 도와주는 매개체이며, 에너지가 매개체로서의 역할을 수행한 결과로서 "창조의지(Will to Create)"가 하나의 현상으로 가시화 되어 나타나는 것이다.

이러한 에너지는 초광속(超光速)의 속도로 넓은 범주의 파장대에 걸쳐서 진동하고 있으며, 무조건 적인 사랑과 정신으로부터 비롯되어 한없이 높은 에너지 상태를 유지하고 있다. 에너지란 본질적인 근원의 중심으로부터 혹은 ECI로부터 방사되어 나와 미분화된 우주의 모든 영역에 이르도록 다양한 방향에서 작용하고 있는 자장 지고(至高)한 실체다.

우주에는 다양한 파동을 가진 천심(天心)의 에너지가 신호로 방사되어 비평형 상태를 유도하는데 이 과정에서 생명이 탄생한다. 이러한 신호가 방사되며 다양한 파동들 사이에는 상호작용이 일어나며 일정한 주기성 혹은 순환의 효과가 현상으로 드러난다. 이 과정에서 한편에서는 다양한 에너지의 파동이 중첩, 수렴되어 에너지가 보다 조밀하게 응집되는 영역(에너지가 응집되는 장(場))이 형성되고 다른 한편에서는 에너지의 파동이 소멸, 발산하여 에너지가 분산되는 영역(에너지가 감소되는 장)이 형성됨으로써 성질이 다른 계(界)로 분화된다.

이제 에너지 밀도가 낮고 높은 지역으로 분화되었으므로 에너지는 더 이상 평탄하고 일정하지 않게 분포한다. 에너지가 분화되기 전에는 아무런 방해 없이 에너지가 흘렀다. 그러나 이제는 에너지가 응집된 진동영역이 생겨남으로서 에너지도 더 이상 임의로 흐르지 못하고 주위의 응집된 에너지장의 영향을 받게 된다. 또한 에너지가 분화되기 전에는 직선으로 에너지가 방출되기도 하였는데, 이제는 파동의 저항이 적은 통로를 따라 굴절이 일어나게 된다. 영적으로 높은 수준에서 낮은 수준으로 내려가면서 에너지의 외부를 향한 운동에너지의 형태는 점진적으로 보다 곡선의 형태를 취하기 시작한다. 이렇게 방출되는 에너지는 저항이 존재하는 에너지 응집 영역과 충돌을 일으키는데 이때 충돌하는 각도에 따라서 오른쪽 혹은 왼쪽으로의 회전 방향이 결정된다. 지금까지 분화하지 않은 상태의 에너지는 이때부터 음 또는 양의 성질을 부여받고서 양면성을 지닌 저차원의 현실세계로 진입한다.

현실세계로 진입한 에너지는 음양의 작용에 의하여 물질을 합성하여 새로운 물질을 만들어내는데 초기의 대기를 구성했던 수소 원자이다. 이러한 수소 원자가 주위 환경의 영향을 받아 지속적으로 운동과 에너지를 주고받음으로 인해서 생명의 근원인 물을 창조하게 되었다. 물이 최초에 얼음형태로 존재하

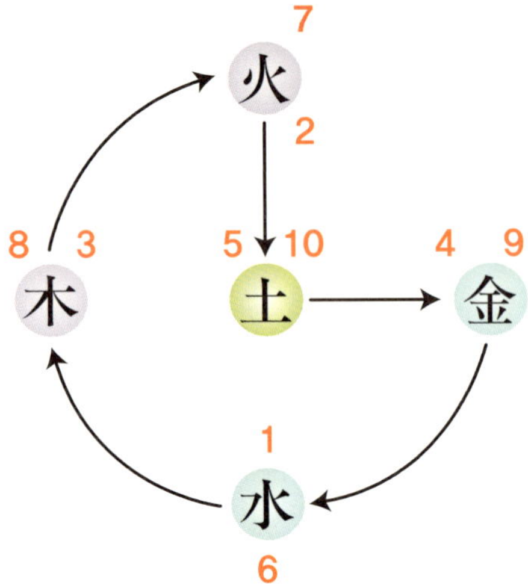

그림 4-4. 음양오행의 창조 순서

다가 태양과 같은 열 에너지원을 만나게 되므로 인해서 지구에는 생명체가 탄생을 하게 되는데 이것이 산천초목들이다.

이러한 초목들이 자라나고 죽고 생명활동을 지속하면서 지표에는 많은 무기, 유기 영양물이 생겨나고 외부 온도와 압력 등의 작용에 의해 지하 광물들, 다시 말하면 경도가 단단한 금속 광물들이 만들어지게 된다. 이런 순환과정을 반복한 결과 생명이 숨쉬고 생명을 잉태할 수 있는 능력의 에너지 보물창고인 흙을 마지막으로 완성하게 된다. 이것은 동양철학의 음양 오행론의 만물의 창조순서와 같은 이치인 것이다(그림 4-4).

이렇게 형성된 생명의 근원인 물은 끊임없는 흐름의 지속으로 생명의 에너지를 지속적으로 방출하고 있는데 물의 흐름 형태에 따라 발생되는 에너지 종류가 달라지게 된다. 그리고 흐름의 형태에 의해 물의 자정 작용과 무기물들을 함유하여 생명 현상에 관여하고 보이지 않는 생명의 에너지인 에너지를 발생한다. 예를 들면 예전의 강물은 여울목 형태로 되어 있는데 굽이굽이 흘러

가면서 여울목 근처에서 생명의 파동에너지인 에너지 발생포를 만들어 생명체에게 유익한 영향을 초래한다. 다시 말하면 강물의 흐름의 중심축에서 강물이 여울에 이르게 되면 흐름이 느려지고 수온이 상승한다. 강물에 부유하던 미량원소와 영양분이 침전하고 강물에 축적된 순수한 활력에너지(오라에너지)도 물 흐름 방향의 직교면을 따라 주변으로 방사된다. 빅터는 이를 에너지 발생포라 하였으며 오늘날은 잘못된 수리체제로 인하여 이와 같은 강물의 생물 에너지는 거의 사라졌다.

그림 4-5에서처럼 서양에서도 양택이나 도시를 위치잡이를 할 때 강의 흐름 물줄기가 도시를 에워싸는 형국에 도시를 위치시켜 도시에 생명포에너지를 충만하게 공급하려했으며 이러한 원리는 우리나라를 비롯한 동양의 풍수과학에서도 동일하게 엿볼 수 있는 사실이다.

또한 그림 4-6은 정조대왕릉으로 가는 길인데 우리나라에서는 길을 물로 인식하고 길을 새로 내는데도 유정하게 직선으로 길을 내지 않은 것을 확인할 수 있다. 이와 같이 물과 에너지가 곡선적으로 함포하며 흐르는 흐름으로 형성된 생명포 에너지를 살아있는 에너지라고하며 이 에너지는 우리의 웰빙의 삶을 추구하는데 아주 유익한 에너지원이 된다.

그림 4-5. 프랑스 파리의 에펠탑과 도시를 함포하며 흘러가는 강의 정경

그림 4-6. 정조대왕릉에 올라가는 길

4. 수맥인지 정혈법(定穴法)

풍수를 하는 궁극적인 이유는 인간이 생활하는데 필요한 주변 자연환경을 정확히 감지하고 지정하여 웰빙의 삶을 영위하게 하는데 목적이 있다. 그러므로 풍수에서는 정확한 혈(穴)자리를 찾는 것이 중요하다. 원래 혈자리란 한자 그대로의 의미를 해석하면 삿갓과 다리만 있는 형세를 취하고 있으므로 몸체를 혈자리 위에다가 올려놓으면 온전한 인체를 형성한다는 의미인 것이다.

동양철학적인 관점에서 살펴보면 혈자리에 택지(宅地)를 점지하여 이용하게 되면 음양의 조화를 이루어 좋은 에너지를 대대손손 복덕과 음덕을 받게 되므로 현대적인 의미로 웰빙의 삶을 영위할 수 있다는 이론인 것이다.

정혈자리 점지 방법은 학자별로 또는 지역별로 다양한 방법들이 있다. 수맥인지 풍수에서는 이 중에서도 현장경험과 이치에 맞고 현장 활용성이 많은 여섯 가지 방법을 정리하고자 한다. 이 정혈 방법만 이해하더라도 다를 여러 방법들을 후에 이해할 수 있는 연관성을 가지고 있다 하겠다.

4.1. 용호정혈법(龍虎定穴法)

좌청룡(左靑龍)과 우백호(右白虎)의 형세를 관찰하여 정혈을 알아내는 방법이다. 이 정혈법의 원리는 장풍(藏風)의 형(形)과 용호(龍虎)의 세(勢)에서 찾을 수 있다. 원래 풍수는 장풍득수(藏風得水)의 줄임 말이다. 바람을 가두고 물을 얻는 이치를 해석하는 학문이라는 것이다. 그런데 이 의미는 지역에 따라 약간 다른 개념으로 발전을 하게 되는데 적도에 가까운 지방에서 풍수의 개념은 날씨가 더운 이유 때문에 장풍(藏風)국면 보다는 득수(得水) 국면이 생활에 필요하여 이용 가치가 크므로 득수를 중시하는 풍수이론이 발전하게 되고, 우리나라와 같이 북반구에 위치한 나라는 겨울철 매서운 계절풍을 이겨내는 것이 삶을 영위하는데 가장 큰 이슈이면서 필요한 사항이었으므로 장풍(藏風)국면을 중시하는 학문적 이론이 발전하게 되었다. 결론적으로 용호정혈법은 장풍의 국면을 중시한 정혈법이다.

용호(龍虎)가 멈춘 것을 보고 혈(穴)의 허실(虛實)을 정하며, 용호의 선후를 보고서 혈의 좌우를 정한다. 청룡이 유력(有力)하면 정혈은 좌측에 있고, 백호가 유력하면 혈은 우측에 있다. 만약 용호가 낮으면 바람을 피하여 낮은 곳에 혈처(穴處)를 정하고, 용호가 높으면 누르는 것을 피하여 높은 곳에 혈처를 찾아야 한다. 이때 낮은 곳에 혈을 지혈(地穴)이라 하고 높은 곳에 있는 혈응 천혈(天穴)이라 한다 라고 명당전서(明堂全書)에서 말하고 있다.

용호정혈법에서 용(龍)이 없고 호(虎)만 있는 경우라도 좌측에 물줄기가 있으면 정혈법에 부합하는 이론을 가지고 있는 것이다. 만약 반대로 용은 있고 호가 없는 경우에 우측에 백호를 대신할 수세가 있다면 이 또한 용호 정혈법을 성립하는 것이다. 이와 같이 용호정혈법은 후에 설명하는 다른 정혈법들과 서로 같은 원리를 가지고 있다는 것을 의미한다. 이는 중요한 정혈법 원리만 파악되면 무수히 많은 정혈법이 존재하더라도 모두 통하게 된다는 법칙과 원리를 이해 할 수 있다는 것과 정혈법이 논리적이라는 것을 암시하는 부분이기도 하다.

그림 4-7. 용호정혈을 한 전주김씨 시조묘

4.2. 수세정혈법(水勢定穴法)

풍수(風水)에는 득수(得水)의 대 원리가 담겨져 있다. 풍수지리의 최고 원전인 금낭경에서는 "기승풍즉산(氣勝風則散) 계수즉지(界水則止)"라고 이르고 있다. 기(氣)는 바람을 만나면 흩어지고 물을 만나면 정지한다는 의미이다. 또 계수즉지의 원리를 "부토자기지체(夫土者氣之体) 유토사유기(有土斯有氣), 기자수지모(氣者水止母) 유기사유수(有氣斯有水)"라고 말하고 있다. 무릇 흙은 생기의 몸이니 흙이 있는 곳에 생기가 있고 생기는 물의 보모가 되니 생기가 있는 곳에는 물이 있다는 뜻이다. 이것을 정리하면 생기가 있는 혈처는 흙을 의지해야 하는데, 물은 생기의 자식이 되기에 물이 있는 곳에는 생기가 있다는 논리로 이해된다.

이와 같은 맥락에서 진혈(眞穴)에는 물줄기가 모여들거나 혹은 멀리서 혈을 감싸거나 공손히 흘러들어오는 광경을 보인다 라고 풍수 서적에 이르고 있다. 생기와 물줄기 관계에는 계수즉지(界水則止)라는 득수 원리가 들어있고 이러한 원리는 수세정혈법(水勢定穴法)이라는 법칙을 성립시킨다. 물줄기인 수세(水勢)가 주산의 좌측에 모이거나 감싸 돌면 당연히 정혈은 좌측에 있고, 우측에 수세

그림 4-8. 현도오씨 중흥시조묘 (안산을 금강이 대신하고 있다)

가 성립되면 정혈 역시 우측에 결혈되어 있다는 것이 수세정혈법이다. 만일 수세가 정면으로 흘러 들어오면 정혈은 정중에 있게 되고, 수세가 멀리서부터 와강하면 정혈은 위쪽에 정해지며, 반면 수세가 순하면 정혈은 낮은 곳에 정해진다.

수세정혈이법이 실제적으로 활용되는 곳은 주로 평지에서다. 산줄기가 선명하지 않은 평지에서의 간룡은 육안으로 식별하기가 어렵다. 이럴 때는 물이 있는 곳을 용의 머리로 삼는 수세 정혈법을 활용하여 머리가 정해지면 꼬리 역시 가늠할 수 있다. 이런 현상을 이용하면 평지에 돌출된 동산의 정혈과 평지 정혈을 하는데 도움이 될 것이다.

4.3. 조안정혈법(朝案定穴法)

조안(朝案)의 안(案)은 혈자리 앞에 책상처럼 놓여진 안산(案山)을 가르키며, 조(朝)는 혈 앞전에 전개되어 있는 모든 광경의 산들을 말한다. 이는 혈을 임금으로 삼고서 신하가 조하(朝賀)를 드리는 광경을 비유한 것이다. 일반적으로 혈 앞쪽에 안산이 있고 조산은 안산 뒷녘에 있음이 통례이다.

안산과 조산이라는 조안(朝案) 펼쳐져 있는 혈 앞의 시야를 안대(眼對)라 부른다. 관찰자의 눈에 들어오는 안대 광경들이 정혈을 찾는 단서가 되어 이것들이 법칙을 제시하기에 조안정혈법이라고 칭하는 것이다. 안산도 안대 시각에서 보면 조산의 범주에 속하므로 또한 조산정혈법(朝山定穴法)으로 이해하여도 될 것이다.

감룡경(撼龍經)에 이르기를 "진룡(眞龍)에 혈(穴)이 있다 하더라도 찾기가 매우 어렵다. 이럴 때 조산(朝山)을 살펴 조산이 높으면 높은 곳에, 낮으면 낮은 곳에 정혈을 정한다."라고 하였다. 또한 원기가(元氣歌)에 "수려한 산이 좌측에 있으면 진혈도 좌측에 있고, 우측에 있으면 진혈도 우측에 있다."라고 수록하고 있다.

조안정혈법은 현장에서 가장 많이 활용할 수 있는 정혈법 중의 하나이다. 주산(主山)이 진룡과 연결되고 있을 때, 주산 어느 부분에 혈이 결혈되는가를 찾는 정혈법으로 이는 주산의 상하좌우를 관찰함에 있어 주산과 가장 가까우면서 수려한 산을 대상으로 삼는 것이 관산(觀山) 요령이 된다. 여기에서 수려한 산은 대부분 안산일 경우가 많다.

그림 4-9. 조안정혈 수맥인지 정혈법

현장답사 시에는 좌우를 먼저 살피고 나서 상하를 정혈하는 것이 시간을 절약하고 오차를 줄일 수 있는 실리적 방법이다. 이러한 조안정혈법의 풍수원리는 장풍(藏風)과 조응(調應)에 있다. 주산과 가장 가까이 있는 산이 멀리 있는 장대한 산보다 유리하다는 풍수설에 비추어보면 이는 산끼리 감응하는 조응의 원리이며, 가깝다는 것은 안산을 말하기에 조산정혈법이라 칭하여야 할 명칭을 조안정혈법이라고 별칭하는 데서 조응의 원리는 이해할 수 있다.

4.4. 낙산정혈법(樂山定穴法)

낙산(樂山)이란 주산이나 소조산 등 간룡체계의 족보가 아닌 혈 뒤에 솟아 있는 산을 말하는 것으로 혈상(穴上) 또는 명당(明堂)에서 바라보이는 뒷부분의 산이 낙산이다.

혈자리의 윗부분에서 보일 때 가장 좋고, 혈자리 앞에 펼쳐진 명당에서 보이는 것이 그 다음으로 특히 옆으로 뻗어가는 횡룡(橫龍)의 산줄기에 정혈을 할 때는 낙산정혈법은 증혈(證穴) 요건이 된다. 이를 두고 산서에서는 횡룡출혈필요락(橫龍出穴必要樂)이라고 말한다. 이는 "횡룡에 있어서 혈은 낙산을 필요로 하며 이를 베개로 삼는 것이다."라는 뜻이다. 낙산이 좌측에 있으면 혈은 혈장

그림 4-10. 낙산정혈법

좌측, 우측에 있으면 우측에 혈이 있고, 가운데 있으면 혈은 가운데 있다.

낙산정혈법에 있어서 낙산은 어디까지나 주산에 종속되어야 한다. 이러한 주종의 관계를 벗어난 낙산이 주산을 너무 제압할 때 이를 살기(殺氣)로 보는데, 만일 살기 있는 낙산이 좌측을 누르면 오히려 좌측을 피하여 정혈은 우측에 있고, 우측을 낙산이 누르면 정혈은 좌측에 있음이 낙산 정혈의 특징이다.

4.5. 명당정혈법(明堂定穴法)

명당(明堂)은 혈앞에 있는 적당한 넓이의 평평한 마당을 말한다. 원래 마당이란 말에서 명당이 유래되었다고 하여 마당이 명당이라고 보는 학자들도 있다.

명당은 그 범위에 따라 대, 중, 소로 나누어지고, 대명당(大明堂)은 혈앞에 보이는 안대 시야를 가르키며, 중명당(中名堂)은 좌우 산자락이 감싸는 청룡과 백호의 장풍(藏風)범위를 그 대상의 공간으로 삼고, 소명당(小名堂)은 혈 바로 앞에 놓인 마당 공간을 대상 범위로 삼는다. 주택 안방을 혈자리로 삼으면 집암마당은 소명당에 속하고, 집 밖의 넓은 터는 중명당, 그리고 집앞으로 펼쳐지는 인근지역 가시권이 대명당에 속한다.

그림 4-11. 명당정혈 사도세자의 묘

설심부에 명당정혈방법은 "입산하여 수구(水口)를 보고 혈에 증거하여 명당을 살펴야 한다."라고 하였는데 여기에서 혈의 증거는 소명당, 즉 소명당을 전제 조건으로 하여 바로 몇 발자국 범위 안에 혈이 있음을 증거한다는 의미이다. 만약 결혈(結穴) 조건이 되는 소명당이 바르지 못하면 음택이든 양택이든 택(宅)이 입지할 수 없으며, 중명당이 바르지 못하면 이는 장풍의 성국을 얻지 못하니 기운은 풍즉산(風則山)이 되고, 대명당이 바르지 못하면 풍수기운의 지속성인 대물림을 이룰 수 없다는 맥락이 된다. 또한 명당 정혈법에 영향을 미치는 중명당과 대명당이라는 범위 안의 대상은 물줄기의 대소 역량에 따라 정해지기도 한다. 산수조화의 원리에 순응함이 풍수자성이라는 역량이기 때문이다.

4.6. 천심십도 정혈법(天心十道 定穴法)

천심십도(天心十道)란 혈을 중심으로 전후좌우의 산들이 십(十)자모양으로 자리하고 있는 것을 혈자리에서 보아 사방의 4산들이 그 모양새의 역량이 비슷하게 매김되어야 한다는 조건이 붙는다. 사방4산을 혈자리에서 보아 뒷녘을 개산(蓋山), 앞을 조산(朝山), 양옆을 좌우래산(左右來山)으로 부른다.

그림 4-12. 천심십도 정혈 옥룡사 전경

천심십도 정혈은 하늘이 내려주는 혈자리로 일컬어지는데 이것들이 바로 태실의 정혈론과 일치하는 맥락이라고 필자가 주장하는 바이다.

5. 왕릉풍수와 우상좌하(右上左下) 법칙

우리나라에서 조선시대 이후의 음택 풍수를 이해하려면 왕릉을 이해하면 될 것이다. 왕릉은 최고 통치자의 무덤이면서 유교통치 사회에서의 음택 예법을 한 눈에 바라볼 수 있는 훌륭한 교과서이기도 하다. 서민이나 사대부들은 왕릉을 기본으로 하여 장사예법을 절대권력자의 소유물을 제외하고서 모방하여 음택 문화를 발전시켜 왔다.

조선시대의 왕릉은 비산비야(非山非野)의 위치 특성을 가지고 있다. 이는 "산도 아니고 들도 아니다."라는 의미로 명당 길지에 왕릉을 조성하여 생기를 왕성하게 공급받기 위한 용상발복을 바라던 마음에서 나온 풍수양식으로 고려나 신라의 왕릉과는 위치잡이의 택지 특성이 다르다.

조선을 개국한 태조의 왕릉을 살펴보면 높은 권좌 위에 앉아 있는 태조 이성계의 권위를 시각적으로 보여주는 듯하다. 또한 풍수발복은 용상발복으로 이어졌고 왕조의 통치 발복으로 이루어진다는 조선왕들의 생각에서 비롯된 것이다. 다시 말해 조선 왕릉은 풍수 왕릉인 동시에 유교통치 왕릉도 겸하고 있다는 것이다.

이것은 태조 이성계의 왕릉 조성 경위에서 엿볼 수 있는데 태조대왕이 고향인 함경도에 묻히길 원하였으나 태종 이방원으로서는 개국 시조인 부친의 묘가 한양을 떠나 멀리 있으면 통치 기반과 정권의 정통성의 유지의 대의명분 때문에 고민하다가 고향에서 흙과 억새풀을 가져다가 왕릉을 조성하였다 한다. 그 억새풀은 조선왕릉 중 유일하게 보이는 양식이며 벌초를 자주하면 죽는 억새의 습성 때문에 일년에 한번 벌초를 행하고 있다.

그림 4-13. 유교통치에 위상에 맞춘 높은 자리에 위치한 태조왕릉

조선 태조대왕의 왕릉 이후로 여러 왕릉이 위치잡이와 조성이 이루어지는데 이 중 가장 큰 원칙이 우상좌하(右上左下) 법칙이다. 좌(坐)에서 향(向)을 바라보는 좌향(坐向) 시각은 우리 전통 풍수의 시각이다. 우리 전통 풍수의 시각에는 상하(上下)의 법칙이 있다. 음택(陰宅)은 음(陰)을 중요시 하며 음은 우측방향을 상징하며 양(陽)은 좌측방향을 상징한다. 그러므로 우측은 상(上)에 해당되고 좌측은 하(下)에 해당된다. 이를 우상좌하(右上左下)라 하는 것이다.

그림 4-14. 홍살문에서 정자각으로 가는 참도

양택(陽宅)에서는 양(陽)을 중요시하며 양은 좌측방향을 상징한다. 따라서 양은 좌측에 해당되므로 이는 좌상(左上)에 해당되고, 우측은 우하(右下)에 해당된다. 이를 좌상우하(左上右下)라고 하는 것이다.

왕릉도 음택이기 때문에 왕릉의 배치는 우상좌하(右上左下) 법칙을 지키고 있다. 왕릉을 들어 설 때 제일먼저 마주하는 홍살문에서 정자각에 이르는 참도를 살펴보면 한쪽은 낮고 한쪽은 높고 하여, 왕이 다니는 어도(御道)는 좌측에 위치하고 낮으며 신이 다니는 신도(神道)는 우측에 위치하고 높다. 이것도 우상좌하(右上左下) 법칙에 따라 자리를 위치시킨 것이다.

우상좌하(右上左下) 법칙은 사대부와 일반 백성의 음택에서도 찾아 볼 수 있는데 조상을 합장하여 안치할 때 우측을 남자 좌측을 여자를 안치시키는 것이 그것이다.

그리고 하늘의 아들이자 이 나라의 주인인 왕이나 왕의 아들(대군)들은 이 나라 영토를 주관하고 관리하는 신분이므로 땅을 지키는 토지 신(土地神)보다 보다 높은 신분의 위치에 있다. 그러므로 왕릉이나 왕의 아들인 대군들의 무덤에서는 산신석(山神石)을 봉분 좌측 아랫녁에 위치시킨다. 그러나 일반 무덤인 경우에는 토지 신에게 제사를 올리는 산신석이 무덤 봉분 우측 윗녘에 설치되어 있다. 이는 묘의 혼령 보다 토지신이 높기 때문이다.

우리나라의 왕릉이나 일반 분묘양식에서 빼놓을 수 없는 것이 망주석(望柱石)이다. 망주석은 용을 타고 혈로 집중되는 생기(生氣)가 봉분 주변으로 빠져나가는 것을 방지하고 외부로부터 좋지 않은 기운이 침범하는 것을 막아주는 생기막이 역할을 하는 것이다.

이러한 풍습은 마을의 입구의 위치에 장승을 세우는 것이나 돌무더기를 쌓아 마을로 들어오는 나쁜 기운을 막아주고 마을에 충만되어 있는 생기를 새어나가지 않도록 하는 것과 같은 의미라고 생각해도 된다.

그림 4-15. 우상좌하의 법칙으로 봉분을 안치시킨 영조대왕의 봉분

그림 4-16. 일반 무덤과 왕릉의 산신석의 위치

왕릉 망주석 상단에는 세호(細虎)라고 부르는 꼬리달린 동물 형상이 새겨져 있다. 이를 두고 사람들은 다람쥐라고도 하고 귀신을 잡는 짐승의 일종이라고 이야기하기도 한다. 그리고 이러한 세호의 정체를 아는 이는 거의 드물다. 그럼에도 불구하고 많은 사람들은 자기들의 조상 무덤에 망주석에다 세호를 새겨 넣는다. 세호는 조선 왕릉에서 출현한 상상의 동물을 형상화한 것이며 역사의 환경 속에서 변화를 하게 된다.

그림 4-17. 마을입구에 돌무더기로 수구막이를 한 모습

조선초기의 왕릉에서의 세호는 앞뒤가 분명하지 않고 상상의 동물처럼 망주석 위에 새겨져 있었다. 그러다가 조선 중후기를 거치면서 점차로 세호에 꼬리가 생겨나기 시작하였다. 그리고 세호는 단순한 쓰임뿐만 아니라 생기를 북돋아 주는 역할을 담당하게 된다. 이러한 결과로 세호의 운동은 거의가 상행의 움직임으로 새겨져 있는데 역사적 환경에 따라 세호가 상향하는 것도 있고 하행방향으로 새겨 놓은 것도 있다.

세호의 운동방향은 일정한 법칙성을 갖는데 특히 조선 중기에서 후기로 넘어오는 과정에서 세호의 방향성이 아주 잘 나타난다. 조선 왕릉을 답사해 보면 이런 세호의 방향 운동성의 법칙을 알아 볼 수가 있는데 조선왕조는 부계혈통은 전주 이씨인 태조 이성계의 혈통을 받아야만 왕으로 즉위를 할 수 있었다. 그러나 모계 혈통은 신분적 차별이 존재한다.

모계혈통에는 중전과 연결된 혈통, 후궁과 연결된 낮은 신분의 혈통이 있는데 중전과 연결된 혈통이 상(上)이라면 후궁과 연결된 혈통은 하(下)에 해당이 된다. 조선의 왕릉은 풍수와 유교적의미가 같이 존재를 하고 있다. 그 중에서 우상좌하는 풍수지리의 상하서열이며 상하서열에 따라 왕은 오른쪽에

그림 4-18. 조선 초기 문종왕릉의 망주석에 상하 구분 어려운 세호

왕비는 왼쪽에 위치를 시켰다. 그리고 유교적 의미에서 다시 말해 신분의 차이에서 오는 상하법칙이 있는데 세호가 유교적 의미에서 상하법칙을 담고 있는 것이다.

부계혈통은 태조의 혈통이므로 항상 우측의 세호는 상(上)의 위치를 차지하고 모계혈통은 신분에 따라 차이가 발생하게 된다. 중전의 혈통일 경우는 격상의 위치로 세호의 운동방향을 상(上)으로 하고 후궁의 혈통일 경우는 격하의 위치로 세호의 운동 방향을 하(下)로 위치시키는 것을 미루어 짐작할 수 있다.

그러므로 세호의 운동방향이 우상좌상(右上左上)의 방향이라면 중전의 아들이라는 것을 의미하고 세호의 운동방향이 우상좌하(右上左下)라고 한다면 후궁의 소생이라는 것을 의미하는 것이다. 따라서 선산의 망주석에 세호를 새겨 넣을 때에는 우상좌상(右上左上)으로 하는 것이 옳다 할 것이다.

이 때 세호가 입수위에서 바라보았을 때 유정하게 안쪽으로 향하게 위치하여야 한다.

그림 4-19. 우상좌상(右上左上)법칙이 잘 나타난 효종대왕릉의 세호

그림 4-20. 우상좌하(右上左下)의 법칙이 잘 나타난 선조왕릉의 세호

6. 성리학과 예학의 500년 자취와 인지 수맥풍수

성리학은 경학의 일종이다. 즉, 유학의 기본 경전인 사서삼경을 떠나서 따로 성리학이 있는 게 아니라는 것이다. 성리학은 유학의 일종이므로 효제의 실천을 위시한 인륜적 실천이 핵심이다. 이기심성론이 아무리 복잡하게 전개되더라도 인간 세계와 자연 세계를 떠난 보다 근원적 세계로의 형이상학적 초월에는 별 관심이 없다. 성리학은 기존의 유학에 대한 새로운 해석이라고 할 수 있다.

성리학의 특징은 효제의 윤리를 위시한 인륜적 가치를 불변의 진리로 간주하면서도, 인간과 인간의 도덕적 당위에 대해 인간 세계의 범위를 뛰어넘어 끊임없이 순환하는 광대한 자연 세계의 지평 안에서 깊이 사유했다는 점이다(불교와 도교의 영향).

이 시대의 유학이 신유학이라고 일컬어지는 것은 인간의 문제를 인간의 차원을 넘어 자연적 지평에서 바라보았기 때문이다(자연 도덕주의, 도덕 형이상학). 성리학은 논리적 사변이 아니다. 이기심성론은 순수하게 언어와 논리적 법칙에 의해 진행되는 합리적 사변이 아니다. 따라서 이기심성 논의는 논리적 분석만으로는 진의를 다 파악할 수 없다.

즉, 매우 논리적인 듯하지만 논리적 정합성이 결여된 곳이 많다(논리적 정합성보다 유가 철학의 근본적 요청에 충실하려 함 때문. 말로 표현하기 어려운 내면적 깨달음 때문 등등이 원인). 결국 이기심성론은 논리적인 논의이면서 동시에 그 이상이기도 하다.

성리학은 비체계적인 철학이다. 주자는 방대한 분량의 문집과 어록 그리고 경서에 대한 주석을 남겨 놓았지만, 자신의 철학 전체를 일목요연하게 체계화하지 않았다. 다시 말해서 주자는 독자적인 철학 체계의 수립가가 아니라 근본적으로 경전 주석가였다. 그러나 주자의 각 단편들 속에는 분명 일관된 정신이 흐르고 있다.

우리나라의 성리학은 서경덕 선생이 장재의 영향으로 기개념 확립하였고 이황 선생이 주자의 영향으로 이(理)개념 확립하였으며 율곡 이이 선생이 두 가지를 취하여 독창적 이기설 완성하였다.

유학은 공자에서 비롯되어 춘추전국시대를 거치면서 맹자에게로 그 맥이 이어졌다. 이후 유학은 진시황의 분서갱유로 시련을 겪게 되지만 한대(漢代)에 이르러 국가의 통치이념으로 채택되면서 이후 중국 한족 문화의 기본 틀로 자리를 잡게 되었다. 그러나 후한이 멸망하자 위, 촉, 오 삼국시대가 전개되고, 다시 위나라가 통일하면서 바로 서진시대로 이어지는데, 이러한 위진 남북조 시대부터 현실 도피적인 노장사상이 귀족 사이에 광범위하게 유포되었다. 당시의 중국인들은 노장사상을 매개로 불교를 종교가 아닌 학문으로 받아들일 수 있었고 이를 계기로 불교는 쉽게 사회에 침투할 수 있게 되었다.

위진 시대 이후로 세습 귀족화된 지식인들은 정치에 대한 관심이 상대적으로 적었고, 인간과 인간을 둘러 싼 자연에 대한 종교적, 철학적인 문제로 관심을 돌리게 되었으며, 남북조 시대는 왕조의 교체가 빈번하여 사회의 혼란이 극심하였으며 도교의 청담사상이 유행하고 불교가 융성하였다.

또한 유교적인 토양에 뿌리내리고 있지 못하던 북방의 여러 국가들은 중국사회에 들어와서 자리를 잡게 되자 불교에 의해 국가적 통치이념의 확립과 통일을 이루고자 하였다. 따라서 불교는 정치, 사회, 경제적 혼란과 아울러 사상적 혼란이 심화되는 시기에 중국사회에서 급격하게 퍼져나가게 되었다.

새로이 중국을 통일한 수(隋)는 국가의 지배이념으로 불교를 선택하였고, 당(唐)나라 대에는 승려를 관직에까지 등용, 불교는 국가종교로서의 색채를 강하게 띄게 된다. 수(隋)·당(唐)시대에는 경론(經論)을 위주로 한 교종 종파가 확립되면서 국민들의 올바른 이해와 실천에 입각한 불교의 성립을 보았으며, 이 시대는 중국불교의 황금시대가 되었다.

그러나 경론을 위주로 한 교종은 서서히 현실과 유리된 논리와 논쟁으로 일관하게 되었고, 또한 왕실과의 결탁으로 사회적 지위를 굳건하게 차지한 승려들이 부를 축적하게 되자 교단은 더욱 관료화되고 권위주의화 되었다.

한편 지배집단은 불교가 왕권에 완전히 복고되지 않은 채 사회적 지위를 획득하는 데 대한 위협과 지배이념으로서의 역할에 한계를 느끼게 되자 이제는 도교와 함께 불교를 배척하고 유교를 국교로 채택하는 새로운 경향이 나타나게 된다(고려시대에도 불교는 사회통합을 위해 권장되었지만, 지배이념은 유학이었다).

이후 당이 쇠퇴하자 후양, 후당, 후진, 후한, 후주 5왕조가 10년 간격으로 번갈아 바뀌는 극심한 혼란기를 겪게 되며 이 5대의 혼란기를 거치면서 송이 다시 중국을 통일한다. 송(宋)은 초기에는 정치적인 내우외환에 시달리고 있었고 새로운 통치이념이나 문화적 세력도 아직 확립되지 않고 있었다.

북송 후기에는 왕안석이 개혁을 시도하면서 생겨난 여러 당파의 치열한 갈등, 파벌 싸움의 결과로 정치적 비관주의가 팽배하였고, 지식인의 실질적 관심이 중앙에서 지방으로 옮겨가면서 철학적 관심의 초점도 역시 변하기 시작했다.

이전까지는 관직에 나아가지 않으면 지식인으로 취급받지 못했지만, 후기에는 지식인들은 관직을 떠나 삶 자체에 더 큰 가치를 부여하게 되었다.

또한 송나라 때는 불교와 유학 사이의 대화가 일상적으로 활발하게 일어났다. 그래서 이때의 지식인은 이미 인간의 본성, 도덕의 원천, 우주에서의 인간의 지위에 관한 물음을 접하고 있었다. 그들은 이미 내면으로의 전환을 준비하고 있었던 것이다. 당시는 이처럼 그 이전과는 정치적 또는 학문적 사회체제가 달라져 있었던 만큼, 기존의 유학은 현실적으로 변화가 불가피하였다.

몇몇의 유학자들은 이전 유학(儒學)의 맹자, 중용 등이 인간의 본성과 도덕의 내면적 원천, 우주와 인간의 관계와 같은 중심 문제들을 다루고 있음을 발견하고는 그 미진한 부분에 대해서 불가(佛家)와 도가(道家)의 이론을 비판적으로 받아들여 형이상학적이고 철학적인 유학의 체계를 새로이 형성하였는데 이것이 신유학(新儒學), 즉 성리학이다.

주자에 의해 집대성된 성리학은 그의 생존시에는 위학(僞學)이라 하여 박해를 받았으며 송나라가 멸망한 후 원, 명대(元明代)에 이르러 비로소 관학(官學)으로 채택되고 과거(科擧)의 교재로 사용되는 등 크게 번성하였다.

명대에는 다시 양명학이 대두되고, 청대(淸代)에는 고증학(考證學)이 발전하면서 성리학은 귀족의 학문이니 실속 없는 공론(空論)이니 하여 배척되었으나 교과 과목으로서의 지위는 여전히 높았다.

왜 고전적 유학에서 이기론(理氣論)이란 새로운 개념의 정립이 필요했을까? 그것을 알기 위해서는 우리는 주자가 살던 시대로 거슬러 올라가 보아야 할 것이다. 송대에 와서 공맹의 유학을 재해석한 신유학이라는 것이 등장하게 된다. 주자는 이 신유학을 집대성하여 유학을 다시 부흥시키고자 하였던 것이다. 그런데 당시 시대사조 상 단지 옛 것만을 외칠 순 없었다. 그 시대 사람들은 이미 도교와 불교의 우주론과 인간의 본질에 관한 이야기에 익숙해 있었다. 따라서 주자는 이러한 사회조건을 무시할 수 없었을 것이다.

먼저, 주자는 유학의 부흥을 위해 당시 지배적 사상인 도교와 불교사상에 대응하는 형이상학적 우주론이 필요했을 것이다. 그때까지 유학은 사람들에게 단지 수양(修養)과 위정(爲政)을 위한 학문으로 인식되었기 때문이다.

다음으로, 주자는 당시 어지러운 사회상을 바로잡기 위한 새로운 유교적 패러다임의 필요성을 느꼈을 것이다. 이전인 남북조 시대의 도가의 청담사상이나 수당시대의 불교의 전파는 그 참뜻을 파악하지 못한 사람들에게 잘못된 평등관과 방종을 일삼게 만들었다. 이것을 지켜본 주자는 문란한 당시 사회의 도덕적 폐단을 바로 잡고자 했으며, 이렇게 해서 나온 개념이 이(理)인 것이다. 결국 이(理) 개념은 유교의 입장에서 도교와 불교에 대응하는 형이상학적 우주론의 필요성과 당시의 어지러운 사회상에 대한 고민과 갈등의 해결을 위해 도입된 셈이다. 아무튼 이렇게 탄생한 성리학의 이와 기는 그 말은 비록 이전에도 있었지만 의미는 새롭게 부여되었던 것이었다.

이와 기의 본래 의미는 우선 이(理)가 쓰이는 말에는 이념(理念), 이상(理想), 이성(理性), 이치(理致), 이해(理解), 이발(理髮), 심리(心理), 비리(非理) 등이 있다. 유교에서 이(理)는 본래 玉(구슬 옥)과 里(마을 리)가 합쳐진 형성문자로써 옥석의 맥리(脈理)를 말하였다. 옥을 다듬고 다스리는(가공하는) 사람은 그 맥리를 살펴보았는데 그 뜻에서 이(理)가 '다스리는 것'을 의미하게 되었다. 그래서 이때까지만 하더라도 이(理)에는 형이상학적 개념은 없었다고 할 수 있다.

또 기(氣)가 쓰이는 말에는 기운(氣運), 기분(氣分), 기상(氣像), 기절(氣絶), 기후(氣候), 감기(感氣), 용기(勇氣), 인기(人氣), 향기(香氣) 등이 있다. 기(氣)란 우주에 존재하는 모든 것들을 구성하는 것이며, 동시에 그 모든 것들이 생명활동을 영위해 나가는 에너지를 뜻한다. 따라서 기란 스스로 생성, 변화, 소멸의 힘과 질서를 갖추고 있는 것으로 외부의 개입이 없이도 생명활동을 영위해 나가게 된다. 그래서 기에는 우리가 흔히 하느님이라 칭하는 우주의 주재자가 없다고 생각된다. 이러한 기(氣)의 세계관을 대표하는 말이 바로 도교의 무위자연(無爲自然)이다.

자연(自然)이란 '스스로 그러하다'는 뜻으로 오늘날처럼 단순히 네이처(NATURE : 천지)로 해석해서는 안 된다. 또 기의 세계관에서는 사람이나 동물이나 바위나 그밖에 모든 것들이 같은 재질로 이루어졌으므로 똑같다고 보기 때문에 선악(善惡)이나 미추(美醜) 등의 가치기준이 애매해진다.

성리학의 이(理)의 개념은 불교 화엄(華嚴)사상의 영향을 받은 것으로 보인다. 불교 화엄(華嚴)사상에는 4법계관(四法界觀)이라는 가르침이 있는데 그 내용은 현상계를 의미하는 사(事)와 본체계를 의미하는 이(理)의 상호관계를 체계적으로 설명하고 있다. 유교의 입장에서는 도교와 불교에 대응하는 형이상학적 우주관이 필요했던 바, 4법계관의 이(理)를 유교의 관점에서 이해하고 재구성하였다. 그러나 화엄사상에서의 이(理)와 성리학에서의 이(理)는 그 내용에 큰 차이가 있다. 즉, 화엄사상에서의 이(理)는 공(空)·무(無)인데 반해, 성리학에서의 이(理)는 우주의 보편적 척도를 의미한다.

본래 기(氣)는 스스로 조화롭게 생명활동을 영위해 나가는 에너지이다. 그러나 유가의 입장에서는 세상은 그 자체로 조화롭지도 평등하지도 않았기 때문에 기(氣)에 대한 새로운 설명이 필요했다. 그래서 유교에서는 기(氣)는 맑고 흐리고, 열리고 막힌 편차가 있어서 순수하지 못하므로 조절되고, 통제되어야 한다고 보았다. 그래서 기를 통제하기 위해 대두된 개념이 이(理)인 것입니다. 즉, 인간의 신체와 정신활동은 일정한 표준과 이념에 의해 제재, 간섭, 교화되어야 한다고 생각했던 것이다.

결국 스스로 조화롭고 평등한 기는 부조화와 불평등의 기로 그 의미가 바뀌었고, 이는 단순한 다스림의 의미에서 우주의 척도라는 형이상학적 의미로 바뀌었다.

성리학을 국가의 통치 이념으로 삼았던 조선시대에는 이러한 영향으로 시대적으로 정치적 상황에 따라 풍수의 양식이 변천을 거듭하게 되는데 이는 조선시대의 중책을 맡아 수행하던 신하들의 음택을 살펴보면 변화의 양식을 관찰할 수 있다.

조선 초기에는 개국 한지 얼마 지나지 않아 강력한 왕권 중심의 정책과 끊임없는 내부세력의 권력을 향한 내부갈등으로 신하들의 음택의 규모와 방향 등에서 크게 왕권의 눈치를 많이 살폈던 것으로 보여진다. 그 예로서 조선 초기 명재상으로 알려져 있는 황희 정승의 음택과 역시 영의정을 지낸 그의 후손인 황 선생의 음택이 소박하며 정혈지에 모셔져 있다. 또한 개국공신이며 태종때 재 발탁되어 영의정을 지낸 이어이 선생의 음택을 보아도 역시 웅장하지 않고 소박하며 정혈지에 모셔져 있음을 볼 수 있다.

그림 4-21. 황희 정승의 음택 모습

그림 4-22. 이거이 장군의 음택 모습

그림 4-23. 율곡 선생과 신사임당의 묘소 전경

조선 중기로 접어들면서 가장 대표적인 인물은 바로 율곡 이이 선생이시다. 율곡 선생의 음택은 경기도 파주 자신의 고향에 그의 어머니이신 신사임당과 함께 모셔져 있는데 율곡 선생의 묘가 부모님의 묘소보다 높은 자리에 위치하고 있다. 이는 이기이원론(理氣二元論)을 주창했던 대학자다운 모습을 보여주는 양식으로 생각할 수 있는데 부모보다 높은 직위의 벼슬을 하였으므로 역장을 하여 장례를 치룬 것이다. 그리고 율곡 선생의 부인의 묘도 함께 있는데 합장을 하지 않고 뒤에 살포시 가리워져 있는 것처럼 선생의 뒤편으로 부인의 묘를 위치시키는 양식을 취하였으며, 특히 형기론(形氣論)적으로 오행을 갖춘 모습이 눈에 들어오게 된다.

그리고 성리학의 대가로 불리우는 송시열 선생의 묘소는 특히, 이러한 오행의 원칙을 충실히 수행하였음을 볼 수 있는데 원래 지금의 자리에 음택이 쓰여진 것은 아니였으며, 당파 싸움으로 유배지로 귀향을 다니시다가 선생의 사주를 풀어보니까 우물(井)에 빠져 죽을 운명이라고 예언을 하였는데 정읍(井邑)지방에 이르러 사약이 도착하고 사약을 마시고 돌아 가셨다는 일화는 선생의 뛰어난 예지력과 학문의 깊이를 보여주는 단면이라 할 것이다. 돌아가신 후에 처음에는 수원에 모셔졌다가 후에 복권되어 제자들에 의해서 생전에 본인의 자리라고 점지하셨던 지금의 자리로 옮겨졌다고 한다. 특히 선생의 묘소는 장군대좌형으로 혈 앞에 시장을 열어 명당으로 만들었다는 일화로도 유명하다. 어찌됐던 에너지 인지풍수적으로 정혈지에 위치하여 특히 오행의 원리와 전통풍수에 맞게 음택을 조성하고 있다.

조선 후기로 접어들면서 임진왜란과 병자호란을 거쳐 조선최고의 문예 중흥기 기간인 영조와 정조 시대를 거치면서 왕릉이나 대신들의 음택이 크기가 웅장하고 화려하게 바뀌어가는 경향을 보이는데, 추사 김정희 선생의 증조부

그림 4-24. 우암 송시열 선생의 묘소와 전경

이며 영조의 사위였던 월성위 선생의 묘를 보면 거의 왕릉에 버금가는 수준이며 풍수학적으로도 최고의 정혈지에 위치하고 있다. 이는 노론세력의 도움으로 반정이 성공하면서 이후로 만들어진 풍습이라고 생각되는데 임금과 신하는 다르지 않다는 생각에서 출발한 것으로 생각되어 진다.

그리고 실학사상이 크게 대두되면서 지구자전설을 주장했던 홍대용 선생의 묘는 돌혈의 극치를 엿볼 수 있는데 독립기념관 근처에 자리하고 있으며

그림 4-25. 추사고택과 월성위 음택 전경

그림 4-26. 홍대용 선생의 음택 전경

실학자답게 장식품을 많이 치장하지는 않았지만 기품과 에너지가 활기차게 응집하는 정혈에 모셔져 있다. 그의 후손들이 발복 받은 것으로 미루어 보아도 명당터임에 틀림이 없다.

살펴본 것처럼 유학을 국시로 조선왕조의 개국 때부터 멸망 때까지 생사고락을 같이했던 사대부들의 음택은 많은 변천과정을 겪는다. 역사적 환경과 당시의 생활풍습, 요즈음으로 말하면 유행이 있었던 것으로 생각된다.

이와 같은 역사적 사실을 통하여 우리는 몇 가지 사실들을 집고 넘어갈 필요가 있다. 어떤 풍수학자는 자신만이 최고요, 자신이 주장하는 학설이 진리라고 강하게 외치는 부류가 있는데 이것은 정말로 위험한 발상일 수 밖에 없다.

유행과 같이 역사적으로 풍수지리학의 변천을 거쳐 왔고 발전을 거듭해 왔다. 바꾸어 말하면 라이트 형제가 비행기를 만들었다 하여 그 당시의 비행기가 지금보다 더 좋은 비행기라고 말하는 것과 같은 이치이다.

현재 우리가 처한 시대적 상황과 문화적 트렌드인 유행, 그리고 과학의 발전과 더불어 규명되고 입증된 결과에 따라서 현대의 음택의 위치잡이도 변화를 해야 한다고 말하고 싶다. 예전처럼 시묘살이를 하는 것도 아니고, 인근지역에 살면서 음택을 관리하는 것도 아니고, 도시생활을 하는 우리들에게 맞는 음택 위치잡이와 관리방식의 변화가 물의 흐름처럼 자연스럽게 변화해야 할 것으로 생각된다.

7. 태실(胎室)과 레이에너지(ley energy)

태실은 옛날 왕가(王家)에 출산이 있을 때 그 출생아의 태(胎)를 봉안하고 표석을 세운 곳을 말한다. 태실은 왕손이 태어났을 때 태를 깨끗이 씻은 후 항아리에 봉안하고 기름종이와 파란 명주로 봉했다. 그리고 붉은색 끈으로 밀봉한 다음, 항아리를 큰항아리에 담아 이중의 항아리에 태를 보관하였다. 항아리에 보관된 태는 태봉지을 선정하여 묻는데 이것을 안태(安胎)라고 한다. 태봉지가 정해지면 궁에서는 태봉출(胎奉出) 의식을 행하고, 안태사 행렬이 태봉지로 출발했다. 안태 행렬이 태봉지에 도착하면 그곳의 지방관들은 태를 봉안하는 의식이 끝날 때까지 지원하였다.

현존하는 태실로서 가장 오래된 것은 김유신 장군의 태를 묻은 충북 진천에 있는 태실이다. 풍수지리에서의 원리를 동기감응이라고 한다면 다시 말해 조상과 본인의 유전인자(DNA)가 같아서 음택에 묻혀있는 조상의 기운이 본인에게 전달되어 길흉화복이 있다 라고 믿는다면 태실은 본인의 유전인자를 그대로 묻은 것이므로 완벽한 동기 감응이 일어나지 않을까?

김유신 장군은 진골, 즉 신라주류 세력인 성골로 태어나지 않았지만 죽어서 흥무대왕까지 추존되었다. 장군의 태실은 만뢰산 정상에 위치하고 있으며 사방에 수려한 산들이 포진하고 있다. 장군의 생가는 남향으로 잘 위치하여 있으나 마주하고 있는 안산이 너무 높아 이상은 높되 실현되는 것은 적은 형세이다. 이러한 사실에서 장군은 아마도 태실에서의 기운을 많이 받았을 것으로 추정된다. 그리고 2000년의 역사동안 보존이 되고 있는 연유도 이러한 기운을 가지고 있어서가 아닐까 싶다.

조선시대의 태실은 대개 대석(臺石)·전석(磚石)·우상석(隅裳石)·개첨석(蓋檐石) 등으로 만들었다. 왕세자의 태실은 석실을 만들고 비석과 금표를 세웠다가 국왕으로 즉위하면 태실을 가봉(加封)하였다. 국왕 태실은 8명의 수호군사를 두어 관리하였으며 태실 주변은 금표로 접근을 제한하였다.

지역적으로 지명이 태봉(胎峰)·태산(胎山)·태봉지(胎封址) 등의 명칭이 있는 지명은 이곳에 태실이 있었다는 의미하는 것이다. 조선왕조는 전국의 태실지를 1등지에서 3등지로 분류하여 왕손이 태어나면 원손은 1등지, 대군은 2등지, 옹주는 3등지로 구분하여 태를 묻었다. 그 장소를 물색할 때에는 지관이 풍수설에 따라 세 곳의 후보지를 선정하되 왕으로부터 최종 낙점을 받았다. 또한 태를 묻은 뒤 태실의 주인공이 임금의 자리에 오르면 가봉(加封)이란 절차를 거쳐 이전과는 전혀 다른 석물과 외양을 갖춰 다시 손질하게 된다.

조선왕조를 창건한 태조 이성계와 그의 장자(長子)인 정종의 태실을 모셨던 태실을 살펴보면 이성계의 태를 만인산에 안치한 것은 태조가 즉위한 지 2년째 되는 1393년이다. 태조는 무학대사의 말을 듣고 고향인 함흥 땅에 비장된 태를 만인산에 이장한 것으로 알려졌다. 비록 가봉에 의한 것이기는 하나 천

그림 4-27. 김유신 장군 태실 전경

리길이 넘는 변방으로 태를 옮긴 이유는 무엇일까? 거기에는 필시 어떠한 곡절이 숨겨져 있거나 왕실 차원의 비결이 없다면 도저히 납득하기 어려운 일이다. 그 의문의 실마리가 되는 문헌 기록에 주목할 필요가 있다.

초기의 기록은 [태실실록]과 [세종실록지리지]에서 확인할 수 있는데 이후 편찬되는 각종지리지와 읍지에는 만인산 성봉(지금의 '정기봉')에 대한 기록이 추가로 등장하는데 전문을 인용하면, 태조 2년 계유년에 태조의 태실을 안치하고 진산군을 [지진주사(知珍州事)]로 승격했다. 태종 13년(1415)에 다시 군으로 개칭했다. - [세종실록지리지(1454)]

만인산군의 동쪽 20리에 星峯이 잇는데 땅이 후박하고 물이 깊으며 봉우리가 기이하고 연꽃 같아 태조의 태를 묻었다. - [동국여지승람(1481-1530)]라는 기록이 전해지는데 후일 전해오는 이야기 중 설득력있는 내용은 다음과 같다.

태조가 즉위하고 얼마되지 않았는데 한 선비가 한양으로 향하던 중에 충남 금산의 만인산의 절경을 시로 읊었는데 내용 중에 천하제일 경치라는 내용을 듣고 무학대사가 사람을 파견하여 관찰하여 보니 마치 만인산의 형세가 한양을 향해 활을 겨누고 있는 모양이라 산의 옛명칭이 속금산(屬金山)이니 목(木)의 기운을 가지고 있는 이씨 왕조를 해한다는 풍수적 지리 형세를 극복하고자 함흥에 있던 태조 이성계와 그의 장손인 정종의 태를 이곳으로 안장 하였던 것이다.

풍수적으로 태실을 모셨던 자리는 당시 집정자에겐 반역자가 나올 자리요, 많은 사람들이 찾기를 원하는 군왕지지(君王之地) 자리였던 것이다. 그러나 조선왕조가 망한 후 1928년에 일제의 조선총독부가 전국에 있는 태실을 관리하기가 어렵다는 구실로 태 항아리만 꺼내어 서울 창경궁으로 옮기면서 크게 파손되었다.

최근에 독지가의 도움으로 다시 태실을 복원하였는데 원래 있던 자리는 사유지로 변해 있어서 그림 4-28로 옮겨서 설치하였다. 아직도 그때의 기상과 기운을 간직하고 있다.

그림 4-28. 조선 태조와 정종대왕의 태실 전경

태실이 있던 원래의 자리는 지역의 재력가가 사들여 본인의 조상을 모셨는데 묘를 모시고 난 후 많은 발복을 받은 것으로 전해지고 있으며 지금도 사계절 가보아도 최고의 명당임에 틀림없는 자리인 것 같다.

그림 4-29. 조선 태조와 정종대왕 태실의 본 자리 전경

조선왕조는 태조이후로 역대 26대에 걸쳐 임금이 집정을 500년에 걸쳐서 하였다. 그런데 50년 이상을 집정한 임금들은 3명에 지나지 않았다. 이들 세

명의 군왕 들은 공통점은 충청지역에 태실을 가지고 있다는 것이다. 앞에서도 언급하였지만 태조의 묘가 위치를 잘해서 500년 사직을 보전했다고 주장하는 학자들도 있는데 필자는 이것 보다 동기감응 다시 말해 좋은 기운을 많이 받는 것은 본인의 유전인자인 태실이라고 주장한다.

우선 선조의 태실은 충남 부여군 충화면 오덕리 오덕사 내에 설치가 되어 있는데 역시 원래 자리가 아니였으며 주지스님이 일제에 의해 망가진 태실을 절 경내로 모셔왔다 한다. 그림 4-30의 왼쪽 사진은 오덕사 경내의 태실의 모습이며 오른쪽 사진은 태실이 원래 있던 태봉의 모습이다. 선조는 우여곡절도 많이 겪었지만 50년 이상 집정한 초대 임금이다.

다음으로 50년 이상 집정한 임금이 숙종 대왕이시며 집정 기간만큼 많은 성군의 업적을 남기신 임금이시다. 또한 적통으로서 유일하게 50년 이상을 성군으로 통치한 유일한 임금이기도 하다. 그래서 일가 아직도 태실의 위치를 그대로 제자리에 유지하고 있는 것은 필자가 확인한 바로 숙종대왕 뿐이었다. 숙종 대왕의 태실은 충남 공주시 태봉동에 위치하고 있으며 지역 특산품인 밤을 태실 밑에서 재배하고 있었다.

그림 4-30. 조선 선조대왕 태실과 본 자리 전경

이 태실은 천심십도혈로 정혈한 것으로서 주변 산세와 어우러져 최고의 에너지 라인이 지나는 장소에 설치하였다. 태실에 오르는 길은 낮고 가까워 보이나 오르려 하면 한참을 올라야 태실을 만나볼 수 있다. 역시 군왕지지의 땅임에 틀림이 없는 장소였다.

조선시대 최고의 문화 및 정치의 전성기이며 백성을 위해 헌신하려 했던 영조대왕의 태실은 조성경위, 조성 일시까지 상세하게 기록이 보존되어 있는 유일한 태실이다. 또한 조선왕조 역대 임금 중에서 가장 오래 집권을 했던 임금이기도 하다.

영조 대왕의 태실은 1695년(숙종 21)에 조성되었던 영조(1694-1776)의 태실을 1729년(영조 5)에 다시 왕의 태실 규모와 구조에 맞도록 고쳐 만든 것이다. 태실의 형태는 공주에 있는 숙종의 태실을 모방하여, 중앙에 2단으로 된 정사각형의 대석을 놓고 그 위에 계란모양의 태실석(胎室石)과 팔각의 갓처맛돌을 놓았다. 그리고 그 주위에 8개의 장대석을 8각으로 놓고, 8각의 모서리에는 우주석(隅柱石)을 세웠다. 8면의 중앙에는 사각의 동자석을 세운 뒤 육각의 장대석을 가로얹은 돌난간을 둘렀다.

그림 4-31. 조선 숙종대왕 태실 전경

태실 앞에는 귀부(龜趺) 위에 비신(碑身)을 세우고, 이수 상단에 조각한 태실비(胎室碑)를 세웠다. 비신의 앞면에는 〈주상전하태실(主上殿下胎室)〉 이라 쓰여 있고, 뒷면에는 〈옹정7년 10월 14일(雍正七年十月四日建)〉 이라 쓰여 있다.

그림 4-32. 조선 영조 대왕 태실 전경

영조 대왕은 태실은 충북 청원군 낭성면 무성리에 위치하고 있으며 훼손이 된 태실 유적을 동네 사람들이 지금의 이 자리로 옮겨와 설치했다고 한다.

이렇듯 태실을 살펴보면 태실이 안치되는 장소는 분명히 우리가 말하는 명당에 위치를 하였을 것이다. 그러나 필자가 태실을 답사한 결과로는 태실은 기존의 명당을 설명하는 풍수 이론과는 다른 점을 여럿 발견할 수 있었다. 동양적인 사고방식과는 약간은 다르다고나 할까?

그런데 서양의 유적지 및 왕궁 또는 문화재로부터 이러한 의문을 해결할 수 있었다. 태양신을 숭배하여 쉽게 접근할 수 없는 산의 꼭대기에 도시를 건설한 잉카 유적지, 로마의 콜로세움 경기장, 히틀러가 군중심리를 이용하기 위해 레이에너지의 중심에서 레이에너지의 효과가 가장 큰 해질무렵을 이용해 연설하였던 사실, 버킹검궁의 위치 여건 등에서 레이에너지, 즉 인체에 유익함을 주는 공간에너지가 있음을 확인 하였다.

우리나라의 자연 풍수가 생기에너지 다시 말해 지하로부터 형성되어지는 에너지를 추구한다면 서양의 레이에너지의 관점은 공간적으로 형성되어 인체에 유익함을 제공하는 에너지를 추구하는 것이다.

그림 4-33. 레이에너지를 활용한 버킹검궁과 카프리섬의 공연장 전경

그림 4-34. 로마의 지하도시와 콜롯세움 경기장 전경

그림 4-33에서 보듯이 레이에너지는 공간적으로 에너지가 모이게 하고 집적하기도하여 전달하고자하는 목표를 확실히 전달할 수 있도록 하는 에너지를 극대화 한다. 또한 인체에 유익한 에너지를 제공하여 웰빙의 삶을 영위할 수 있도록 하여 주는 에너지이기도 하다. 레이에너지를 유럽인들이 얼마나 소중하게 여기고 활용하려고 애썼는가는 로마의 유적지에서 찾아볼 수 있는데 뭇솔리니는 개선 행진을 한번하기 위해서 고대 로마의 유적지를 모두 땅속에 묻고 길을 새로 내고 레이에너지를 극대화하여 행진을 하였다. 최근 이러한 유물을 다시 발굴해 내고 있는데 그림 4-34에 보여지는 것처럼 도시의 많은 부분을 매몰해 버리면서까지 에너지를 극대화 하려고 애쓴 흔적을 볼 수 있다. 그리고 콜로세움 경기장도 그와 같은 맥락으로 이해할 수 있는데 군중심리와 경기의 흥분을 최대로 이용을 하려고 에너지를 극대화 하는 구조를 썼으며 서양 건축물의 대부분은 이레한 레이에너지의 흐름을 이용한 배치구조로 건축물이 들어서 있다.

이 레이에너지의 흐름을 이해하면 우리나라의 고분과 풍수 도입 이전의 왕릉들의 위치를 설명할 수 있으며 우리나라의 문화재를 이해하는데 많은 도움을 줄 것이다. 전북익산에 있는 견훤왕릉은 풍수지리를 연구하는 사람의 대부분이 풍수적으로 좋은 위치에 자리를 하고 있지 않다고 말들 한다. 풍수지리에서는 독산에는 장사를 지내지 말라는 원칙이 있기 때문이다. 그러나 필자는 견훤왕릉은 레이에너지의 중심축에 제대로 위치한 자리라고 생각한다.

위에서 살펴본 것처럼 태실과 레이에너지 다시 말해 동양의 유익한 에너지를 찾으려는 관점과 서양의 웰빙을 추구하는 에너지의 관점이 서로 다르지 않고 찾는 방법이나 표현이 다를 뿐 궁극적으로는 동일하다는 것을 이것으로 미루어 짐작할 수 있다.

그림 4-35. 레이에너지의 중심에 있는 견훤왕릉

이러한 원리는 에너지 인지과학에서 매우 중요한 의미를 지니는데 동양학적인 관점을 가지고 있는 풍수지리 학문과 서양의 분석적 관점을 가지고 있는 주로 에너지를 탐사하는 서양으로부터 전래된 수맥 학문과 추구하는 궁극적인 목적은 동일하다는 것을 이해 할 수 있다.

결론적으로 동양학적인 사고방식과 추구하는 경향은 항상 물질의 구성성분과 자연과 인간이 서로 상호 작용하는 에너지들로 가득 차 있다 라는 견해와 상반적으로 모든 물질의 구성성분이 각각의 개체가 독립적이며 이들이 모여 집단을 이루고 법칙을 형성한다는 서양학적인 견해가 서로 상호 보완적으로 결합이 되어져 자연현상을 설명하고자 하는 노력이 바로 인지 과학인 것이다.

노벨 물리학상을 수상한 바 있는 디락과 아인슈타인 박사는 분석학적인 서양학적인 관점에다가 모든 물질이 상호 작용을 통하여 형성되고 진화해 가는 동양학적인 요소를 접목하여 현대과학의 획기적인 발전을 이루었다. 디락은 진공에서의 파동의 진행원리를 완벽하게 설명하였고 아인슈타인은 보이지 않는 미시적인 양자역학적인 거동의 세계와 공간과 시간의 결합인 4차원의 세계를 동양의 음양오행론에서 영감을 얻어 물리학 세계의 지평을 넓혀 놓았다. 그래서 아인슈타인은 그의 논문발표회에 태극모양 머리띠를 두르고 나오기도 하였다.

최근 세계 최고 물리학자라고 일컬어지고 있는 에드워드 워튼 박사는 12차원의 세계로 이 이론을 발전시켰으며 현재, 과거, 미래가 각각 4차원의 세계로 구성이 되고 있으며 현재의 4차원 이외에는 숨겨져 순환하며 순간순간 현재와 끈이 이어져 미래를 예언하기도하고 과거의 흔적과 자취를 느낄 수 있다고 발표하고 있다.

이와 같이 동서양의 사고의 합리적이고 과학적인 결합은 현대 문명을 훨씬 더 풍요롭게 할 수 있는 힘을 가지고 있다. 그러므로 수맥과 풍수의 합리적이고 과학적인 만남은 우리의 웰빙 생활을 보다 더 윤택하게 할 수 있으리라고 생각된다.

8. 천하명당과 로또

풍수지리를 배우고 활용하는 학인과 그렇지 않은 일반인들이라도 경제적인 여유만 허락한다면 누구나가 부와 명예, 그리고 후손이 발복을 받는 다는 천하제일의 명당자리에 본인이나 선조들의 육신을 모시려고 앞다투어 좋은 자리를 선택하려고 부단의 노력을 하는 것이 현재 우리의 실정이 비춰진 모습이다.

우리는 남연군의 묘와 당대 최고의 풍수전문가라던 육관 손석우옹의 예에서 풍수지리의 본연의 목적을 의미해 볼 수 있을 것이다.

1845년 풍수지리의 신봉자인 흥선군이 충청도 덕산땅 가야골에 2대의 왕기가 서린 명당자리가 있다는 풍수가 정만인의 말을 듣고 가야골을 방문했다. 정만인이 가르키는 자리는 천사백년 고찰인 가야사 뒤편으로 절의 금탑이 서 있는 자리였다. 흥선군은 충청관찰사에게 뇌물을 주고 가야사를 폐절 시킨 후 마곡사 승을 불러 불을 지르라 강요하여 가야사를 소각시켰다. 강압을 이기지 못하고 가야사를 방화한 승려가 사동리 고개를 채 넘지 못하고 불길이 충천하는 가야사를 쳐다보다가 돌연 허공을 향해 두 팔을 크게 휘저으며 『불이야!

불이야!』 소리를 지르다가는 그 자리에서 졸도하여 사망했다 전하는데 1950년 당시 90여세 노인들의 증언이라 한다.

가야사의 대웅전 철불이 불에 녹아 볼쌍스럽고 민망하였던지 흥선군이 인부들로 하여금 대문동 길옆 미륵불 아래 묻었는데, 수년 후 봉산면 봉명리에서 판자부리(무쇠를 녹여 가마솥을 만드는 일)를 하는 인부들이 캐내어 가마솥을 만들었으나 하루가 지나자 그 가마솥은 가루가 되어 버렸다 한다. 탑을 부술 때 뇌성병력과 함께 소나기가 무섭게 퍼 붙자 인부들이 무서워하며 슬금슬금 물러서기에 흥선군이 직접 도끼를 들고 『이 나라 이 땅은 모두 이씨의 땅이고 이씨의 나라다, 이 땅의 모든 것은 이씨의 것이거늘. 탑신 너 어찌 방해를 하는가 썩 물러서라』하며 도끼로 탑을 내리치자 이로부터 탑이 부서지기 시작하였다 한다. 황매천의 야록에 의하면 탑이 부서지자 그 속에서 백자그릇 두개와 단차 두 덩어리 또 사리 3개가 나왔는데 그 구슬은 어린아이 머리통만 하였고 맑은 물에 담겨 있었으며 푸른 기운이 영롱하였다 한다.

흥선군은 탑을 부숴버린 후 경기도 연천에 있는 아버지 남연군의 묘를 이곳으로 옮겨 이장하였다. 당시에 남연군의 유해는 연천에서 이곳까지 상여로 운구하였는데 남연군의 상여가 지나는 지방의 동리사람들은 왕손이 자기네 동네를 지나니 영광으로 생각하고 자기네 동네를 벗어날 때까지 서로 다퉈 상여를 메어 운구를 해주었다. 남연군의 상여는 이렇게 동리마다 사람들이 릴레이식으로 운구하여 덕산까지 무사히 도착할 수 있었다. 최종 마지막으로 남연군의 유해를 운구한 사람들은 현재의 덕산면 광천리 사람들이었다. 선소리 구성지게 때로는 애처롭게 요령소리에 발 맞춰가며 행여라도 고인께서 편치 않으실 세라 조심조심 정성을 다 하여서 운구를 마쳤다. 이에 흡족했던 흥선군은 이 상여를 마지막 주자인 광천리사람들에게 포상으로 기증했다. 그 뒤 광천리사람들은 죽으면 왕손이 처음으로 탔던 영광스러운 그 상여를 타고 마지막 이승 길을 떠났다. 광천리사람들이 백여 년 이상을 사용한 그 상여는 현재

역사적 가치가 있다 하여 지방정부에서 지방문화재 중요민속자료 제 28호로 지정하고 서산으로 넘어가는 덕산면 광천리 도로변에 보기 좋게 여막을 지어 잘 보관하고 있다.

흥선군은 이곳 가야골로 아버지 남연군의 묘를 이장 한 후 7년만에 둘째아들 재황을 낳고 재황이 12세가 되던 해 그가 왕위에 올랐으니 이가 곳 고종황제이시며 흥선군은 대원군이 되어 정권을 잡았다.

1868년 1월 흥선대원군이 다블위, 베르니 등 프랑스선교사 9명을 사형 집행하였다. 천주교 신도들은 선교사를 사형시킨 흥선대원군에게 원한을 품고 모의하여 덕산의 남연군묘를 파내어서 보복하기로 결의를 하였다. 이러한 정보를 입수한 독일인 Oppert가 미국인 Jenkins을 자본주로 삼고 프랑스 선교사 Ferron을 통역인으로 삼아 1868년 4월 680 t급 기선 Chinese호에 작은 배 60 t급 Greta호까지 붙여 백인 8명, 말레이지아인 20명, 조선인 천주교도 약간명, 청국인 100명을 승무원으로 싣고 상해를 출발, 4월 18일 홍주목 행담도(현재서해대교밑 행담도 휴게소자리)에 배를 정착시킨 후 삽교천을 거슬러 올라 11시경 구만포에 상륙하여 러시아 군병이라 소리치며 덕산 관아를 습격한 다음 덕산군 현내면 가야동 남연군묘소에 이르러 도굴을 시작하였다. Oppert라는 인물은 중국 상해에 근거를 두고 동양 각국에 무역을 하던 사람으로서 1866년 2월 영국상선 Rona호를 타고 해미현 조금진에 나타나 통상을 요구했으나 거절당하고 돌아갔으며 7월 기선 Emferru호를 타고 같은 목적으로 다시 해미현에 나타났다가 역시 거절당하고 돌아갔던 인물이다.

덕산군수 이종인과 묘지기를 비롯하여 동민들이 제지하였으나 총, 칼로 무장한 서양인들의 위협에 손을 쓸 수가 없었다. 그러나 그들의 도굴은 그들이 생각했던 것처럼 그리 간단치를 않았다. 묘소를 이장할 당시 흥선군이 무쇠로 크게 주물을 부어 솥뚜껑처럼 제작하여 관곽을 꽉 눌러 덮고 그 위에 회콘크리트를 엄청나게 두텁게도 쳐놓았기 때문에 관곽은 무척이나 단단하여 좀처럼 깨어지지가 않았다(기록에의 하면 300포대나 되는 석회가 동원되었다 함). Oppert일행은 5시간만에 겨우 분묘의 한 구석을 파헤쳐 관곽을 노출시켰으나 동민들의 숫자가 불어나고 해미영의 군사가 도착할 시간대임과 구만포의 물이 퇴조시간대임을 염려해 유해는 건드리지도 못한 채 물러나면서 하리후포(고덕면 상궁리 - 양촌 하리 - 시거리)에 도착, 하루를 머물면서 민가에 침입하여 갖은 약탈을 자행하고 20일에야 행담도로 돌아가 Chinese호를 타고 공해상으로 도주했다.

그들의 명분은 Sherman호 방화사건과 조선왕조에서 선교사를 살해한데 대한 보복이라 주장하지만 Oppert의 교역요청을 조선 정부에서 거절했던 바, 이에 대한 보복으로서 부장품도굴을 비롯하여 남연군의 유해를 볼모로 한 협상과 금품요구 등이 목적이었으니 구미의 상인이나 탐험가들의 전형적인 수법과 같은 공통된 소행이다. 이 같은 Oppert 일행의 파렴치한 비행은 국내에서는 물론이고 상해에 주둔하는 외국인들로부터 크나큰 비난을 받았다. 미국인 Jenkins은 마침내 불법 파렴치 행동의 피고인으로 체포 기소되어 본국으로 압송되고 재판에 회부되었으나 증거불충분으로 무죄가 되기는 하였지만, 배석판사 A.A. Hayes는 강도나 해적떼의 무모한 소행과 다름없다고 논고하였다. 이 사건은 굴총이 실패로 끝나기는 하였지만 조선인들이 서양인을 보는 시각은 극적인 악감정만 갖게 되었고, 부모의 묘를 능욕 당한 대원군의 분노는 극에 달해 양이추적을 엄명함과 동시 이번 사건은 필시 천주교신도들과 결탁된 사건이라 단정지어 천주교의 탄압은 한층 더 거세어졌으며 양이 쇄국정책 또한 더욱더 강경해졌다.

남연군은 흥선대원군의 부친으로서 모셔진 묘 자리는 우리나라 최고의 명당자리라고 하는 곳으로 풍수지리적으로 좌청룡, 우백호가 웅장하게 뻗어 내려지는 산세를 하고 있다. 그리고 이 자리는 큰 가야산이라는 절을 불사르게 하고 만들어진 묘이다. 남연군묘의 지세는 풍수지리가 일컫는 명당의 조건을 모두 갖춘 곳이다. 뒤로 가야산 서편 봉우리에 두 바위가 문기둥처럼 서 있다는 석문봉이 주산이 되고, 바라보아 오른쪽으로 옥양봉, 만경봉이 덕산을 거치면서 30리에 걸쳐 용머리에서 멎는 청룡세를 이루고, 왼쪽으로 백호의 세는 가사봉, 가엽봉에 원효봉으로 이어지는 맥이 금청산 월봉에 뭉쳐 감싼 자리이다.

동남향을 바라보면 평야를 지나 멀리 60리 떨어진 곳에 있는 봉수산이 안산이다. 또 청룡맥의 옥녀폭포의 물과 백호 맥의 가사봉 계곡의 물이 와룡담에 모였다가 절 앞에서 서로 굽이치며 흐르고 있어 임수의 지세도 갖추었다. 청룡 백호 모두 쌍쌍봉이다. 장명등속으로 보면 봉우리가 두 개다. '2대에 걸쳐 천자가 나올땅'이라는 이 명당의 덕으로 인해선지 흥선대원군은 이 자리에 남연군 묘를 쓴지 7년만인 1852년에 둘째아들 재황을 얻었고, 그로부터 11년 뒤인 1863년에 이 아이가 고종이 되었으며, 그 아들이 순종이 되어 2대 천자를 본 것만은 확실하다.

그러나 두 임금을 끝으로 하여 조선왕조는 나라 자체가 맥이 끊기고, 남연군묘는 독일 상인인 오페르트로부터 묘를 파헤쳐지는 수모를 당하게 되어 다시 한 번 명당의 의미를 생각게 하고 있다. 어쨌든 남연군묘는 조선왕조의 마지막 발복처이다. 대원군 산소도 여러 번 옮겨졌으며, 순종도 파구처에 여러

그림 4-36. 남연군묘의 전경

번 옮겨 일제에 의해 풍수적으로 덕을 보지 못하게 많은 수난을 당했다. 형세를 보면 백호쪽으로 바위가 많고 튀어 올라와 있는데, 대원군이 생전에 민비와 많은 다툼이 있었는데 그 백호의 영향으로 생각된다.

김일성의 사망일과 그 이유를 지리의 원리로 예고하고 김대중 대통령의 선영을 대통령 당선 2년 전에 이장을 하고 대통령이 된 이후에 세간의 화제가 된 바 있는 육관 손석우 선생은 1928년생인 그는 강원도 울진군 태생으로 오대산 적멸보궁에서 기도를 하던 중 땅 속이 유리관처럼 환하게 보이는 산안(山眼)이 열려, 이 때부터 지리에 대해 밝은 지혜를 얻게 되었다고 한다.

생전에 숱한 화제를 몰고 다녔던 명지관 육관도사 손석우의 묘는 충남 예산 덕산의 가야산 자락에 있다. 가까이에는 '2대천자지지(二代天子之地)'라는 남연군묘가 있는데, 대원군은 가야사란 절을 불태우고 그 자리에 선친 남연군의 묘를 이장, 끝내 숙원을 이루었다. 육관도사는 생전에 대원군이 찾은 곳은 진짜 자미원(천자의 자리)이 아니라 하였다.

남연군의 묘쯤은 진정한 자미원이 아니다. 이 땅의 오장육부 내포땅 가야

그림 4-37. 육관 손석우 옹의 묘

산에는 또 다른, 진정의 자미원이 있나니. 나, 그곳이 여기라고 말하지 못한다. 그곳은 북두칠성의 기운을 한 몸에 받는 곳이고, 그 앞에 커다란 못이 있구나. 북망의 하늘엔 별빛이 가득하고, 용연엔 천사들이 목욕재계하나니. 복치형에 용혈사수, 장풍득수니, 서출동류니, 계수즉지니, 아, 나는 끝내 천기를 누설하지 못하겠다. 그런데, 나의 천자는 어이 치산조차 하지 않는구나.

생전에 육관 선생이 진정한 자미원이라고 이야기한 곳에 선생을 후에 모셨는데, 필자가 돌아보니 혈맥이 왕릉에 버금가게 넓게 내려오는 것을 확인 하였으나 묘의 중심에 수맥(커리 라인)이 교차하여 지나가고 있었으며, 전순 부분이 비에 의해 씻겨 나가 있었다. 과연 이곳을 천하 명당이라 말할 수 있는지 의아스런 생각이 들었다.

당대 최고의 풍수지리가이며 신안의 경지를 소유한 육관 손석우 선생이 그의 저서에서 "덕을 많이 쌓은 이는 구렁텅이에 체백이 들어가도 명당이 되고 죄 많이 지은이는 천하명당을 찾아줘도 명당이 되지 않습디다. 그러니까 명당은 저희 자신들이 만드는 거고 나는 단지 심부름 한 것 뿐이라오"라고 말하고 있다.

이것은 무엇을 의미하는가?

우리는 이것에 대해 심각하게 생각을 해볼 필요성이 있다. 우선 천하명당을 선택하여 조상의 선영을 이장하였다고 한다면 그의 후손들은 누구나 할 것 없이 발복을 받아 부와 명예를 거머줘야 하는데 현실은 그러하지 않은 경우가 부지기수 이다. 이런 경우 풍수 전문가들은 한 치의 오차도 없이 예법이나 좌향법을 갖추어야 하는데 그러지 아니한 이유를 들거나 이 자리와 후손의 기운과 일치하지 않아 그렇다는 등의 답변을 늘어놓는다.

요즈음 우리는 로또라고 하는 복권에 열광하고 있다. 로또 당첨자들이 대부분 조상을 꿈에서 뵙고 난후에, 당첨되는 길몽(吉夢)을 체험한 후에 당첨이 됐다고 매스컴을 통해서 밝히고 있다. 그래서 일반 대부분의 사람들은 혹시나

하는 마음에서 로또 복권을 구입을 하게 되는데 로또의 당첨확률은 벼락을 일생 세 번 맞을 확률이라고 한다. 한번을 체험하기도 어려운 확률에 일반인들은 재미삼아 혹시나 하는 생각으로 로또를 구입하는 심리일 것이다.

혹시 우리가 풍수의 천하명당자리를 획득하려고 애쓰는 모습이 로또복권이 당첨되길 원하는 그런 심리가 아닐까 다시금 생각해 볼만한 일인 것 같다.

진정한 의미의 명당이란 자기가 처한 상황에서 최선을 다해 자리를 선정하고 선정된 자리를 정성을 다해 가꾸고 보존하고 관리하는 본분을 다한 후 발복을 원하는 것이 진정한 의미의 명당을 이해하는 방법이 아닐까?

풍수전문가들은 풍수를 보면 전부 명당에서만 기거를 해야 하는데 현실은 그렇지 않다고 생각한다. 진정한 의미의 풍수 목적은 처한 상황에서 최고의 입지를 선택하여 위치잡이와 건축 또는 음택을 위치하여 실용성과 이용성을 판단, 정성을 다하여 건축하고 관리 유지하는 것이 명당을 찾는 풍수전문가 또는 일반인들이 갖아야 할 마음 자세가 아닐까 한다.

과학기술이 눈부시게 발전하고 하루가 빠르게 행동하지 아니하면 살기 어려운 경쟁의 현대 사회에서 우리는 조상을 어떤 방법으로 예를 갖추어 모셔야

그림 4-38. 5대조를 합장한 가족 납골묘 전경

할까? 일부 종교에서는 우상숭배다 하여 이를 적극적으로 반대하기도 하지만 동양학적인 견해와 서양학적인 견해를 슬기롭게 결합하여 동양의 장점인 효의 정신과 서양의 장점인 국토의 효율적 이용과 과학적 추진력을 살려 개개인이 처한 상황에서 지구유해파를 중화하거나 피하여 자손들의 접근성이 용이하고 관리하기가 쉬우며 여러 환경적 요인이 허락한다면 풍수적으로 훌륭한 장소를 선택하여 조상묘를 그림 4-38처럼 납골묘를 조성하여 정성껏 보살피고 관리하는 방법이 최선의 방법이 아닐까 한다.

9. 본명궁(本命宮)과 인지 수맥풍수 인테리어

9.1. 본명궁을 쉽게 계산하는 방법

본명궁은 개인 각자가 태어날 때 자연환경의 주된 에너지를 받은 기운의 방향을 말하는 것으로 개인의 태어난 년도와 관계가 깊다. 본인의 본명궁 방향으로 머리를 두거나 책상의 위치를 조절하면 학습 집중력과 건강을 추구하는 에너지를 보강할 수 있는 원천적인 힘을 얻을 수 있다.

본명궁(本命宮) 도출방법은 매우 중요하다. 왜냐하면 양택에서 동사택과 서사택의 구분의 기준이 되며 경험에 의하면 본명궁에 따라서 문의 방향과 에너지의 기운을 받아들일 수 있는 방향을 선택할 수 있으며 이는 인지 수맥풍수에서 아주 큰 비중을 차지한다.

삼원갑자(三元甲子) 본명궁(本命宮) 도출방법은 전통적인 방법이기는 하지만 육십갑자와 구궁도(九宮圖)를 숙달할 때까지는 다소 복잡하고 시간도 많이 걸린다. 그러므로 이를 활용하기 위해서는 다음과 같이 간략하게 환산할 수 있는 방법을 숙지하고 있어야 할 것이다.

우선 서기로 출생한 연도를 기술하고 그 숫자 하나하나를 더해간다. 그러면 두 자릿수가 나오는데 이를 다시 떼어 더한다. 그때 나오는 수를 가지고 남자의 경우는 11이라는 고정수에서 뺀 나머지 수가 구궁도의 본인의 본명궁이다. 여자의 경우는 앞에서와 같이 출생연도의 숫자를 하나하나 더한 다음 두 자리를 다시 떼어 더해주고 그 더한 숫자에다가 4를 더해서 나오는 수가 구궁도의 본명궁이다. 만약 더한 수가 10 이상이면 다시 떼어 더해주어 단단위 숫자가 나오게 되면 그 수가 구궁도의 본명궁이다. 만약 최종적으로 계산한 수가 5이면 중궁(中宮)에 해당이 되는데 남자는 양을 의미하는 8인 艮宮으로 여자 음을 의미하는 2로 坤宮으로 이체하여 환산하여 사용한다.

그림 4-39에서 구궁에 해당하는 숫자와 의미하는 방향 색깔을 표시하였다. 이는 동양학에서 유래되었지만 서양의 풍수인테리어에서 보다 많이 활용되고 있다. 그래서 요즘에는 역으로 동양으로 실내 인테리어 기법을 역으로 수출하고 있는 실정에 이르고 있다. 이 원리도는 이제 인지 수맥풍수를 이해하는데 많은 도움을 줄 수 있으므로 반드시 암기하고 색깔도 익숙해 져야 한다.

4 손(巽) 동남방(東南方)	9 리(離) 정남방(正南方)	2 곤(坤) 서남방(西南方)
3 진(辰) 정동방(正東方)	5 중궁(中宮) 중앙(中央)	7 태(兌) 정서방(正西方)
8 간(艮) 동북방(東北方)	1 감(坎) 정북방(正北方)	6 건(乾) 서북방(西北方)

그림 4-39. 낙서의 구궁도에 의한 본명궁의 찾기의 이해

(예제 1) 1934년 갑술생(甲戌生) 남자의 본명궁의 환산은 다음과 같이 할 수 있다.

1+9+3+4=17, 1+7=8, 11−8=3이므로 본명궁이 震宮(3)이 된다. 그러므로 갑술생 남자의 경우 양택에서 사택은 동사택에 해당이 되며 동쪽방향에서 에너지를 받고 태어났으므로 동쪽이 길한 방향이며 회두극좌를 동쪽으로 두면 숙면과 편안함을 얻을 수 있을 것이다.

(예제 2) 1958년 갑술생(甲戌生) 여자의 본명궁의 환산은 다음과 같이 할 수 있다.
1+9+5+8=23, 2+3=5, 5+4=9이므로 본명궁이 離宮(9)이 된다. 그러므로 갑술생 여자의 경우는 역시 동사택이며 남쪽의 기운을 받고 태어났으며 붉은색이 본인의 기운을 돋아주는 색깔이 된다.

(예제 3) 1968년 무신생(戊申生) 남자의 본명궁의 환산은 다음과 같이 할 수 있다.
1+9+6+8=24, 2+4=6, 11−6=5이므로 구궁도의 중앙에 있으므로 팔괘 궁위가 없다. 남자이므로 (2)坤宮으로 이체하여 본명궁이 坤宮(2)이 된다. 그러므로 무신생 남자의 경우는 역시 서사택이며 남서쪽의 기운을 받고 태어났으며 핑크색이 본인의 기운을 돋아주는 색깔이 된다.

(예제 4) 1981년 신유생(辛酉生) 여자의 본명궁의 환산은 다음과 같이 할 수 있다.
1+9+8+1=19, 1+9=10, 1+0=1, 1+4=5이므로 구궁도의 중앙에 위치하므로 팔괘 궁위가 없다. 여자이므로 艮좌로 이체하여 본명궁이 艮宮(8)이 된다. 그러므로 신유생 여자의 경우는 역시 서사택이며 북동쪽의 기운을 받고 태어났으며 하늘색(남색)이 본인의 기운을 돋아주는 색깔이 된다.

(예제 5) 1992년 임신생(壬申生) 남자의 본명궁의 환산은 다음과 같이 할 수 있다.

1+9+9+2=21, 2+1=3, 11-3=8이므로 본명궁이 艮宮(8)이 된다. 그러므로 임신생 남자의 경우는 역시 서사택이며 북동쪽의 기운을 받고 태어났으며 하늘색이 본인의 기운을 돋아주는 색깔이 된다.

(예제 6) 2000년 갑진생(甲震生) 여자의 본명궁의 환산은 다음과 같이 할 수 있다.

2+0+0+0=2, 2+4=6이므로 본명궁이 乾宮(6)이 된다. 그러므로 갑진생 여자의 경우는 역시 서사택이며 북서쪽의 기운을 받고 태어났으며 회색이 본인의 기운을 돋아주는 색깔이 된다.

9.2. 인지 수맥풍수 인테리어의 원리

본명궁을 이용한 인지 수맥풍수 인테리어의 원리는 공기에너지(air energy)라고 하는 웰빙에 유익한 에너지를 추구하고 극대화하며 생활에 해로움을 주는 에너지의 영향을 최소로 하는 것이다.

인지 수맥풍수 인테리어는 동양학적인 관점에서 본인의 심신의 건강과 웰빙을 추구하는 에너지를 극대화하기 위하여 본명궁을 찾고, 본명궁에 맞게 웰빙에너지를 최고로 고양하고 연결하며, 주변환경과의 조화를 이루기 위하여 서양의 레이에너지의 개념과 앞장에서 언급한 BTB 풍수 이론을 접목하여 보다 효과적인 인테리어를 추구하는 방법이다.

먼저 동양학적인 관점에서 본명궁의 환산방법은 위에서 기술하였으므로 이 장에서는 서양과 BTB풍수의 개념원리를 설명하도록 하겠다.

풍수(Feng-shui)라는 세계 공통어로 표기되는 풍수가 Interior로써 선풍적인 인기를 끌게 된 것은 미국에서 부터이다. 1990년대 이전만 하더라도 화교와 도교승려들의 전유물로 인식되고 있었는데 캘리포니아 버클리에 중국인 림륜(林雲)이 림륜사(林雲寺)를 열고 활동영역을 넓혀가자 동양의 신비주의에 매료된 서양인들에 의해 급속도로 확산되기 시작하였다. 그러다가 그의 제자이며 하버드 의대의 교수였던 다니엘 케네디의 "생활 속의 풍수"란 책이 베스트셀러가 되면서 전세계적으로 풍수를 알리게 되었다.

중국 북경 출신인 림륜은 17세 때 그곳에서 라마승에게 풍수를 배웠는데 흑색 모자를 쓰고 다니는 라마승 계파에게서 배웠기 때문에 이를 흑모파(Black Hat Tantric Buddist) 풍수라고 하여 BTB 풍수라고 부르게 되었다.

그들의 풍수는 인도의 정령주의와 티벳 토종 신앙인 본(Bon)을 융합한 것이라고 흑모파(黑帽派)들을 밝히고 있다. 그러므로 흑모파 풍수는 인도의 정령주의와 티벳 신비주의 신앙 그리고 중국풍수가 융합되어 빚어낸 결과물이다.

당나라 일행 풍수가 라마승들에게 흘러들어가 흑모파 풍수를 형성하였다면, 당시 입당 귀국승에 의해 신라로 흘러들어온 일행풍수는 도선에 의해 비보풍수(裨補風水)를 창출하게 되었다고 학자들은 주장하기도 한다.

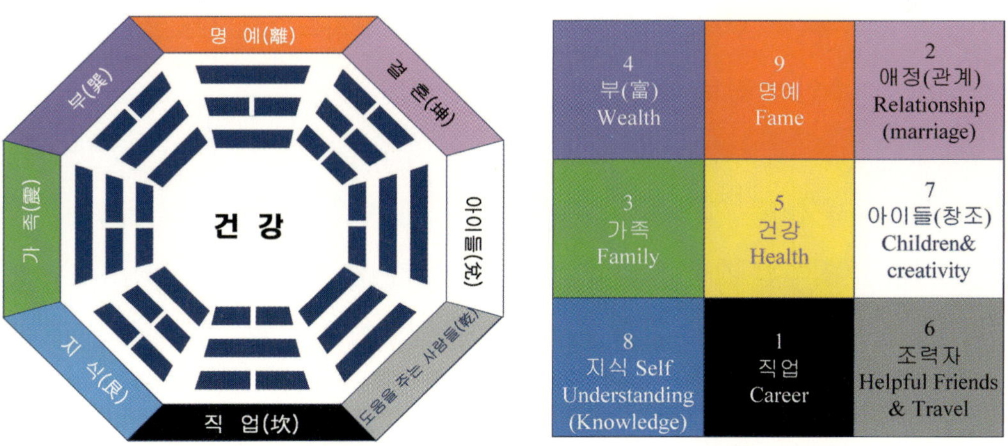

그림 4-40. 팔괘와 구궁도에 의한 인지 수맥풍수 원리도

이러한 BTB풍수는 우리나라의 풍수지리학 보다 간단하고 이해하기가 쉬워서 서양 사람들에게 많은 관심을 불러일으킨 것으로 생각된다. BTB풍수의 개념은 그림 4-40에서와 같이 방향에 따라서 의미하는 것이 있으며 의미하는 방향이 허(虛)하면 기운이 모자란 것이고 의미하는 방향이 실(實)하면 기운이 충만한 것으로 이해하고 있다.

BTB풍수의 원리는 첫째 기(氣)를 연결하는 것이다. 가옥으로부터 너무 멀리 떨어져 있거나 지표면 아래 깊이 묻힌 기를 끌어내는 방법이다. 한 가지 예를 들자면, 속이 빈 대통의 꼭대기에 조명들을 부착한 다음 그 대통을 땅에 꽂음으로써 지하의 기를 빨아올린다. 또 다른 예로는 한쪽 귀퉁이가 없는 가옥은 불완전하게 보인다. 이럴 경우 만일 그 인근에 차고나 헛간이 있다면 두 건물 사이를 샛길이나 낭하로 연결해서 상징적으로 가옥의 형상을 완전하게 보완해 준다.

둘째로 기의 균형을 맞추어 주변 환경과 조화를 이루도록 하는 것이다. 만일 가옥이 불균형적인 형상으로 지어졌다면, 조경이나 건축적 특색을 덧붙임으로써 조화를 꾀할 수 있다.예를 들어 가옥의 왼쪽으로 치우쳐 차고가 설치된 경우, 거주인들은 외출할 때마다 왼쪽방향을 틀어 걷게 되어 그들의 생각도 항상 한쪽으로 치우치게 된다. 이런 경우에는 가옥의 오른쪽에 샛길을 내거나 바위를 놓음으로써 형태상의 균형은 물론 상징적으로 새로운 길이 열리게 되어, 거주인의 진로 개척에 도움을 주게 된다.

셋째로 기를 고양법(高揚)하는 것이다. 기의 흐름을 증가(power-up) 또는 완화(power-down)시키는 것으로 밝은 조명이나 분수 혹은 기포가 올라오는 어항 등은 약하고 침체된 기를 활성화 시키고 나아가 집안의 기 순환을 돕는다. 반면 위협적이고 강력한 기의 흐름이 존재할 경우에는 모빌, 풍경, 작은 종 등을 설치함으로써 이런 기를 흩뜨릴 수 있다.예를 들어서 벽이 현관에 지나치게 인접해 있으면 실내의 기와 거주인들의 발전 기회를 억압하고 막아 버리게 된다. 이럴 때는 그 벽에 거울을 부착하여 깊이 있는 느낌을 연출하거나 또는 현관문이 열릴 때마다 켜지는 전등을 설치하는 것이 바람직하다. 이렇게 하면 거주인의 기가 높이 상승해서 압박하는 벽의 영향을 거의 받지 않게 된다.

인지 수맥풍수에서는 이러한 BTB풍수 이론과 우리나라의 본명궁과 음양오행 이론을 합리적으로 결합하여 이해하기 쉬우며 일상생활에서 여러모로 응용할 수 있도록 하였다. 그림 4-39에서와 같이 개개인의 본명궁을 환산하여 양택 이론의 사택을 결정하고 결정된 결과에 의해서 대문과 주방 그리고 침실을 위치시키며 만일 집의 구조가 임의적으로 옮기기가 어렵다면 원리도에 따라 이 부분을 소품들을 이용하여 모자란 부분의 기운을 고양시키는 것이다. 다시 말해 우리나라의 비보풍수와 같은 개념으로 이해하면 좋을 것이다.

최근에 각광을 받고 있는 컬러풍수인테리어라는 것도 음양오행설을 그 바탕에 두고 있다. 음양조화이면 길하고, 음양부조화는 흉하다. 오행상생은 길이며 오행상극은 흉이라는 기본원리를 응용하고 활용하고 있는 것이 컬러풍수인테리어다.

컬러풍수인테리어는 그 활용에 있어서 경제적이라는 장점을 갖고 있다. 색깔은 사람들의 심리에도 영향을 주기에 이것까지 적절히 활용하면 풍수효과를 증폭시킨다. 오행설은 또한 방위와 시간과도 조합되어 있기에 컬러풍수는 폭넓게 활용될 수가 있다.

9.3. 평면의 가상(家相) 인지 수맥풍수 인테리어

주택의 인테리어 배치 3요소는 거실의 무게 중심에서 현관문을 기준으로 침실과 부엌의 방위를 팔괘와 에너지 흐름의 조화에 의해 건강과 금전운을 상승시키기도 하고 길흉을 판단할 수 있다.

8괘의 방위상 坎(북), 震(동), 巽(동남), 離(남) 방향은 동사택(東四宅)의 방위에 해당하고, 艮(북동), 坤(남서), 兌(서), 坤(북서) 방향은 서사택(西四宅)의 방위에 해당한다. 이때 제일 중요한 것은 현관문의 위치이다. 현관문이 동사택의 방향에 위치해 있으면 침실의 방위가 동사택 방향에 있으면 길하고 서사택 방위에 침실이 위치하면 기운이 흉하다. 그리고 현관문의 위치가 서사택에 방위에 위치하고 있으면 침실도 서사택 방향으로 위치시키면 길한 기운을 얻을 수 있으며 동사택 방향으로 침실을 위치시키면 기운이 쇠한다.

8괘를 음양과 의미로 구분해 보면 양(陽)의 방위의 乾은 노부(老父), 坎은 중남(中男), 간은 소남(小男), 震은 장남(長男)을 의미한다. 반면 음(陰)의 방위에 巽은 장녀(長女), 이는 중녀(中女), 坤은 노모(老母), 兌는 소녀(小女)를 의미한다. 여기에서 현관의 위치가 양(陽)의 방향에 있으면 침실과 부엌은 음(陰)의 방위에 배치해야 길한 기운을 얻을 수 있으며 침실과 부엌을 양의 방향에 배치하면 기운이 쇠한다. 마찬가지로 현관문이 음의 방향에 있으면 침실과 부엌은 양의 방향에 배치하는 것이 길한 기운을 얻는 방법이며 음의 방향으로 부엌과 침실을 위치하면 기운이 쇠한다.

이상을 정리하면 "음양의 조화를 이루어야 좋은 기운을 얻을 수 있다."라는 것을 의미하는데 다만, 노부(老父)와 노모(老母)의 조합은 음양의 조화는 맞지만 기력이 쇠하므로 이렇게 조합하지는 않는다.

인지 수맥풍수인테리어를 활용하기 위한 소품들은 일상생활에서 수도 없이 많이 개발할 수 있는데 정리하면 표 4-1과 같다. 이외에도 네오라드(Neorad)와 같은 우회전 포논에너지를 방사하는 제품 등을 이용하여 인테리어를 할 수 있다. 여기에서 네오라드와 소품들은 에너지 순환과 기운을 고양하는 역할을 하는데 소품 보다는 네오라드를 활용하는 것이 효과적인 것을 확인할 수 있다.

인지 수맥풍수 인테리어에서 사용할 수 있는 소품을 설명하면 첫째 조명등이다. 조명은 태양의 의미로 기(氣)에너지를 풍부하게 북돋아는 역할을 한다.

둘째 풍경을 이용하는 것인데 풍경은 기의 흐름을 조절하는 역할을 한다. 그러므로 산사(山寺)에서와 같이 실내와 옥외에서 사악한 기를 온화하고 청아한 기 에너지로 바꾸어 준다. 셋째 꽃과 나무를 이용하는 것인데 입구 한쪽에 놓여지면 상서로운 기를 발산하고 또한 외부로부터 기를 끌어들인다. 음식점이나 가계안팎에 위치하고 있으면 등대역할을 하여 고객과 돈을 불러 모으는 기능의 에너지를 보완해 준다. 이밖에도 어항, 미술품, 거울, 피리 등을 이용하여 실내의 기운을 고양하거나 안정시키는 방법을 사용할 수 있다.

그림 4-41. 조명과 인테리어 소품을 이용한 수맥 풍수인테리어

그림 4-42. 수맥중화 및 기(氣)에너지 제품을 이용한 수맥 풍수인테리어

인지 수맥풍수 인테리어에서 본명궁에 따른 기운을 고양하고 안정화 시키는 소품들의 응용법을 정리하면 표 4-1과 같다. 본인에게 적합하고 모자라는 기운을 보강하고 충만한 기운을 안정화 시키는 것이 바로 인지 수맥풍수인테리어의 핵심원리이다.

표 4-1. 본명궁에 따른 생활 기운을 향상시키는 소품의 응용

본명궁	화초	수족관	조명	인장	자동차색	그림	행운수
乾	하얀색 노란꽃	나쁨	백열등	돌 도장	흰색, 은색	자동차, 공장	4,7,9
坤	노란꽃 빨간꽃	보통	주황색	상아	금색, 아이보리	산, 계곡	5,8,10
坎	관엽식물	매우좋음	연녹색 형광간접조명	나무도장	연녹색표	꽃, 초원	3,4,8
離	관엽식물	매우좋음	진녹색 형광간접조명	나무도장	녹색	정글, 숲	3,8
震	빨간꽃 관엽식물	매우나쁨	녹색	나무도장	빨간색	태양, 불꽃	2,7,9
巽	하얀꽃	좋음	형광등	돌 도장	검은색	야경, 바다	1,6
艮	노란꽃 빨간꽃	보통	주황색	상아	금색, 아이보리	들판, 사막	2,5,10
兌	하얀꽃 노란꽃	나쁨	백열등	돌 도장	흰색, 은색	비행기, 기차	4,6,9

그림 4-40에서 보여주는 것과 같이 음양과 방위의 배합과 더불어 인테리어 소품의 배치와 필요로 하는 의미의 기운을 보조적으로 상승시키는 방법이 있는데 이는 음양과 방향의 선택과 조합이 우선시 된 상황에서 고려해야 할 것으로 생각된다. 다시 말해 지나치게 인테리어 소품에 의지하여서는 안된다는 것을 의미한다.

위에서 기술한 것처럼 본명궁의 응용은 인지 수맥풍수 과학에서는 상당히 중요한 의미를 지니고 있다. 그러므로 반드시 암기하고 숙지하고 현장에 적용을 할 수 있도록 해야 할 것이다. 그리고 거듭 말하지만 인테리어 소품만으로 모든 것을 해결할 수 있다는 생각은 하지 않는 것이 옳을 것이다.

본명궁에 따라서 방위와 좌향 배치를 마무리하고 보다 더 길한 기운을 조성하기 위해 인테리어 소품과 색깔의 배치를 한다고 생각하면 될 것이다. 여러 동료들과 수맥에너지 탐사를 통해서 경험한 바에 의하면 의뢰자가 요구하고 좋아하는 색깔이 의뢰자에게 필요한 기운이라는 것을 경험하게 되었다. 다시 말해 명리학적으로 사주팔자를 가지고 건강을 파악할 수 있는데 의뢰자가 원하는 색깔이나 음식이 인체의 기운을 오행의 운행을 돕도록 하는 기운을 보해주는 의미라는 것이다. 그러므로 너무 인테리어 소품이나 색깔에 얽매이지 말고 의뢰자 또는 본인의 취향과 기호에 따라서 소품을 배치하면 되는데, 의미하는 방향에 상징적인 생기(生氣)를 방출하는 소품을 에너지의 흐름이 연속적으로 원활하게 순환할 수 있도록 배치를 하여야 한다.

10. 온천(溫泉)과 인지(認知) 과학

온천의 사전적 의미는 지하수의 수온이 그 지역의 연평균기온이나 얕은 지층의 지하수 수온보다 높은 경우를 말한다. 또한 온천의 정의와 한계온도는 지역에 따라 나라마다 다르다. 한국에서는 25℃ 이상으로 인체에 유해하지 않은 것을 온천으로 규정하고 있으며 온도, 화학적 성질 등이 보통의 물과 다른 점을 갖는 것이 특징이다.

지하수의 수온보다 낮은 것은 냉천(冷泉)이라고 한다. 또한 수온과는 관계없이 무기물질 또는 가스성분을 다량으로 함유하고 있는 것을 광천(鑛泉)이라 한다. 이러한 정의에 의하면 온천의 한계온도는 지역에 따라 다를 수 있으며 극한지방에서는 아주 저온의 온천도 존재할 수 있다. 그리하여 편의상 각국에서는 자기 나라의 기온을 고려하여 적당한 한계온도를 정하고 있는 것이다.

예를 들면 영국·독일·프랑스·이탈리아 등에서는 20℃ 이상, 미국에서는 21.1℃(70°F) 이상, 한국과 일본·남아프리카공화국 등은 25℃ 이상을 온천으로 규정한다. 따라서 온천의 정의는 나라마다 차이가 있다. 예를 들면 일본의 온천법에서는 천원(泉源)에서의 온도가 25℃ 이상이거나, 온천의 용해물질의 한계값에 표시된 특정 물질 중 1종 이상을 규정량 이상 함유하는 물을 가리킨다. 즉, 법규상으로 25℃ 이상의 용천(湧泉)은 물 이외의 성분을 함유하고 있지 않아도 온천이라고 할 수 있으며 또한 물 이외의 특정 성분이 그 규정량 이상 함유하고 있으면 25℃ 미만이라도 광천으로 온천법이 적용된다.

한국에서는 온천을 지하로부터 용출되는 25℃ 이상의 온수로 그 성분이 인체에 유해하지 아니한 것으로 규정하고 있다[온천법(1981.3.2, 법률 3377호), 온천법시행령(1981.6.18, 대통령령 10354호)]. 온천학상으로 넓은 뜻의 온천은 물리적·화학적으로 보통의 물과는 성질이 다른 천연의 특수한 물이 지중에서 지표로 나오는 현상이다. 이 물을 온천수로 정의하는 것이 가장 적당할 것이다.

온천수를 보통의 물과 구별할 때 물리적 성질이라고 하면, 첫째 온도이며 그 외 밀도·점성·전기전도도 등은 다소의 화학적 성질에 의거한다. 일반적으로 보통의 지하수의 온도는 대체로 그 지방의 연평균기온보다 1~4℃ 높은 정도이지만 그 이상의 온도의 물이 지중에서 지표로 나올 때는 좁은 뜻의 온천이다. 즉, 적어도 열에너지의 일부가 태양열(太陽熱) 이외의 지구 내부 열원에 유래한다면 수온은 일반지하수와 차이가 있게 된다. 이러한 정의가 과학적이며 합리적이라고 생각된다.

대다수의 온천의 성인(成因)은 넓은 뜻의 화산활동과도 깊은 관계가 있다. 즉, 화산의 하부에는 고온 용융상태의 마그마가 존재하며 분출 시에는 용암이나 수증기 그 밖의 화산가스로 되어 분출하는데, 그 수증기는 대단히 많은 양으로 온천 부근에는 종종 분기공(噴氣孔)으로 나타나기 때문에 온천의 근원(물과 열)은 지하의 마그마라고 생각된다. 즉, 마그마가 냉각·고결되어 암석이 생성될 때에 수분과 그 밖의 휘발성 성분이 기체로 분리되어 지각의 열극(裂隙)을 따라 상승될 때에 냉각된 수증기는 물이 되어 지표에 용출된다고 생각된다.

화성광상(火成鑛床)에 따른 온천의 존재는 이것을 뒷받침하고 있다. 그러나 온천은 건기(乾期)에는 분기공이 되고, 우기에는 온천으로 되는 것이 있으며, 용출량이나 온도가 강수량에 따라 변동되는 것이 많다. 그래서 주로 지하수가 고온의 마그마 또는 마그마에서 분리하여 생성된 수증기, 그 밖의 가스와 혼합되어 데워져 그 물질들을 용해하여 지표에 용출하는 것이라고 생각된다. 따라서 분기공에 물을 주입하여 온천을 만든 곳도 있다. 외국의 유명 온천에는 이러한 인공온천도 있으며, 보통물을 파이프로 고온의 분기를 통과시켜 물을 가열하여 온천탕으로 사용하는 예도 있다.

또한 지표에 화산을 형성하지 않은 지역에서도 비교적 얕은 지하에 마그마 자체가 고결하여 냉각되지 않은 화성암이 존재하면 온천이 생긴다. 즉 지하의 마그마나 그로부터 생성된 화성암은 대개 대규모로 존재하며 암석은 일반적으로 열의 불량도체이기 때문에 제 3기나 백악기와 같이 오래된 지질시대의 마그마의 활동의 잔열(殘熱)도 지하에서는 온천의 열원(熱源)이 될 수 있다. 화산이나 화성암과 관계없는 온천도 소수 존재한다.

이러한 온천의 열원으로는 암석 중의 방사성원소(放射性元素)의 붕괴, 지하에서의 화학반응, 단층(斷層)이나 습곡운동(褶曲運動)에 따라 발생되는 열 등을 생각할 수 있다. 특히 지하의 온도는 일반적으로 평균 30 m에 1℃씩 상승하기 때문에 상당히 깊은 곳은 높은 온도가 된다. 최근에는 시추기술이 발달하여 온천의 한계온도인 25℃ 이상의 지열이 있는 깊은 곳까지 파는 것은 쉬운 일이다. 이와 같이 깊은 곳에 풍부한 지하수층이 있는 곳을 시굴하면 인공적인 온천을 만드는 것도 어렵지 않다. 외국에서 뿐만 아니라 국내에서도 이러한 예가 있다.

온천의 용출은 열원과 직접·간접으로 연결된 열극이 있어야 한다. 열수는 치밀한 암석, 지층 내에서는 단층이나 절리(節理)라고 하는 대소의 열극을 따라 상승한다. 따라서 온천의 용출구는 직접 단층선 등을 따라 대체로 직선상에 분포한다. 또한 용출구 상부에 제4기의 다공질 사력층 등이 두껍게 퇴적되어 있으면 지층의 지하수층에 상승한 열수가 혼합되고 지하수의 유동방향을 따라 고온에서 저온까지 여러 형태의 온천이 용출되기도 한다. 보통 열수광상(熱水鑛床)에 속하는 금·은·구리·납·아연 등의 광맥에는 과거에 지하의 열극 등을 따라 많은 온천수가 통과하여 그곳에 유용한 광물을 침전시킨 예가 있다.

10.1. 한반도 온천의 특징

한반도는 지질학적으로 대륙판의 가장자리로부터 상당히 떨어져 있다. 최후기 화산활동도 제주도·울릉도와 서울에서 원산을 잇는 지구대(地溝帶)를 제외하고는 백악기 말 이후 상당한 시간이 경과되고 있어 전체적으로 화산활동의 흔적은 거의 없는 상태이다. 현재 확인된 온천은 20여 개소에서 발견되어 있으나 거의 전부가 비화산성이며, 화산성에 기원을 둔 온천은 거의 없다. 한국의 온천은 거의 전부가 중생대 화강암에 관련이 있으므로 지질시대가 비교적 고기(古期)에 해당된다.

신기 지질시대인 제 3기 이후의 화성활동 지대에서는 아직 발견되지 않았다. 대부분의 온천은 대보화강암(大寶花崗岩)과 불국사화강암(佛國寺花崗岩) 지대에서 용출되며 몇 곳의 변성퇴적암지대에서 용출되는 온천도 가까운 부근의 화강암 암주 등에 관련이 있다. 용출상태는 화강암류 내의 열극·단층·파쇄대(破碎帶)에서 용출된다.

1960년대 말에 37개의 광산·탄전 및 온천시추공에서 지열유량(地熱流量 : 지표로부터 방열하는 열량으로 지온기울기와 암석의 열전도율로 계산한다)을 측정한 결과 지열유량값은 0.8~3.3 HFU (heat flow unit = 10-6 cal/cm2/sec)의 범위이며, 온천공 등을 제외한 평균값은 1.54 HFU로 세계적 평균값 1.45 HFU보다 약간 높다.

온천공의 지열유량값은 3.0 HFU 내외의 값을 나타내지만, 고온열수의 개발을 위해서는 낮은 값이라고 생각된다. 지열유량값 2.0 HFU 이상인 고지열대 지역이 울진에서 마산을 연결하는 이동지역 지열이상대 지역으로 나타난다(지온기울기). 한국의 비온천지역의 평균값은 25.7℃/km(18개 자료 평균)로 거의 평균값에 가까우며, 일부 한국 동남부지역에서는 40~50℃/km의 높은 기울기를 가진 곳도 있다.

온천지대에서는 30~90℃/km로 매우 높은 값을 나타낸다. 앞으로 지온기울기의 자료를 계속 수집하면 전국적인 평가가 가능할 것이다. 현재까지의 심도별 평균추정온도를 계산하면 1,000 m 심도에서 30~40℃, 2,000 m에서 60~85℃가 되며 국부적으로 120℃ 이상이 나온다.

한국에는 전지역에 온천이 고르게 분포하나 북한에 더 많이 분포한다. 전역에 분포한 온천수는 57개이며, 이중 남한은 20여 개로 주로 충남·충북과 경남·경북 동남부 지역에 밀집되어 있으며, 경기에 1개소, 강원에 2개소가 분포한다. 지질은 주로 대보화강암과 불국사화강암에 분포되며 일부 옥천계(沃川系) 변성암과 경상계~제 3기층에도 분포되어 있지만 화강암류와 밀접한 관계를 가지며, 대체로 북북동 방향의 지질구조에 지배되어 분포한다.

용출구조는 균열성으로 나타나며 온도는 21~74℃의 범위이다. 40℃ 미만의 온천이 8개소이며, 40℃ 이상의 온천이 12개소이다. 최고수온을 가진 부곡(釜谷) 온천은 1970년 초에 개발되어 가장 큰 온천지구로 발전하였다. 온천의 심도는 자연용출부터 300 m 내외이다. 300 m 이하가 17개 지구, 300 m 이상이 3개 지구이다. 수량은 수백 m^3/d로부터 약 8,000 m^3/d까지 용출하는 지구가 있다. 온천수의 이용은 현재 거의가 목욕용으로 사용되며, 일부 난방·수영장·양어장 등에 이용하고 있다.

수질은 저농도 알칼리성의 단순천으로 특징지을 수 있다. 일부 황화수소천 및 식염천이 있다. 이러한 사실로 볼 때, 마그마에 의한 물질이 직접 공급되었다고 보기는 어렵고, 지하의 암석과 지하수의 반응에 의해서 생성된 것이라고 생각된다. 성분 분석결과를 검토하여 보면 Na-HCO_3 및 Na-Cl형의 온천이 거의 대부분이며, 도고(道高) 온천과 경산(慶山) 온천만이 Ca-HCO_3형에 속한다.

특히 경기육괴(京畿陸塊)의 화강암과 옥천구조대 및 동해안의 온천들은 Na-HCO_3형에 속하며, 포항 이남의 동남단에 분포하는 온천들은 영산(靈山)과 경산 온천을 제외하고는 모두 Na-Cl형으로 나타난다. 음이온의 m vol%에 의한 조성을 보면 중부지방의 온천은 HCO_3^-+CO_3^- 탄산염계통이 60~80%를 점하며, Cl^-은 10~40%, SO_4^{2-}은 2~15%의 조성비를 나타낸다. 다이어그램(key diagram)에 의하면 Na-Cl형 온천은 HCO_3^-의 증가와 함께 Na+K가 증가하는 경향을 보인다. 음이온의 조성에서 보면 HCO_3^-가 낮은 해운대 온천의 경우 SO_4^{2-}는 낮게 나타난다.

부곡 온천의 경우 HCO_3^-의 증가에 따라 SO_4^{2-}의 비도 증가하며 Cl은 감소하여 Na-SO_4형으로 나타난다. 즉 이들의 관계로 보아 중부지방의 온천과 동남부지방의 온천은 명확히 그 조성을 달리한다. 양이온의 관계를 보면 대체로 Na(+K)가 절대적이며 Ca가 약간씩 치환되어 있고 Mg의 비는 극히 미약하다. 화학성분과 온도를 검토한 결과 중부지방의 온천들은 pH 7.75에서 23.8℃의 온도를, pH 9.43에서 45℃ 정도로 정비례의 관계를 가지고 있으나, 동남부지방의 Na-Cl형 온천에서는 온도 40~60℃ 범위에서 pH 7.7~8.2를 보이나 온도가 하강함에 따라 pH 값이 상승하는 경향을 나타낸다.

화학성분에 의한 지온계로 평형상태에서 지하온도를 계산한 바에 의하면 한국의 경우 K-Na-Ca 방법이 가장 적합한 것으로 생각된다. 이 방법에 의하여 계산한 추정결과 오색(五色)·운흥리(雲興里)·경산 온천 등은 저온열수형(低溫

熱水型)으로 나타나며, 부곡·해운대·온양(溫陽) 및 유성(儒城) 온천은 90~100℃의 중간열수형으로 나타나 있다.

결국 지열저류층의 온도는 100℃ 내외의 열수가 부존하는 것으로 추정되는 계산이 나온다. 앞으로 한국의 온천·지열개발(地熱開發) 전망은 화산성 지열은 제 4기 화산암지대인 제주도~울릉도 지역, 고온성 열수형(150℃ 이상)에 대하여 장기적으로 개발가능성을 규명할 필요가 있으며, 비화산성 지열은 내륙지방, 동남부지역인 고지열유량 지역은 심층열수, 기존 온천 밀집지역은 고온암체 개발 가능성 연구를 진행해야 한다.

10.2. 온천의 이용

온천의 이용은 고대로까지 올라가며 목욕이나 음식의 조리 등에 이용하였고, 유럽에서는 중세 이래 가정의 온수사용·난방 등으로 이용하였으며, 한국의 온천이용은 신라시대까지 거슬러 올라가며, 목욕 및 요양 목적으로 이용하였다. 최근에는 널리 보건휴양, 또는 관광자원으로서도 급속도로 개발되고 있다. 동양에서는 주로 욕용이 많은 반면 구미 각국에서는 주로 음용으로 많이 사용하고 있다.

(1) 온천열의 이용 : 채소·화초·열대식물 등의 온실재배, 양계난방, 목재의 처리, 발효양조, 농업용(水耕栽培時의 승온, 종자의 발아 등), 수산업용(양어, 열대어의 사육 등), 생활용(옥내난방, 취사, 건조 등), 공업용(제염 등), 지열발전(地熱發電) 등에 이용된다.

(2) 온천의 용해성분의 이용 : 음료용·약용·과자제조·온천염색(주로 鐵泉)·제염·약품(요오드·붕산·리튬·염화칼륨·브롬 등)에 이용된다.

(3) 온천 가스의 이용 : 연료·드라이아이스·화학공업 원료, 용수의 가열·건조 등에 이용된다.

(4) 온천화(온천침전물) 등의 이용 : 목욕용·내복용·세안화장용·화학약품 및 화학공업원료(黃華·석회화·규화·백반 등)로 이용된다. 또 빙하와 화산의 나라 아이슬란드에서는 온천열을 이용하여 온실재배 등에 사용하는 외에 온천수도(溫泉水道)에 의하여 수도(首都) 레이캬비크에서 대다수의 가옥을 난방한다.

그 밖에 어류양식·해초건조·목재건조·곡물건조·콘크리트 양생 등에도 이용한다. 1904년 세계에서 최초로 지열발전(地熱發電)에 성공한 이탈리아는 약 35만 kW를 발전하고 있고, 그 밖에 온실가온 등에 적극 이용하고 있으며, 전후 급속하게 개발을 추진한 뉴질랜드도 약 20만 kW, 미국 캘리포니아에서는 약 8만 kW, 일본에서는 3만여 kW의 지열발전을 하고 있다.

근년에 와서 세계 각 나라에서는 대체에너지로서의 지열발전의 개발에 적극적으로 노력하고 있다. 또 오래된 온천이 생성한 금속광상이나 도자기의 원료가 되는 점토도 채굴되고 있다. 한국에서도 적극적인 온천자원의 개발이 요망되고 있다. 과학적인 온천의 탐사를 위해서는 온천의 기초적인 연구와 더불어 지표·지상·지하에 대하여 지질학적 조사, 수문·수리지질학적 조사, 지화학적 조사, 물리학적 탐사, 시추탐사 등이 실시되어야 한다.

10.3. 온천의 인지과학적 접근

인지과학은 과학과 초감각을 활용하여 특히 조상으로부터 물려받은 오감과, 본능적으로 발달된 육감에 직접적 경험과 간접적 경험인 지식의 지각(知覺)을 토대로 인류생활에 필요한 지하자원의 탐사, 개발, 이용, 건강 유무, 치료, 개선 등의 수많은 과제를 가장 슬기롭고 현명하게 대처할 수 있는 방법을 알 수 있는 일종의 신이 내려준 최고의 생존 기술이라 할 수 있다.

10.3.1. 온천 개발 과정 및 방법

온천수란 지하에서 용출되는 25℃ 1일 토출량 300톤 이상, 수위 강하량 100 m 이하의의 용수로서 그 성분이 인체에 해롭지 않은, 즉 중탄산염천(HCO_3-2), 황산염천(SO_4-2), 염화물천(Cl^-) 등을 말한다.

온천은 조선시대 이전부터 우리의 생활 가까이에 있어 왔으며, 일본인에 의해 근대적인 온천으로 개발 이용되어 왔다. 2000년대 이후 급속한 경제성장과 더불어 레저인구가 증가, 신규온천의 개발은 더욱 활발히 진행되고 있다. 온천은 용출온도 25℃ 이상, 하루 용출량은 3백톤 이상되야 온천수로 판정받으며 대다수 지하 500 m 이상에서 발견된 특징을 갖는다.

탄산천은 국내 특유의 희소한 온천성분으로 탄산성분을 함유하고 있어 심장계통 질병에 좋아 심장천이라고 한다. 단순천은 고형성분의 함유량이 물 1 kg 중 1,000 mg에 미달인 것을 말하며, 염분의 함유량이 적기 때문에 특수한 자극은 없고 단지 온천으로서의 일반적인 효능인 피로회복, 신경통에 좋은 온천이다. 우리나라의 대부분 온천이 이에 속한다. 식염온천은 온천수 중에 식염성분이 많이 함유된 온천으로 물 1 kg 중 염분이 5 mg 이상이면 강식염천이라 하고 그 이하이면 약식염천이라 한다. 약식염천은 노약자에 좋다고 한다. 유황천은 1 kg 중 유황이 1 mg 이상 섞여 있는 온천을 말하는데 달걀 썩는 냄새가 나는게 특징이다. 방사능천은 방사능 작용이 강하게 나타는 광천이다. 광천은 온천수 1리터 중 1 g 이상의 광물질이 용해되어 있으면 광천이라 하고 그 이하이면 단순천이라 한다.

온천 개발 순서는 온천 징후 발견하면 온천사업계획 수립하고 지표 및 지질조사를 실시하고 지구물리 및 화학탐사를 하고 다우져탐사 등을 통해 종합적인 의견을 취합하여 온천 매장을 확신하고 조사시추에 들어간다. 그리고 착정공사를 한 후 온천개발신고를 하고 온천징후 검사하여 개발가능성 및 경제성 검토한다. 이 모든 과정이 성공적으로 마무리되면 온천지구고시를 하는 것으로 온천 개발을 마무리 한다.

온천공의 성공기준은 시행규칙 제 13조에 의거하여

*** 지하에서 용출되는 25℃ 이상의 온수로서 그 성분이 인체에 해롭지 아니할 것**

*** 일일 적정양수량이 300톤 이상일 것**

(일일 적정양수량 : 72시간 동안의 양수량 중 마지막 24시간 동안의 양수량을 기준으로 하며, 온천자원조사 : 이용현황조사, 지표지질조사, 물리검층, 대수성시험, 지화학조사, 지하수모델링)에서 적합 판정을 받으면 된다.

10.3.2. 지하수 및 온천 탐사 방법

지하수 및 온천의 탐사방법의 종류는 크게 두 가지로 분류할 수 있다. 첫째는 과학적 탐사장비를 총동원하여 지하수 및 온천의 위치를 탐사하는 것이고 다른 하나는 인간의 인지능력을 이용하는 수맥탐사사(일명 다우저라고도함)가 지하수나 온천을 탐사하여 개발하는 방법이다.

지하수 개발의 경우는 과학적 탐사 장비를 가지고 탐사하는 경우와 다우저가 탐사하여 개발하는 경우를 혼용하여 사용하고 있는데 과학적 탐사장비들은 인근에 전자파 발생원이 있으면 오작동할 수도 있고 측정 결과에 대한 신뢰도가 그다지 높은 상황이 아니라고 전문가들은 말하고 있으며 탐사 깊이도 한계가 있는 것으로 알려져 있다.

이와 같은 과학 탐사 장비의 한계점 때문에 온천의 개발은 다우저의 탐사에 의해서만이 이루어지고 있는 실정이다. 그러므로 고도로 숙련된 다우저가 탐사한 위치를 개발하면 수많은 경제적 손실을 입기도 하기 때문에 개발 시 많은 주의를 필요로 한다.

지하수와 온천 개발시에 이용하는 과학적 탐사방법에는 다음과 같이 네 가지 방법을 가지고 탐사에 이용한다.

가. 인공위성 영상처리 : 미국의 자원탐사 위성인 LANDSAT 혹은 프랑스의 SPOT 위성 또는 일본의 MOS-1 위성 등에서 송신되는 관측자료를 지상수신소에서 MAGNETIC TAPE에 0~256까지의 명암 구분치에 의하여 수록한 영상 DATA를 조사자가 구입하여 COMPUTER 상에서 각종 영상처리 기법에 의하여 지하수 또는 온천수가 부존하는 확률이 많은 선구조(LINEAMENT)를 추출하여 내는 과정이다.

인공위성의 SCANNER의 종류에 따라 SPECTRAL RESOLUTION(분광해상도) 및 SPACIAL RESOLUTION(공간 해상도)의 정도 차이가 있으므로 사용 목적에 따라 적절하게 선정하여야 할 것이다. 일반적으로 SPACIAL RESOLUTION은 프랑스의 SPOT 인공위성이 미국의 LANDSAT 위성에 비하여 좋은 편이나 SPECTRAL RESOLUTION은 미국의 LANDSAT 위성의 SCANNER인 TM의 DATA가 프랑스의 SPOT보다 우세하다.

나. 지표지질조사 : 인공위성 영상처리 결과에 따라 추출된 선구조를 현지에서 확인함과 동시에 현지에 산출하는 각종 암석의 지질학적인 고찰로서 지하수 및 온천수의 부존여부를 물리탐사 과정, 즉 전자파탐사(V.L.F.탐사) 및 전기탐사 등의 제반 조사에 앞서서 미리 어느 정도 파악을 함과 함께 다음 조사단계의 구체적인 시행방법(예 : 조사측선 설정 및 조사량, 탐사위치 등)을 계획한다.

지질조사 과정에서 대규모 단층선이나 혹은 암반 파쇄대 및 지질경계선을 찾아내고 암석의 구성성분 및 성인과 층서적 관계 변성정도 등을 파악하는 것은 지하수 및 온천수 조사에 매우 중요한 요인으로 작용한다. 한국의 경우 대체로 온천수는 지질시대상 비교적 신기에 속하는 화강암 및 맥암(DYKE)이 산출하는 지역에서 많이 찾아 볼 수 있다.

다. 전자파 탐사 : 인공위성 영상자료 처리 및 지표지질조사 결과에 따라 어느 정도 POTENTIAL AREA 혹은 POINTS가 정해진 후 그것을 보다 정확하게 찾아내기 위하여 실시하는 것으로서 빠른 시간에 광범위한 지역에 대하여 조사가 가능하며 해석방법도 신속하여 최근에 많이 사용되고 있는 방법이다. 조사 장비로서는 V.L.F.(Very Low Frequency) wave를 이용하여 지하의 유도전류 밀도 이상대(ANOMALY)를 찾아내는 SWEDEN의 WADI가 많이 사용되어지고 있다. 특히 WADI는 지하에 있는 수맥(지질구조선, 즉 파쇄대 혹은 단층선)의 심도 및 경사방향이 조사장비 화면상에 육안으로 볼 수 있도록 나타나는 관계로 기존 장비들이 해석상의 난점을 해결하여 주고 있다.

라. 전기탐사 : 전기탐사는 지표상에서 지하로 전류를 흘려준 후 전류가 암석 및 토양 내의 지하수의 유무에 따라 저항을 받게 되는 정도를 측정한 후 일련의 해석절차를 거친 후 지하의 지질구조 및 전기비저항(ELECTRICAL SPECIFIC-RESISTIVITY)을 해석함으로서 지하수 및 온천수의 보다 정확한 심도 및 부존 형태를 파악할 수 있는 것으로서 전자파탐사에 비하여 해석 방법이 어렵고 해석에 소요되는 시간이 많이 걸리는 단점이 있으나 전자파 탐사에 비하여 보다 깊은 심도까지 조사가 가능하므로 심부 지하수 및 온천수 조사에 많이 사용되고 있다. 전자파 탐사에는 아래와 같이 수직전기비저항탐사(VERTICAL ELECTRIC SPECIFIC-RESISTIVITY SOUNDING 또는 간단히 VERTICAL SOUNDING)와 쌍극자 탐사 등이 있다.

(1) **수직전기비저항탐사(VERTICAL ELECTRIC SPECIFIC RESISTIVITY SOUNDING) :** 간단히 수직탐사(VERTICAL SOUNDING)이라고도 하는 이 탐사법에는 전류 전극의 배열 방법에 따라 WENNER법과 SCHLUMBERGER법 및 3극법 등이 있으며 대체로 조사원리는 유사하나 탐사가능 심도에 따라 선별 사용된다. 즉 WENNER법에 비하여 SCHLUMBERGER법이 보다 깊은 심도까지 탐사할 수 있는 관계로 암반층 지하수 탐사에서는

주로 SCHLUMBERGER법을 많이 사용하고 있다.

(2) **쌍극자 탐사(DIPOLE-DIPOLE METHOD)** : 지하의 전기 비저항 분포상태를 2차원적으로 해석할 수 있도록 단면 형태의 지하 전기 비저항 분포도가 그라프화되어 나타나며 또한 깊은 심도까지 해석이 가능한 관계로 온천수 탐사에서 많이 사용되고 있는 방법이나 조사 시간이 많이 걸리고 조사비가 높다는 단점이 있다. 최근에 쌍극자 탐사를 해석하는 전산 프로그램들이 많이 개발되고 있다.

위에 서술한 바와 같이 과학적 탐사 방법의 탐사 성공 확률이 실제 지하수나 온천 개발업을 하는 사람들의 말을 빌면 50%의 확률이라는 것이다. 다시 말해 탐사를 진행하고 시추를 했을 때 나오면 성공이고 그렇지 않으면 실패라는 것이다. 이렇듯 지하수 개발이나 온천 개발이 현대의 과학적 장비를 가지고도 탐사가 어렵다는 것이다. 앞서 지하수 개발하는 실무자의 표현을 빌면 확률이 50%만 돼도 큰 돈을 벌을 것이라고 말하는 경우도 있었다.

이러한 사실을 알고 있던 필자가 우리나라, 일본, 유럽 등의 온천이나 지하수 개발이 잘 된 지역을 탐사하면서 온천 개발의 확률을 효과적으로 고양시킬 수 있는 방법을 발견하였다. 온천지역의 지형을 탐사한 결과 지형적 특성을 알아냈는데 바로 그것이 온천 탐사 확률을 높이는 키포인트이다. 이것을 필자는 인지과학적 온천 탐사법이라고 명명하였고 내용을 소개하면 다음과 같다.

우선 온천이 존재하려면 형성원이 있어야 할 것이다. 예를 들면 주변에 화산이 있다든지 아니면 지명에 온천과 관련된 용어가 들어 있는지 여러 각도에서 탐사 장소의 확인이 필요하다. 그런데 탐사 경험을 통하여 하나 놀라운 사실을 발견하게 되었는데 온천 지역에서는 반드시 지역형세가 동양과학에서 이야기하는 음양의 조화가 갖추어져 있는 것이다. 다시 말하면 온천을 탐사하기 전에 지적도를 놓고 판단하듯이 현장답사를 통해 음양의 조화를 갖추었는지를 미리 살펴보고 다우징 기법을 통해 탐사를 하면 온천 개발 확률이 훨씬 향상될 수 있다.

그 증거로 제시할 수 있는 것이 여러 개 있지만 그 중 필자가 영감을 얻었던 대표적인 두 가지 사례를 소개해 보기로 하겠다.

첫 번째 경우는 C 지역에 있는 온천인데 용출량이 방대해서 노천탕을 만들어 놓고 주민들에게 무료로 온천욕을 즐길 수 있도록 배려까지 해 놓았다.

그림 4-43. 온천을 형성하는 인지풍수 구조 형세

그림 4-43의 왼쪽은 여자의 엉덩이와 음부처럼 형세를 이루고 있으며 오른쪽의 그림처럼 왼쪽 음부형세를 향해 남성의 양물이 돌진하는 형국을 이루고 있다. 다시 말하면 남녀 교접의 최고의 극치에 달해있는 형세이므로 음부의 중심에서 온천물이 발원하고 있는 모습이다.

반대편의 산세는 여인이 옆으로 누운 와형이며 역시 음부를 향해 남성의 양물의 모양을 한 산세가 달려드는 형세인데 이 마을은 온천이 낮은 깊이에서 많은 양의 온천이 용출되고 있어 농업에 온천수를 효율적으로 이용하고 있다(그림 4-44).

그림 4-44. 와형의 여인에 양물 형세의 산이 전진하는 전경

그림 4-45. 봄페이 지역을 향해 전진하는 카프리섬 전경

그림 4-45는 서기79년에 화산 폭발로 찬란했던 도시 문화가 화산재와 화석으로 남아 있는 봄페이와 지중해 사이의 카프리섬에서 사진을 촬영한 전경이다. 봄페이는 화산 지역이기 때문에 온천 문화가 유럽지역에서는 드물게 발전한 도시이다. 봄페이 도시에 온천욕을 즐기다가 목욕탕에서 화산폭발을 당하여 그대로 화석이된 형상이 전시되어 있는 것이 그 당시를 생생하게 증명하고 있다.

그림 4-45에서 인지과학적 온천형세를 이루고 있는 모습을 보여주는데 필자가 카프리섬의 관광 리프트카에서 촬영한 전경이다 카프리섬이 양물처럼 모양을 갖추고 저 멀리 보이는 봄페이 도시의 음부 모양 형세의 산으로 돌진하는 형국을 이루고 있다.

그러므로 온천을 형성하는 발원지는 봄페이 도시에 있게 된다. 이처럼 인지과학적 온천 탐사 방법을 이용하면 온천 탐사 성공확률을 훨씬 더 높일 수 있게 된다. 그리고 인지과학은 동서양에서 동일하게 적용, 이용할 수 있으며 앞으로 자연과학을 연구하는 도구로 발전시킬 수 있으리라 기대해 본다.

11. 예학의 대가 동춘당 송준길 선생의 숨결을 따라서

동춘당 송준길(宋浚吉: 1606-1672) 선생은 조선 시대의 명 유학자로서 우암 송시열 선생과 더불어 노론의 쌍벽을 이루던 예학의 대가였다. 송준길 선생의 자는 명보(明甫)이고 호는 동춘당(同春堂)이다. “늘 봄과 같다.”는 그의 호에서 알 수 있듯이 항상 겸손하며 덕을 베풀줄 아는 성리학을 실천할 줄 아는 참된 선비였다. 선생은 사계 김장생 문하에서 공부하였으며, 사계문하의 쌍벽을 우암 송시열과 함께 이루신 대 학자였다. 1624년(인조 3) 진사로서 세마(洗馬)에 임명되었으나 사양하였고 인조14년(1636년)에도 김상용(金尙容)의 천거로 충청도 예산현감에 제수되었으나 부임하지 않았으며, 그 후 고향에서 20여 년간 학문에만 전념하다가 1649년(효종 원년) 집의(執義)로 재기용되었다. 송시열(宋時烈) 등과 함께 북벌계획에 참여하였다가, 김자점이 청(淸)나라에 밀고하여 벼슬에서 물러나 낙향하였고 후에 대사헌(大司憲)을 지냈다. 1659년 병조판서가 된 뒤 우참찬(右參贊)·좌참찬 겸 제주(祭酒)·찬선(贊善) 등을 지냈고, 사후 영의정이 추증되었으며 문묘(文廟)를 비롯, 공주(公州) 충현서원(忠顯書院) 등에 배향되어 있다. 여기에서 문묘 배향위라 함은 동양 5성, 송조 4현, 동국 18현 등을 두고 매년 공자의 기일 때와 공자의 제사에 맞춰 성현들의 제사도 지금까지 같이 지내고 있는 것을 말한다.

선생은 정치적으로 송시열 선생과 함께 서인에 속하여 분열된 서인 세력을 규합하는 데 힘쓰는 한편, 자의대비(慈懿大妃)의 복상문제(服喪問題)가 제기되었을 때 남인(南人)의 주장을 물리치고 기년제(朞年制 : 만 1년)를 관철하는데 앞장섰으며, 학문적으로는 송시열과 같은 경향의 성리학자로서 특히 예학(禮學)에 밝고 이이의 학설을 지지한 문장과 글씨에도 뛰어났던 명선비였다. 특히 예학에 밝았고 글씨와 문장에도 능했으며, 저서로는 『어록해』·『동춘당집』이 있다.

또한 조광조(趙光祖)·이이(李珥)·김장생(金長生)으로 이어지는 기호학파(畿湖學派)의 학통을 계승하여 발전시켰다. 이황(李滉)의 이원론적 이기호발설(理氣互發說)을 배격하였고 이이의 기발이승일도설(氣發理乘一途說)을 지지한 학자였다.

11.1. 동춘당(同春堂) 양택 탐사

동춘당은 현재 대전광역시 대덕구 송촌동에 위치하고 있는 동춘고택의 별당을 지칭하는 것이다. 동춘고택은 ㄷ자형의 안채, 사랑채, 가묘, 별묘, 그리고 별당인 동춘당으로 구성되어 있다. 별묘(別廟)란 신위를 옮기지 않는 불천위를 모시는 사당을 말하는데, 동춘고택의 별묘에는 동춘당(同春堂) 송준길(宋浚吉) 선생의 신위가 불천위로 모셔져 있다.

동춘당 건물은 1643년 송준길 선생이 건립하였으며, 조선시대 별당 건축의 한 유형으로, 구조는 비교적 간소하고 규모도 크지 않다. 앞면 3칸·옆면 2칸 규모이며, 평면으로는 총 6칸 중 오른쪽 4칸은 대청마루이고 왼쪽 2칸은 온돌방이다. 대청의 앞면·옆면·뒷면에는 쪽마루를 내었고 들어 열개문을 달아 문을 모두 들어 열면 내부공간과 외부공간의 차별없이 자연과의 조화를 이룬다. 또한 대청과 온돌방 사이의 문도 들어 열 수 있게 하여 필요시에는 대청과 온돌방의 구분없이 별당채 전체를 하나의 큰 공간으로 사용할 수 있도록 하였다. 건물의 받침은 4각형의 키가 높은 돌을 사용했는데, 조선 후기의 주택건물에서 많이 볼 수 있는 양식이다.

동춘당의 앞마당은 그 규모로 보아 마을과 관련되어 사용되었던 것으로 추정된다. 그러나, 송촌지역의 개발과정에서 동춘당의 주변 환경이 크게 훼손된 것은 부끄러운 일이라고 하겠다.

그림 4-46. 동춘당 선생 고택전경

그러나 시간의 흐름에도 선생의 인품 됨됨이와 숨결을 고스란히 느낄 수 있는 장소이며 수맥인지 풍수학적으로도 대전의 주산인 식장산의 줄기로부터 뻗어 나온 계족산의 에너지를 받고 있는 자리에 위치하고 있으며 에너지의 흐름에 따라서 안채의 위치와 대문의 위치를 슬기롭게 배치하고 있다.

11.2. 동춘당(同春堂) 송준길 선생의 묘소

동춘당 송준길(同春堂 宋浚吉)의 묘는 1989년 3월 18일 대전광역시문화재자료 제 15호로 지정되었다. 송준길의 묘는 처음에는 연기(燕岐) 죽안리에 장사하였다. 그 뒤 1676년(숙종 2) 회덕 흥농리, 1689년 공주 유곡으로 옮겨졌다가 1700년(숙종 26)에 현재의 자리인 대전광역시 서구 원정동으로 이장하였다. 묘표(墓表)와 묘비는 이장 후에 세워진 것이며, 여기에 문인석 1쌍과 상석(床石)이 있다. 묘비문은 외손인 판서 민진후가 짓고 증손되는 현령 송요좌(宋堯佐)가 써서 1711년에 건립하였다. 묘표의 대좌 윗면은 연꽃으로, 앞면은 당초문, 그리고 뒷면은 험상궂은 귀신의 얼굴을 조각하였다. 당시의 묘석물 양식을 알아볼 수 있는 자료이다.

그림 4-47. 동춘당 선생 음택전경

묘의 전면에 위치한 상석에 붙여진 향로석은 두 마리의 석수가 향로다리를 감싸 안은 특이한 형상이다. 차일끈을 매어두는 1조 4개의 차일석 가운데 앞의 두 개는 원숭이 머리 모습이다. 동춘의 묘 아래에는 공조 정랑(正郞)을 지낸 그의 아들 광식의 묘가 있다.

동춘당 선생의 묘소는 혈맥폭이 최상격인 17미터를 넘어서고 있으며 주산과 안산이 오행의 이치에 맞추어 정렬하고 있으며, 특이한 것은 지하수맥줄기가 혈자리를 강하게 감싸고 도는 것이라 할 수 있는데 이는 수기가 혈을 감싸고 보호한다는 계수즉지(界水則止)를 완벽하게 옮겨 놓은 듯한 형국이다.

좌청룡과 우백호의 세는 각각의 기능에 맞추어 주혈을 겹겹이 둘러싸고 있으며 전체가 태극 형국을 이루는 듯하다. 안산은 바로 앞쪽에 금산형국이 낙산으로 수산형국이 펼쳐지고 있다. 이런 형국은 가히 최고의 명당이라 할 수 있을 것이라 판단된다. 그러므로 친손과 외손 모두 발복을 받은 명당을 입증하는 사례이기도 하다.

12. 천재 군주 이산과 인지수맥풍수

정조대왕(正祖)은 이름은 산, 자는 형운(亨運), 호는 홍재(弘齋)로서 조선 역사상 보기 드물 만큼 학문과 덕을 갖춘 군주였다. 그는 1752(영조 28)영조의 둘째 아들인 장헌세자(莊獻世子, 일명 思悼世子)와 혜경궁 홍씨(惠慶宮洪氏) 사이에서 맏아들로 태어났으며, 8살에 왕세손에 임명되었다. 1762년 아버지인 장조가 소론을 지지하여, 노론을 지지하는 영조에게 비극적인 죽임을 당하자, 10살에 죽은 영조의 맏아들 진종의 양아들로 입적되어 1800(정조24)까지 파란 만장한 삶을 살았다.

소년시절부터 독서광이었던 정조는 정사를 돌보는 틈틈이 독서에 힘써서

그림 4-48. 정조대왕 영정(1752-1800)

역사와 경학과 문학 등 학문 전반에 걸쳐 해박한 지식을 지니고 있었다. 조선 시대 선비들은 학문과 문장에 만 치중하여 문약(文弱)에 빠지는 경향이 있었다. 그렇지만 정조는 학문에만 밝은 것이 아니었다. 군사지식도 풍부하고, 말 타기와 활쏘기에도 능숙하였다. 틈이 나면 활쏘기 연습에 힘써서 높은 명중술을 보여주었다. 충무공 이순신을 비롯한 무신을 높이 받든 것도 정조였다. 이처럼 그는 문과 무를 겸비한 리더였다.

정사와 학문에 혼신의 힘을 다할 뿐 일상생활은 할아버지인 영조를 본받아 검소하고 소박한 것을 좋아하여 아침상이나 저녁상의 반찬이 너 댓가지에 불과하였다. 법을 지키지 않은 백성에 대해서도 사안에 따라서는 관용할 뿐만 아니라, 도리어 은혜를 베풀기도 하는 아량을 보여주었다. 어떤 사람이 임금에게 올릴 산 꿩을 훔쳐 먹었다. 법에 따르면 그 사람은 사형에 처해야 마땅하였다. 그러나 정조는 이 사실을 보고받고 그가 어리석고 무지해서 그런 죄를 범했다고 생각해서 그 죄를 용서해 주었다. 뿐만 아니라 그에게 특별히 꿩 한 마리를 주도록 해서 스스로 양심의 가책을 느끼게 하였다. 백성에 대한 정조의 지극히 어진 마음을 들여다 볼 수 있는 대목이다.

1775년에는 손자의 권력 기반을 마련해 주려는 할아버지 영조의 배려로 그를 대신해서 정책을 결정하는 대리청정을 하였으며 그 이듬해인 1776년에 영조가 승하하자 25살의 나이로 조선의 임금으로 즉위하였다. 생부인 장헌세자가 당쟁에 희생되었듯이, 정조 또한 세손으로 갖은 위험 속에서 홍국영(洪國榮) 등의 도움을 받아 어려움을 이겨냈다. 그리고 '개유와(皆有窩)'라는 도서실을 마련하여 청나라의 건륭문화(乾隆文化)에 마음을 기울이며 학문의 연마에 힘썼다.

그리하여 즉위하자 곧 규장각(奎章閣)을 설치하여 문화정치를 표방하는 한편, 그의 즉위를 방해하였던 정후겸(鄭厚謙), 홍인한(洪麟漢), 홍상간(洪相簡), 윤양로(尹養老) 등을 제거하고 나아가 그의 총애를 빙자하여 세도정치를 자행하던 홍국영마저 축출함으로써 친정체제를 구축하는 데 주력하였다. 또한 아버지의 죽음으로 인해 아버지의 원수이자 여당인 노론을 극도로 혐오하게 되어서, 봉건적 특권을 약화시켜 중앙 정부의 지방 통제력을 높여 왕권을 강화하는 쪽으로 정치와 경제 등에 대한 개혁을 진행시켰다.

그는 아버지의 죽음으로 인하여 당쟁에 대하여 극도의 혐오감을 가지고 있었을 뿐 아니라, 왕권을 강화하고 체제를 재정비하기 위하여 영조 이래의 기본정책인 탕평책을 계승하였다. 그러나 강고하게 그 세력을 구축하고 있었던 노론이 끝까지 당론을 고수하여 벽파(僻派)로 남고, 정조의 정치노선에 찬성하던 남인과 소론 및 일부 노론이 시파(時派)를 형성하여, 당쟁은 종래의 사색당파에서 시파와 벽파의 갈등이라는 새로운 양상으로 전개되고 있었다.

그가 1794년에 들고 나온 '문체반정(文體反正)'이라는 문풍(文風)의 개혁론은 이러한 정치적 상황과도 관련되는 것이었다. 그는 즉위초부터 문풍이 세도(世道)를 반영한다는 전제 아래 문풍쇄신을 통한 세도의 광정(匡正)을 추구하기도 하였지만, 이를 본격적으로 내걸게 된 것은 정치적 난제를 해결하기 위한 고도의 정치술수였으며, 탕평책의 구체적인 장치였던 것으로 이해된다. 영조가 평생의 과제로 생각해 왔던 영조 이래의 기본 정책인 탕평책을 계승하여 당쟁을 없애기 위해 노력했다. 12년에 이르는 동안 외척 세력을 비롯한 기득권 세력, 특히 노론 세력을 제거하거나 약화시켜 친정 체제를 구축하는데 주력하는 한편, 규장각 제도를 정비하여 자신을 지지하는 정예 문신들로 친위 세력을 형성시켜 "우문지치(右文之治)"와 "작성지화(作成之化)"를 규장각의 2대 명분으로 내세우고 문화 정치를 표방하는 동시에 붕당의 비대화를 방지하고 임금을 보좌할 수 있는 강력한 정치 기구로 육성하였다.

그는 또한 영조 때부터 시작된 문물제도의 보완 및 정비 작업을 계승, 완결하였다. 아울러 스스로 초월적인 통치자로 군림하면서 스승의 입장에서 신하들을 양성하고 재교육시키려 하였다. 정조는 우수한 인재를 뽑아 초계문신이라 칭하고 매월 2차례씩 시험을 치루었으며 상과 벌을 직접 내리기도 했는데, 소외받던 영남계 인사들도 과거에 응시하도록 하였다. 이런 사회적인 분위기는 중인 이하 평민에게까지도 많은 영향을 미쳤다. 정조 시대는 양반은 물론, 중인, 서얼, 평민층에 이르기까지 모두가 문화에 대해 관심을 가져 문화를 크게 꽃피웠던 시대였다.

그는 학문적으로도 육경(六經) 중심의 남인학파와 친밀하였을 뿐 아니라 예론(禮論)에 있어서도 '왕자례부동사서(王者禮不同士庶)'를 주장하여 왕권우위의 보수적 사고를 지니고 있는 남인학파 내지 남인정파와 밀착될 소지를 다분히 안고 있었다.

그러나 '천하동례(天下同禮)'를 주창하면서 신권(臣權)을 주장하였던 노론 중에서도 진보주의적인 젊은 자제들은 북학사상(北學思想)을 형성시키고 있었으므로 그의 학자적 소양은 이에도 관심을 기울이게 하였다.

그리하여 규장각에 검서관(檢書官) 제도를 신설하고 북학파의 종장(宗匠)인 박지원(朴趾源)의 제자들, 즉 이덕무(李德懋), 유득공(柳得恭), 박제가(朴齊家) 등을 등용함으로써 그 사상의 수용을 기도하였다.

그런데 이 검서관들은 신분이 서얼로서 영조 때부터 탕평책의 이념에 편승하여 '서얼통청운동(庶孼通淸運動)'이라는 신분상승운동을 펴고 있었으므로 이들의 임용은 서얼통청이라는 사회적 요청에 부응하는 조처이기도 하였다.

정조는 이와 같이 남인에 뿌리를 둔 실학파와 노론에 기반을 둔 북학파 등 제학파의 장점을 수용하고 그 학풍을 특색있게 장려하여 문운(文運)을 진작시켜나가는 동시에, 한편으로는 문화의 저변확산을 꾀하여 중인(中人) 이하 계층의 위항문학(委巷文學)도 적극 지원하였다.

여기서 인왕산을 중심으로 경아전(京衙典)이 주축이 된 중인 이하 계층의 위항인(委巷人)들이 귀족문학으로 성립되어온 한문학의 시단에 대거 참여하여 '옥계시사(玉溪詩社)'라는 그들 독자의 시사를 결성하고, 그들만의 공동시집인 ≪풍요속선風謠續選≫을 발간하는 등 성관(盛觀)을 이루게 되어 중인문화의 원동력이 되고 뒷날 '필운대풍월(弼雲臺風月)'의 효시를 보게도 되었다.

때문에 이 시기를 조선시대의 문예부흥기로 파악하기도 하는데, 그 문예부흥이 가능하였던 배경은 병자호란 이후 17세기 후반의 화이론(華夷論)에 입각한 소중화의식(小中華意識)이 고취되고, 이에 따른 북벌론(北伐論)의 대의명분 아래 안으로는 조선성리학의 이념인 예치(禮治)의 실현이라는 당면과제를 국민상하가 일치단결하여 수행해 나가는 과정에서 이룩한 정신적 자긍심과 조선문화의 독자적 발전에 있었다고 하겠다. 이러한 국수주의적(國粹主義的) 경향은 18세기 전반에 있어 문화의 제반분야에 뚜렷하게 나타나고 있으니, 이를테면 그림에서 진경산수(眞景山水)라는 '국화풍(國畵風)', 글씨에서 동국진체(東國眞體)라는 '국서풍(國書風)'이 그러한 것이다.

이는 조선성리학의 고유화에 따른 조선문화의 독자성의 발로이며, 바로 이러한 축적 위에 정조의 학자적 소양에서 기인하는 문화정책의 추진과 선진문화인 건륭문화의 수입이 자극이 되어, 이른바 조선 후기의 도미적성관(掉尾的盛觀)으로 파악되는 황금시대를 가능하게 한 것이었다.

정조는 아버지 사도세자를 매우 그리워하여 아버지의 묘소인 현륭원을 양주에서 수원으로 옮기고 정기적으로 참배하였다. 또한, 현륭원 주변인 수원에 과학적인 성채인 화성을 건립하고 그 안에는 행궁을 만들었다.

정조는 암행어사를 자주 파견하여 지방 사회의 문제점을 직접 파악하고 해결하는 데 많은 노력을 기울였다. 이로써 지방 사족의 향촌 지배력을 억제하고 백성들에 대한 정부의 통치력이 강화되었다. 또한 왕실 직속 친위대인 장용영을 신설하여 각 군영의 독립적 성격을 약화시키고 군사권을 장악함으로써 임금의 최고 통수권을 실질적으로 행사할 수 있도록 조치하였다. 장용영 설치는 군대를 장악한 노론을 견제하려는 정책이었다.

그림 4-49. 수원 화성 전경

그림 4-50. 사도세자의 왕릉 전경

한편, 그는 비명에 죽은 아버지에 대한 복수와 예우문제에도 고심하였다. 외조부 홍봉한(洪鳳漢)이 노론 세도가로서 아버지의 죽음과 관련되었지만, 홀로 된 어머니를 생각하여 사면하여야 하는 갈등을 겪었고, 또 아버지를 장헌세자로 추존하였다가 뒤에 다시 장조(莊祖)로 추존하는 노력을 치렀다. 그러면서 양주 배봉산(拜峰山) 아래에 있던 묘를 수원 화산(花山) 아래로 이장하여 현륭원(顯隆園)이라 하였다가 다시 융릉(隆陵)으로 올렸고, 그 인근의 용주사(龍珠寺)를 개수, 확장하여 원찰(願刹)로 삼기도 하였다.

필자가 이러한 정조의 마음을 담고 사도세자의 무덤인 융릉에 도착하여 지세와 에너지를 살펴가는 도중에 정조의 아버지를 사랑하는 마음을 곳곳에서 느끼기 시작하였다. 룡의 진행 형국은 마치 웅장한 현룡이 꿈틀거리듯이 힘차게 혈을 향해 진행을 하고 있었으며 정혈지에 모셔졌으며 천간을 돌에 새겨 넣어 비운에 돌아가신 한을 풀어드리 듯이 본인의 묘 보다도 훨씬 좋은 자리에 수맥파를 중화하여 무덤을 안치시켰다. 또한 안산의 형국도 조선 27대 임금 중에서 가장 머리가 뛰어나고 풍수지리에 능했던 정조 대왕이 잡은 자리에 걸맞게 오행을 맞추어 정렬되어 있었다. 우 백호 형국에 토산이 위치하고 있어서 일까? 정조의 차남이었던 순종이 선왕의 뒤를 이어 임금에 올랐다. 여하튼 사도세자의 무덤인 융릉은 최고의 혈자리임에 틀림이 없었으며 필자에게 흥분과 경외감을 불러일으키기에 충분했다.

한편 정조 대왕은 1800년 6월에 49세의 나이로 죽자 그의 유언대로 융릉 동쪽 언덕에 묻혔다가 그의 비 효의왕후가 죽으면서(1821) 융릉 서쪽 언덕에 합장되어 오늘날의 건릉(健陵)이 되었다.

시호는 문성무열성인장효왕(文成武烈聖仁莊孝王)이다. 대한제국이 성립되자 1900년에 황제로 추존되어 선황제(宣皇帝)가 되었다.

한편, 정조의 죽음에는 독살설이 끊임없이 제기되고 있지만 이를 뒷받침할 사료는 아직 없다.

정조의 가족관계는 비(妃)로 김시묵(金時默)의 딸 효의선황후(孝懿宣皇后) 김씨이며 이들 사이에는 자식이 없었다. 그리고 후궁인 의빈 성씨(宜嬪 成氏, ?-1786)로부터 아들 문효세자(文孝世子)와 옹주를 얻었는데 이며 일찍 죽었다. 다른 후궁이었던 박준원의 딸 수빈 박씨(綏嬪 朴氏)로부터 아들을 얻었는데 이가 바로 순조(純祖, 1790-1834년)임금이시다. 풍산 홍씨 홍현주(洪顯周)와 혼인하여 숙선옹주을 두었다.

그림 4-51. 정조대왕릉 전경

정조 대왕이 죽은 후에 천재군주였다는 사실은 '정조실록' 2년(1778년) 2월 14일에 기록되어 있다. 여기에는 정조가 천재로 유명한 승문원 정자(承文院 正字) 이가환(李家煥)과 논의하는 대목이 나오는데, 서양의 과학기술에 대해서도 수준 있는 대화를 나누고 있다. '일득록'에는 정조가 "땅이 둥글다는 설은 '주비경(周?經)'에 처음 보이는데 혼천(渾天)의 논리로 징험해보면 땅이 둥글다는 것이 분명하다. 남쪽으로 200리를 가면 북극이 1도 낮아지고 남쪽의 별이 1도 많이 보이며, 북쪽으로 200리를 가면 북극이 1도 높아지고 남쪽의 별이 1도 적게 보인다. 만일 땅이 둥글지 않다면 어떻게 그러하겠는가"라며 지구가 둥글다고 말한 사실이 전해진다.

"일득록"에 보면 정조의 인간성과 사람의 됨됨이를 엿볼 수 있는데 "나는 음악이나 여색(女色), 사냥 등은 좋아하는 것이 없고, 즐거워할 만한 인간사로는 국정을 하는 여가에 두세 문사(文士)와 경전(經典)을 이야기 하고 시(詩)를 말하며, 옛일을 토론하고 지금의 일을 증험하여 심신을 유익하게 하는 것에 불과하다."

"명주옷이 편리한 무명옷보다 못하다. 대체로 사람은 일용(日用)하는 의복이 한번 화려하게 되면 사치하고 싶은 마음이 생겨서 사치하는 풍습이 점점 성하게 된다.… 내가 나쁜 옷이 좋다고 말하는 것이 아니다. 가볍고 따뜻한 옷을 입으면 가난한 여인의 고생하는 모습이 생각나고, 서늘한 궁전에 있을 때면 여름에 밭에서 땀 흘리는 농부의 노고가 생각나 경계하고 두려운 마음이 항시 간절하다. 옛 사람이 '검소함에서 사치로 가기는 쉬워도 사치에서 검소함으로 가기는 어렵다'고 말했으니, 이것이 경계해야 할 점이다."

"임금 노릇 하는 도리에 대해 여러 성인(聖人)이 말한 것이 지극하다. 첫째는 하늘을 공경하고, 둘째는 조상을 본받고, 셋째는 백성을 사랑하고, 넷째는 어진 이를 높이는 이 네 가지 일이 곧 임금으로서의 훌륭한 절조이다."

정조의 이런 검소함과 실천은 확고한 철학에서 나온 것이다. 정조는 규장각 각신(閣臣) 김조순(金祖淳)에게 "부지런히 일하고 검소함을 밝히는 것은 우리 왕가의 법도이다."라고 말했다. 이런 정치철학으로 나라를 다스렸던 것이다.

이 시대 왜 정조가 다시 부각되는지를 잘 말해주는 구절들이라고 생각해볼 만하다. 또한 필자가 앞서 언급한 바와 같이 정조대왕은 조선왕조 군주 중에서 출중한 지략과 문무를 겸비한 최고의 성군이었으며 정조대왕이 잡은 사도세자 왕릉이 조선 왕릉 중에서 풍수적으로 최고의 위치라고 생각한다.

5부 금낭경과 청오경

금낭경 錦囊經

금낭경 上

1) 기감편 氣感編

葬者乘生氣也 五氣行乎地中 人受體於父母 本骸得氣 遺體受蔭
장자승생기야 오기행호지중 인수체어부모 본해득기 유체수음

[역] 장사葬事는 생기를 받아야 한다. 오기가 땅속으로 흐른다.
사람은 부모로부터 몸을 받고 본해(本骸, 보모의 유골)가 기를 얻으면 유체(遺體, 자식)는 음덕을 받는다.

經曰氣感而應 鬼福及人 是以銅山西崩 靈鐘東應 木華於春 粟芽於室
경왈기감이응 귀복급인 시이동산서붕 영종동응 목화어춘 속아어실

毫釐之差 禍福千里
호리지차 화복천리

[역] 경經에 이르기를 기氣가 감응感應하면 귀복(鬼福)이 사람에게 미친다.
이는 서쪽에 있는 동산이 붕괴하면, 동쪽에 있는 신령한 종鐘이 응하여 울리는 것과 같다.
나무는 봄에 꽃이 피고 조는 창고에서 싹이 튼다.
털끝만한 차이로도 화와 복은 천리지간으로 벌어진다.

經曰 地有四勢 氣從八方
경왈 지유사세 기종팔방

夫陰陽之氣 噫而爲風 升而爲雲 降而爲雨 行乎地中 則而爲生氣
부음양지기 희이위풍 승이위운 강이위우 행호지중 즉이위생기

[역] 경에 이르기를 땅에는 사세四勢가 있고 기는 팔방을 따른다고 하였다.
무릇 음양의 기는 뿜으면 바람이 되고, 오르면 구름이 되고, 내리며 비가 되고, 땅속으로 흘러 돌아다니면 곧 생기가 된다.

經曰 氣乘風則散 界水則止 古人聚之使不散 行之使有止 故謂之風水
경왈 기승풍즉산 계수즉지 고인취지사불산 행지사유지 고위지풍수

[역] 경에 이르기를 기가 바람을 받으면 흩어지고, 물을 만나면 멈춘다고 하였다.
옛사람은 기가 모이고 흩어지지 않는 곳, 기가 행하다가 멈춘 곳을, 자고로 풍수라고 하였다.

風水之法 得水爲上 藏風次之
풍수지법 득수위상 장풍차지

何以言之氣之盛 雖流行 而其餘者猶有止 雖零散 而其深者猶有聚
하이언지기지성 수류행 이기여자유유자 수령산 이기심자유유취

故藏於涸燥者宜淺 藏於坦夷者宜深
고장어학조자의천 장어탄이자의심

[역] 풍수의 법은 득수를 먼저하고 장풍은 그 다음이다.
거의 성함을 어떻게 말하랴. 비록 (기는) 흘러 다니지만 그 남은 것은 오히려 머무름에 있다. (기라는 것이) 비록 흩어지는 것이지만 그 깊은 곳에는 오히려 모임이 있는 것이다.
그러므로 메마른 학조한 곳에서 장사지낼 때는 마땅히 낮게 파야하고, 평편하고 탄이한 곳에서 장사지낼 때는 깊게 파야 한다.

經曰 淺深得乘 風水自成
경왈 천심득승 풍수자성

夫土者氣之體 有土斯有氣 氣者水之母 有氣斯有水
부토자기지체 유토사유기 기자수지모 유기사유수

[역] 경에 이르기를 낮고 깊은 천심을 알고, 기를 받으면 풍수는 저절로 이루어진다.
무릇 흙이란 것은 기氣의 체體이므로, 흙이 있으면 곧 기가 있는 것이다.
기는 물의 근본이므로, 기가 있으면 곧 물이 있는 것이다.

經曰 外氣橫形 內氣止生 蓋言此也
경왈 외기횡형 내기지생 개언차야

邱壟之骨 岡阜之支 氣之所隨
구롱지골 강부지지 기지소수

[역] 경에 이르기를, 외기가 횡행하여 형을 만들고 내기가 멈추어 생한다는 것은 대게 이런 것을 말하는 것이다.
구롱(邱壟 = 高山)의 골(骨 = 石)이든지, 강부岡阜의 지(支 = 無石)이든지, 기는 따르는 바이다.
(높고 돌로 된 산맥이든지, 바위가 없이 흙으로만 된 낮은 구릉의 용맥이든지 모두 기로 형성되었으며 기가 유통되고 있는 것이다.)

經曰 土形氣行 物因以生
경왈 토형기행 물인이생

蓋生者氣之聚 凝結者成骨 骨者人之生氣 死而獨留
개생자기지취 응결자성골 골자인지생기 사이독류

故葬者 反氣納骨 以蔭所生之法也
고장자 반기납골 이음소생지법야

[역] 경에 이르기를 흙이 형상을 이루어 흙이 돌아다니면 만물은 이로 인하여 생명을 얻는 것이다. 대개 생이라는 것은 기가 모인 것이고, 기가 응결되어 이룬 것이 골이다.
골은 사람의 생기로서 죽으면(살은 없어지지만) 오직 (뼈만) 남는다.
그러므로 장사라는 것은 기를 반응 시켜 뼈에 들게 함으로써, 살아있는 사람들에게 음덕을 입히는 법이다.

2) 인세편 因勢編

五氣行於地中 發而生乎萬物 其行也 因地之勢 其聚也 因勢之止
오기행어지중 발이생호만물 기행야 인지지세 기취야 인세지지

葬者原其起 乘其止
장자원기기 승기지

[역] 오기(목화토금수 생기)가 땅속을 흘러 돌아다니다가 이것이 발하여 만물을 생성한다. 오기의 흐름은 땅의 세에 의한 것이고 (오기)의 응취는 세가 멈춤으로써 일어난다. 장사를 지낼 때는 기가 일어나는 곳을 근원으로 하여 기가 멈추는 곳에다 묻어야 한다.

寅申巳亥 四勢也 衰旺繫乎形應
인신사해 사세야 쇠왕계호형응

震籬坎兌乾坤艮巽 八方也 來止迹乎岡阜
진리감태건곤간손 팔방야 내지적호강부

[역] 인방(寅方, 오행은 火), 신방(申方, 오행은 水), 사방(巳方, 오행은 金), 해방(亥方, 오행은 木)은 사세다. 쇠하고 성하는 것은 그 형세가 응하는 것에 달려있다.
진(震, 동쪽) 리(籬, 남쪽) 감(坎, 북쪽) 태(兌, 서쪽) 건(乾, 서북) 곤(坤, 남서) 간(艮, 북동) 손(巽, 동남)은 팔 방위다. (오기가) 흘러오거나 멈추는 것은 산과 언덕을 따라 이루어지는 것이다.

地勢原脈 山勢原骨 委蛇東西 或爲南北 千尺爲勢 白尺爲形
지세원맥 산세원골 위사동서 혹위남북 천척위세 백척위형

勢來形止 是謂全氣 全氣之地 當葬其止
세래형지 시위전기 전기지지 당장기지

全氣之地 宛委自復 回還重復
전기지지 완위자복 회환중복

[역] 지세는 맥을 근원으로 하고, 산세는 골(산의 높이와 형태)을 근원으로 한다.
(지세나 산세, 즉 용맥)은 뱀처럼 구불구불하게 동서로, 혹은 남북으로 가야 한다.
(지세나 산세가) 천 척(길고 크면)이면 형(혈장의 모양)을 이룬다.
세(용세)로 와서 형에 멈추는 것을 완전한 기라고 한다. 완전한 기를 갖춘 땅 즉 전기지지는 당연히 그 (기가) 멈춘 곳에 장사지내야 한다.
전기지지는 굴곡하면서 스스로 돌며 휘돌아 환포하는 것을 계속 중복한다.

若踞而候也 若攬而有也 欲進而却 欲止而深 來積止聚 沖陽和陰
약거이후야 약람이유야 욕진이각 욕지이심 내족지취 충양화음

土膏水深 鬱草茂林 貴若千乘 富如萬金
토고수심 울초무림 귀약천승 부여만금

經曰 形止氣蓄 化生萬物 爲上地也
경왈 형지기축 화생만물 위상지야

[역] (전기의 땅은) 마치 웅크리고 있으면서 (무엇을) 기다리는 것 같고, 마치 잡아당겨서 그곳에 있도록 하는 것과 같다. 나가고 싶은 것을 물리쳐야 하며, 멈추고자 하면 깊어야 한다. (기가) 와서 쌓이고 멈추어 모이면, 음양의 충화(沖和, 조화)가 일어난다.
흙이 기름지고 물이 깊으며 풀이 울창하고 숲이 무성하면 귀는 마치 천승(千乘)에 오르고, 부는 만금에 이를 것이다.
경에 이르기를 형이 멈추어 기를 축적하면 만물을 생하게 하고 변화하게 하니, (이런 곳을) 상지(좋은 땅)라고 한다.

3) 평지편 平支編

地貴平夷 土貴有支 支之所起 氣隨而始 支之所終 氣隨而鍾
지귀평이 토귀유지 지지소기 기수이시 지지소종 기수이종

觀支之法 隱隱隆隆 微妙玄通 吉在其中
관지지법 은은융륭 미묘현통 길재기중

[역] 땅의 귀함은 평편하고 편안한 곳에 있고, 흙의 귀함은 지(支)에 있다.
지의 일어남은 기를 따라 시작되고, 지의 끝남은 기를 따라 뭉친 곳이다.
지를 보는 법은 숨었다가 나타나기를 반복하고 미묘하고 현통한 것인데, 길함은 그 가운데 있다.

經曰 地有吉氣 隨土而起 支有止氣 隨隨而比
경왈 지유길기 수토이기 지유지기 수수이비

其法以勢 順形而動 回復終始 葬法其中 永吉無凶
기법이세 순형이동 회복종시 장법기중 영길무흉

[역] 경에 이르기를 땅속에 길기가 있으면 흙을 따라 일어나고 지(지맥)에 (길기)가 있으면 물을 따라 견주어진다.

이 법에 있어서 세(勢, 용세, 평지룡)는 순하고, 형은 (물이) 동하여 시작과 끝이 휘감아 돌아오니 이런 곳에 법을 맞추어 장사를 지내면 길함은 영원하고 흉은 없다.

4) 산세편 山勢編

山者勢險而有也 法葬其所會 乘其所來 審其所廢 擇其所相 避其所害
산자세험이유야 법장기소회 승기소래 심기소폐 택기소상 피기소해

禍福不旋日 是以君子 奪神工改天命
화복불선일 시이군자 탈신공개천명

[역] 산이란 세가 험하고 높지만(길혈은) 있다. 이치에 맞는 장사는 그 (산세에 기가) 모여드는 곳에 하여야 한다. (장사는) 그(기)가 오는 바를 타야 한다.
그 폐한(기가 오지 않는) 곳은 자세히 살펴봐야 한다. 그 상(서로 잘 어우러진 산세)한 곳을 선택한다. 그 해害가 있는 곳은 피한다.
화복은 (지나간) 날들을 되돌릴 수 없으므로, 여기서 군자라면 신이 할 수 있는 모든 것을 빼앗고 하늘이 정한 운명을 바꿀 수 있어야 한다.

經曰 葬山之法 若呼谷中 言應速也
경왈 장사지법 약호곡중 언응속야

是故 四勢之山 生八方之龍 四勢行氣 八龍旋生 一得其宅 吉慶榮貴
시고 사세지산 생팔방지룡 사세행기 팔룡선생 일득기택 길경영귀

[역] 경에 이르기를 산에 장사 지내는 법은, 마치 산골짜기 가운데서 소리를 치면, 메아리가 바로 빠르게 돌아오는 것과 같다고 하였다. (즉, 산세로 된 혈에 장사를 지내면 그 발복이 매우 빠르다는 것을 설명함)
그러므로 사세지산(주산, 청룡, 백호, 안산)은 팔방에 있는 용을 생하는데, 사세에 기가 흘러 다니면 팔방에 있는 용은 생으로 되돌아간다.
그 자리에서 하나를 얻으면, 길하고 경사스럽고 번영하고 귀하게 된다.

山之不可葬者五 氣因土行 而石山不可葬也 氣因形來 而斷山不可葬也
산지불가장자오 기인토행 이석산불가장야 기인형래 이단사불가장야

氣以勢止 而過山不可葬也 氣以龍會 而獨山不可葬也
기이세지 이과산불가장야 기이용회 이독산불가장야

經曰 童斷石過獨 生新凶 消已福
경왈 동단석과독 생신흉 소이복

[역] 산에 장사를 지내면 안 되는 5가지가 있는데, 기는 흙으로 흘러 다니는 것이므로 석산(돌산)에는 장사를 지내지 못한다. 기는 형용맥과 혈을 따라 오는 것이니 단산(맥이 끊긴 산)에는 장사를 지내지 못한다.
기는 세를 멈추어야 하는 것이므로 (용세가 멈추어야 혈을 맺는 것이므로) 과산(지나가는 용맥)에는 장사를 지내지 못한다. 기는 용이 모여야 하는 것이므로 독산(홀로 떨어진 산)에는 장사를 지낼 수 없다.
기는 생화(땅에서 만물이 생기고 자라는 것)를 하여야 하는 것이므로 동산(민둥산)에는 장사를 지낼 수 없다.
경에 이르기를 동산, 단산, 석산, 과산, 독산은 새로이 흉을 생기게 하고, 이미 있는 복도 소멸시킨다고 하였다.

占山之法 以勢爲難 而形次之 方又次之
점산지법 이세위난 이형차지 방우차지

上地之山 若伏若連 其原自天 若水之波 若馬之馳 其來若奔 其止若尸
상지지산 약복약련 기원자천 약수지파 약마지치 기래약분 기지약시

若懷萬寶而燕息 若具萬饍而潔齊 若橐之鼓 若器之貯 若龍若鸞 或騰或盤
약회만보이연식 약구만선이결제 약탁지고 약기지저 약룡약란 혹등혹반

禽伏獸蹲 若萬乘之尊也
금복수준 약만승지존야

[역] 산에 혈을 정하는 법은 세(용세)로 하는 것이 가장 어렵고, 형으로 하는 것이 다음이며, 방위로 하는 것은 또 그 다음으로 어렵다.
좋은 땅이 있는 산은 엎드린 듯 이어진 듯 하는데, 그 근원은 하늘로부터다.
마치 물결과 같고, 마치 달리는 말과 같으며 그것(산, 용맥)이 오는 것은 마치 (말이) 달리는 것과 같으며, 그것 (용맥)이 멈추는 것은 마치 시신처럼 움직이지 않는다.
마치 만 개의 보물을 안고 편히 쉬는 듯하고, 마치 만 가지 반찬을 구비하여 깨끗하고 단정하게 차린 것과 같고, 마치 (가득 찬) 전대 자루를 두드리는 것과 같으며 마치 그릇을 쌓아 놓은 것 같고, 마치 용 같고, 난새(천자를 상징하는 봉황) 같아서 혹은 높은 곳으로 오르고 혹은 똬리를 트는 것처럼 밑바닥에 서려 있기도 하다.
날짐승은 엎드리고 길짐승은 웅크리는 것이, 마치 만승(천자)의 존엄함과 같다.

天光發新 朝海拱辰 四勢端明 五害不親 十一不具 是謂其次
천광발신 조해공진 사세단명 오해불친 십일불구 시위기차

[역] 하늘의 빛이 새롭게 비치고, 바닷물은 별들을 껴안은 듯하니, 사세(사방의 산세)가 단정하고 밝아 오해가 가까이 할 수 없다. 열 중에 한 가지만 갖추지 않았다면 이는 그 다음이라 일컫는다.

5) 사세편 四勢編

夫葬 以左爲靑龍 右爲白虎 前爲朱雀 後爲玄武
부장 이좌위청룡 우위백호 전위주작 후위현무

玄武垂頭 朱雀翔舞 靑龍蜿蜒 白虎馴頫
현무수두 주작상무 청룡완연 백호순부

形勢反此 法當破死 故虎繞 謂之啣尸 龍踞謂之嫉主 玄武不垂者拒尸
형세반차 법당파사 고호요 위지함시 용거위지질주 현무불수자거시

朱雀不翔舞者騰去
주작불상무자등거

[역] 무릇 장사를 지내는 데는 좌측은 청용을 삼고, 우측은 백호를 삼으며 앞은 주작을 삼고 뒤는 현무로 삼는다.
현무는 머리를 똑바로 드리우고 주작은 춤추듯 밝고 맑으며 청룡은 굽어 감싸 안아 주어 완연하고 백호는 길들어져 순한 듯 머리를 숙여야 한다.
형세가 이와 반대면, 당연히 (집안이) 망하고 (사람이) 죽음을 당하는 법이다.
그러므로 백호가 두르고 있는 것은 시신을 물어뜯기 위한 것이고, 청룡이 웅크리고 있으면 주인을 시기함이며 현무가 똑바로 드리우지 않는 것은 시신(장사지낼 시신)을 거부하는 것이며 주작이 춤추듯 맑고 밝지 않으면 높이 날아서 가버린다.

夫以水爲朱雀者 忌夫湍激 謂之悲泣
부이수위주작자 기부단격 위지비읍

以支爲龍虎者 要若肘臂 謂之回抱
이지위룡호자 요약주비 위지회포

朱雀源於生氣 派於已盛 朝於大旺
주작원어생기 파어이성 조어대왕

[역] 무릇 물로서 주작을 삼을 경우는 저 여울이 격렬하게 물결이 부딪쳐 흐르면서 소리를 내는 곳은 기피하여야 하는데 슬픈 울음을 가리키는 것이다.
가지가 청룡과 백호가 되는 경우는 만약 팔꿈치를 구하면 돌아서 안는 것을 가리키는

것이다. 주작은 생기에 근원을 두고 있는 것이니 나누면 그 성함이 그치고, 모이면 크게 왕성 한다.

澤於將衰 流於囚謝 以返不絶 法每一折 瀦而後泄 洋洋悠悠 顧我欲留
택어장쇠 유어수사 이반부절 법매일절 저이후설 양양유유 고아욕류

其來無源 其去無流
기래무원 기거무류

經曰 山來水回 貴壽而財 山囚水流 虜王滅侯
경왈 산래수회 귀수이재 산인수류 노왕멸후

[역] 연못의 물은 장차 쇠하니 유수는 가둔 다음에 흘러야 한다.
돌아옴은 끊어짐이 없으니 매번 한번 꺾이는 것이 법이며 고였다가 후에 새어 나가야 한다. (물은) 넘치듯 가득 차서 멀리 흘러가면서도, 나를 돌아보고 머물고 싶어 한다.
그 오는 것도 근원이 없고 흘러가는 것도 없어 보이지 않는다.
경에 이르기를 산이 오고 물이 돌면, 귀하게 되고 장수하고 부자가 된다고 했다.
산이 갇히고 물이 흐르면 왕은 포로가 되고 제후는 멸망한다.

금낭경 下

6) 귀혈편 貴穴編

夫外氣所以聚內氣 過水所以止來龍 千尺之勢 宛委頓息
부외기소이취내기 과수소이지내룡 천척지세 완위돈식

外無以聚 內氣散於地中
외무이취 내기산어지중

經曰 不蓄之穴 腐骨之臧也
경왈 불축지혈 부골지장야

[역] 무릇 외기外氣는 내기內氣를 모이게 하고 흐르는 물은 내룡來龍을 멈추게 한다. 천척 千尺의 강력한 기세로 구불거리고 조아리며 먼 거리를 와 그치더라도 외기가 모이지 않으면 내기는 땅 속에서 흩어지는 것이다.
경에 이르기를 기가 축적되지 않은 혈은 장사지낸 땅 속에서 뼈가 썩는다.

夫噫氣爲風 能散生氣 龍虎所以衛區穴 疊疊中阜 左空右缺 前曠後折
부희기위풍 능산생기 용호소이위구혈 첩첩중부 좌공우결 전광후절

生氣散於飄風
생기산어표풍

經曰 騰漏之穴 敗槨之臟也
경왈 등루지혈 패곽지장야

[역] 무릇 기가 내뿜어지면 바람이 되는데, 능히 생기를 흩어버리니 청룡과 백호는 구혈(區穴, 혈장)을 호위 하는데 소용이 있다.
산 들이 첩첩으로 있어도 좌우가 비거나 허약하고 (혈) 앞이 툭 터져 넓고 뒤가 끊겨 있으면, 생기는 회오리바람에 흩어지고 마는 것이다.
경에 이르기를 (기가) 세어 위로 올라가는 혈에 장사를 지내면, 곽槨이 흩어져 버린다.

夫土欲細而堅 潤而不澤 裁肪切玉 備具五色
부토욕세이견 윤이불택 재방절옥 비구오색

夫乾如聚粟 濕如珪肉 水泉沙礫 皆爲凶宅
부건여취속 습여규육 수천사역 개위흉택

[역] 무릇 흙은 미세하면서도 단단해야 하며, 윤택하나 습하지 않고, 옥을 갈라 기름질 하는 것처럼 오색을 갖추어야 한다.
무릇(흙)이 건조하기가 좁쌀을 모아놓은 것과 같고 습하기가 베어놓은 고기 같으며, 샘물이 나오거나 모래와 자갈이 섞여 있으면 모두 흉택이다.

皆穴有三吉 葬有六凶 天光下臨 地德上載 藏神合朔 神迎鬼避 一吉也
개혈유삼길 자유육흉 천광하림 지덕상재 장신합삭 신영귀피 일길야

陰陽沖和 五土四備 已穴而溫 二吉也
음양충화 오토사비 이혈이온 이길야

目力之巧 工力之具 趨全避闕 增高益下 三吉也
목력지교 공력지구 추전피궐 증고익하 삼길야

[역] 대개 혈에는 3가지의 길한 것이 있고, 장사를 지내는데 6가지 흉한 것이 있다.
하늘의 빛은 내려와 비치고, 지덕은 올라가 실리고, 무덤에 있는 귀신의 날(좋은 날 장사하면)과 합하면 좋은 신은 맞아들이고 나쁜 귀신은 피하는 것이니 이것이 첫 번째 귀한 것이다. 음양이 충화(沖和, 조화)되고, 오색토五色土 중 네 가지가 구비되면, 이미 혈은 온화한 것이니 이것이 두 번째 귀한 것이다.

눈으로 잘 살피고, 공력으로 (묘지를) 잘 꾸미며, 완전함을 좇고 부족함을 피하고, 높은 곳은 덧붙이고 낮은 곳을 증가시키는 것이 세 번째 길한 것이다.

陰陽差錯爲一凶 歲時之乖爲二凶 力小圖大爲三凶 憑富恃勢爲四凶
음양차착위일흉 세시지괴위이흉 역소도대위삼흉 빙부시세위사흉

僭上 偪下爲五凶 變應怪見爲六凶
참성 핍하위오흉 변응괴견위육흉

經曰 穴吉葬凶 與棄屍同
경알 혈길장흉 여기시동

[역] 음양이 어긋나 생기면 1흉이요, 세시(장사지내는 시간)가 어긋나면 2흉이며, (소인배들이) 노력은 적은데 큰 것(과분한 대혈)을 도모하는 것은 3흉이요, 부유한 재산을 가지고 권세를 의지하려는 것은 4흉이며, 참상(僭上, 신분이 낮은 자가 화려한 격식을 갖추어 묘지를 꾸미려는 것)이나 핍하(偪下, 자기 조상의 묘지를 좋게 하기위해 타인의 묘지를 음해하는 것)는 5흉이고, 변웅(정해진 장법에 따르지 않고 아무렇게나 묘지를 만드는 것)과 괴견(怪見, 괴이한 현상이 나타나는 것)은 6흉이다. 경에 이르기를 혈은 좋은데 장사 지내는 것이 흉하면 시신을 버리는 것과 같다고 하였다.

7) 형세편 形勢編

經曰 勢止形昻 前澗後岡 龍首之藏
경왈 세지형앙 전간후강 용수지장

鼻顙吉昌 角目滅亡 耳致侯王 脣死兵傷
비상길창 각목멸망 이치후왕 순사병상

宛而中蓄 曰之龍腹 其臍深曲 必世後福 金穀璧玉
완이중축 왈지용복 기제심곡 필세후복 금곡병옥

傷其胸脇 朝穴暮哭 其法滅族
상기흉혈 조혈모곡 기법멸족

[역] 경에 이르기를 세(勢, 용세)가 그치고 형(形, 혈장)이 둥그스름하게 쳐들어 있고, 앞에는 물이 흐르고 뒤에 산이 있으면, 장사를 지낼 수 있는 진룡의 머리, 즉 혈이다. (용의) 코와 이마에 해당되는 곳에 장사지내면 길창하고 뿔과 눈에 해당되는 곳은 멸망하며, 귀에 해당되는 곳은 죽거나 전쟁에 나가 다칠 것이다.

구불구불하게 내려오던 용이 중앙에 (혈장을 만들어 기를) 응축하면, 이를 용의 배라고 한다. 그 배꼽은 깊고 음푹 들어가 있는데 (그곳에 혈을 쓰면) 필시 후세에 복을 받아, 금과 곡식과 옥이 가득가득 넘치게 될 것이다.
(용의) 가슴이나 갈비뼈 부분에 상처가 있는데, (그곳에) 아침에 혈을 쓰면 (장사를 지내면) 저녁에 곡소리가 날 것이니, 그 법은 멸족시키는 것이다.

夫古人之葬 蓋亦難矣 岡壟之辨 眩目惑心 禍福之差 侯虜有間
부고인지장 개역난의 강롱지변 현목혹심 화복지차 후로유간

故山勢盡而 擧者爲尾 而占首有疑 其法在耳角目之具
고산세진이 거자위미 이점수유의 기법재이각목지구

[역] 무릇 고인의 장법은 더없이 어렵다.
산룡과 평양룡(밭이랑)을 분별하려면, 눈을 현혹시키고 마음을 의심케 할 것이니, 그 화복의 차이는 공후와 종의 차이가 있다. 그러므로 산세가 다하여 불끈 솟은 것은 꼬리이니, 머리에 점혈占穴하고자 할 때는 의심을 가져 보아야 한다.
그 법(머리에 쓰는 법)은 귀, 뿔, 눈, 코를 갖추어 존재한다.

耳角之辨 百尺之山 十尺相邇 以坎爲首 甲角震耳
이각지변 백척지산 십척상이 이감위수 갑각진이

八山對求 乾角在癸 龍目宛然 直離之申 兌以坎爲鼻 艮坎爲脣
팔산대구 건각재계 용목완연 직리지신 태이감위비 간감위순

土圭測其方位 玉尺度其遠邇
토규측기방위 옥척도기원이

[역] 귀와 뿔의 분별은 백 척의 산에서 열 척 정도의 거리를 보다 상세히 구분하는 것이다. 감산坎山으로 머리를 삼았다면, 갑甲 방향에 뿔이 있고 진震 방향에 귀가 있다.
팔산(팔괘방위)에서 짝을 구함에 있어, 건산乾山의 뿔은 계癸에 있고, 용의 눈은 완연히 이산離山의 신申에 위치한다. 태산兌山에서는 감坎 방향으로 코를 삼고, 간산艮山에서는 감坎 방향으로 입술을 삼는다.
토규(土圭, 고대의 나경패철)로는 그 방위를 측정하고, 옥척(玉尺, 자)은 멀고 가까운 (깊고 낮은) 깊이를 측정한다.

乘金相水穴土印木 外藏八風 內秘五行 龍虎抱衛 主客相迎
승금상수혈토인목 외장팔풍 내비오행 용호포위 주객상영

微妙在智 觸類而長 玄通陰陽 功奪造化
미묘재지 촉류이장 현통음양 공탈조화

[역] (혈장은) 승금(乘金 = 입수도두 入首倒頭 = 구 毬), 상수(相水 = 선익 蟬翼 = 우각 牛角), 혈토穴土, 인목(印木 = 순전 脣氈 = 전순 氈脣)으로 되어 있다.
밖으로 팔풍을 가두어 갈무리 하면 안에서는 오행의 (생기를) 간직한다.
청룡과 백호가 다정하게 안아 포위해주면 주산과 객산은 서로 맞이한다.
미묘한 지혜가 있으려면 오랫동안 여러 가지 유형의 (혈을) 접촉하여야 한다. 음양의 이치에 현달하여 통하면, 공덕功德으로 자연조합의 힘을 뺏을 수도 있다.

夫牛臥馬馳 鸞舞鳳飛 騰蛇委蛇 黿鼉龜鼈 以水別之
부우와마치 난무봉비 등사위사 원타구별 이수별지

牛富鳳貴 騰蛇凶危
우부봉귀 등사흉위

形類百動 葬皆非宜 四應前案 法同忌之
형류백동 장개비의 사응전안 법동기지

[역] 무릇 소가 누운 듯 말이 달리는 듯, 난 새가 춤을 추는 듯 봉황이 날아오르는 듯, 뱀이 위로 오르는 듯 뱀이 구불구불하는 듯, 큰 자라·악어·거북·금자라 등은 물로써 이를 구분한다. 소는 부를 봉황은 귀를 뜻하고, 죽은 뱀과 같이 직선으로 뻗은 등사騰蛇는 흉악한 것이다.
형(形, 물형)이 백 가지인데 이것이 난동하듯이 움직이면, 장사는 모두 합당치 않다. 사방에 응하는 산과 앞에 있는 안산도(난동하듯이 어지러우면 기가 모이지 않고 흩어지므로) 똑같은 이치로 장사를 금해야 하는 것이다.

8) 취류편 取類編

夫重岡疊阜 群壟衆支 當擇其特 情如伏尸 大則特小 小則特大
부중강첩부 군롱중지 당택기특 정여복시 대칙특소 소칙특대

參形雜勢 主客同情 所不葬也
참형잡세 주객동정 소부장야

[역] 무릇 산과 언덕이 중첩重疊하고, 산룡과 평양룡이 무리를 지어 있어도 (그 중에서) 당연히 특이한 것을 택하여 시신을 묻어야 정情이 있다. (산이) 크면 작은 것이 특이한 곳이고, (산이) 작으면 큰 곳이 특이한 곳이다.

(용맥의) 형세形勢가 불규칙하고 번거로우며 주(주산)와 객(주변사격)이 (특이하지 않고 大小가) 똑같으면, 장사지 낼 수 없는 장소다.

夫支欲起於地中 壟欲峙於地上 支壟之前 平夷如掌
부지욕기어지중 농욕치어지상 지롱지전 평이여장

故支葬其巓 壟葬其麓 卜支如首 卜壟如足
고지장기전 농장기록 복지여수 복롱여족

[역] 무릇 평양룡은 땅속에서 융기 하여야 하고, 산룡은 지상에서 높이 솟아야 한다. 평양룡이나 산룡의 앞은, 손바닥처럼 평탄하고 아늑해야 한다. 용의 바로 앞은 行龍이 끝나는 龍盡處다. 기를 모아 혈을 맺으려면 평탄하고 아늑해야 한다.
그러므로 평양룡에 장사지낼 때는 그 꼭대기 부분 머리에 하고, 산룡에 장사 지낼 때는 그 기슭에 한다. 평양룡에서 혈을 쓸 때는 머리부분에 하고, 산룡에서 혈을 쓸 때는 발 부분인 기슭에 한다.

形勢不經 氣脫如逐 形如仰刀 凶禍伏逃 形如臥劍 誅夷逼僭
형세불경 기탈여축 형여앙도 흉화복도 형여와검 주이핍참

形如橫几 子滅孫死 形如覆舟 女病男囚 形如灰囊 災舍焚倉
형여횡궤 자멸손사 형여복주 여병남수 형여회낭 재사분창

形如投算 百事昏亂 形如亂衣 妬女淫妻
형여투산 백사혼란 형여난의 투여음처

[역] 형세가 경(經, 장경)에 맞지 않으면, 기는 축출되듯이 이탈한다. 형세가 마치 칼날을 위로 보도록 세워놓은 것 같이 등이 좁고 날카로우면 흉화를 당하거나 숨어 달아나는 일이 생긴다. 형세가 눕혀 놓은 긴 칼과 같이 좁고 길면, 처참한 주검인 주륙誅戮을 당하거나 참담한 일이 닥쳐오는 핍참逼僭함을 겪는다.
형세가 마치 제사 때 옆으로 가로놓은 제사상이 횡궤橫几 같아 (맥이 잘리면) 자손이 멸망하고 죽는 화를 당한다. 형세가 마치 뒤집혀져 있는 배 같으면, 여자는 병이 들고 남자는 감옥에 갇히는 일이 생긴다. 형세가 재를 담는 주머니 같으면, (화재를 당하여) 집이 불타고 창고가 잿더미가 되는 화를 입는다.
형세가 마치 산가지를 이리저리 흩어놓은 것 같으면, 모든 일이 혼란에 빠져 어지럽게 된다. 형세가 마치 옷가지를 이리저리 흩어놓은 것 같으면 여자가(딸들은) 질투심이 많고 처(아내)는 음란하다.

形如植冠 永昌且歡 形如覆釜 其巓可富
형여식관 영창차환 형여복부 기전가부

形如負扆 有壟中峙 法葬其止 王侯堀起
형여부의 우롱중치 법장기지 왕후굴기

龍遶虎踞 前案如戶 貴不可露 形如燕巢 法葬其凹 胙土分茅
용요호거 전안여호 귀불가로 형여연소 법장기요 조토분모

形如側罍 後岡遠來 前應曲回 九棘三槐
형여측뢰 후강원래 전응곡회 구극삼괴

[역] 형세가 마치 관모冠帽를 단정하게 쓰고 있는 것 같으면, 영원히 창성昌盛하고 또한 기쁠 뿐이다. 형세가 마치 엎어놓은 가마솥 같고, 그 꼭대기 부분에 장사지내면 가히 부자가 될 것이다. 형세가 마치 둘러 쳐놓은 병풍 같은데, 높이 솟은 산봉우리에서 내려온 산룡이 있으며, 그것이 그저 멈추는 곳에 법에 맞추어 장사를 지내면, 왕후처럼 우뚝 솟아 일어난 인물이 나온다.
(형세가) 청룡이 두른 듯 감싸 안아 주고 백호는 웅크린 듯하며, 앞의 안산이 집과 같으면, 귀貴는 이슬 맞는 일 (명예가 실추되거나 벼슬에서 쫓겨나는 일)이 없을 것이다.
형세가 제비집 같은데, 그 음푹한 부분에 법에 맞추어 장사를 지내면 제후가 된다.
형세가 마치 술독이나 대야를 옆에 놓은 것 같고, 뒤에 용맥은 멀리서 오고 (용이 장원長遠하고) 앞에는 산과 물이 곡선으로 둘러 감싸 안아 주면서 응대하면, 삼공(三公)과 구경(九卿) 등 귀하고 높은 벼슬이 난다.

勢如萬馬 自天而下 其葬王者 勢如巨浪 重嶺疊障 千乘之葬
세여만마 자천이하 기장왕자 세여거랑 중령첩장 천승지장

勢如降龍 水遼雲從 爵祿三公 勢如雲從 璧立雙峯 翰墨詞鋒
세여강룡 수요운종 작록삼공 세여운종 벽립쌍봉 한묵사봉

勢如重屋 茂草喬木 開府建國
세여중옥 무초교목 개부건국

[역] (산)세가 만 마리의 말이 하늘에서 내려오는 것 같으면, 그 묘터는 왕이 나는 곳이다.
산세가 거대한 파도와 같고 잇달아 뻗어 있는 산봉우리들이 중첩으로 가로막아 감싸 보호해 주면, 천자가 날 묘터다.
산세가 하늘에서 힘차게 내려오는 용 같고, 물이 에워 감싸주고, (모든 산들의 모습이 마치) 구름이 용을 따르는 듯하면 작록(爵祿, 벼슬과 녹봉)이 삼공에 이른다.
산세가 구름이 따르는 것 같고, 두 개의 봉우리가 옥처럼 아름답게 서 있으면, 글 잘하고 (한림학사) 직언을 아끼지 않는 충신(사간원)이 나온다.
산세가 마치 많은 집들을 겹쳐 놓은 것 같고, 풀이 무성하고 나무가 곧고 높이 자라는 곳이면 (지기가 왕성하다는 뜻), (관청의) 부처를 만들거나 나라를 세울 수 있는 곳이다.
(즉, 한나라를 세울 수 있는 큰 인물이 나오는 땅이다)

勢如驚蛇 屈曲徐斜 滅國亡家 勢如戈矛 兵死刑囚
세여경사 굴곡서사 멸국망가 세여과모 병사형수

勢如流水 生人皆鬼
세여유수 생인개귀

[역] 산세가 마치 놀란 뱀처럼, 이리저리 삐뚤어지면서 서서히 기울어여 있으면, 나라나 가정이나 멸망한다. 산세가 마치 날카롭고 딱딱한 긴 창 같으면, 군대에 가 죽거나 형벌로 죄수가 된다.
산세가 마치 (무정하게) 흐르는 물과 같으면 산 사람이 모두 괴귀(귀신에 홀린 듯 미쳐버림) 해진다.

夫勢與形順者吉 勢與形逆者凶
부세여형순자길 세여형역자흉

勢凶形吉 百福希一 勢吉形凶 禍不旋日
세흉형길 백복희일 세길형흉 화불선일

[역] 세勢와 형形이 같이 순(이치에 맞으면)하면 길한 것이고 세勢와 형形이 같이 역(이치에 맞지 않으면) 흉한 것이다.
세는 흉한데 형이 길하면 백 가지 복 중에서 오직 하나만 좋고, 즉 다흉소복多凶小福하고, 세는 길하고 형이 흉하면, 불행이 날을 돌이키지 않으므로 화禍가 매우 빠르게 닥쳐온다.

청오경 靑烏經

先生漢時人也 精地理陰陽之術 而史失其名
선생한시인야 정지이음양지술 이사실기명

郭璞葬書引 經曰爲證者 卽此書也
곽박장서인 경왈위증자 즉차서야

先生之書 簡而儼約 而當誠後 世陰陽家 書之朝也
선생지서 간이엄약 이당성후 세음양가 서지조야

[역] 선생은 한나라 때 사람이다. 지리와 음양지술에 정통했으나, 그 이름은 역사기록에 빠져 전하지 않는다. 곽박의 장서(葬書, 금낭경)는 경왈經曰하며 인용하여 증거로 삼고 있는 것이 있는데, 바로 이 책이다.
선생의 책은 간략하면서 엄밀하게 요약되어 있다. 이는 당연히 후세 음양가들이 저술한 책들의 시조始祖로 공경되었다.

盤古渾淪 氣萌大朴 分陰分陽爲淸爲濁 生老病死 誰實主之
반고혼륜 기맹대박 분음분양위청위탁 생로병사 수실주지

無其始也 無有議焉
무기시야 무유의언

不能無也 吉凶形焉 曷如其無 何惡其有
불능무야 길흉형언 갈여기무 하오기유

[역] 반고(태고)의 혼돈상태에서, 기가 싹터 크게 밑바탕이 되었다. 이것이 음양으로 나뉘어, 청탁淸濁이 이루어졌으며 생로병사가 이루어졌는데, 누가 이를 실로 주관했겠는가, 그 처음이라는 것이 없다. 그 처음이 있는지 없는 지를 여기서 의논해 본다면, 없다고 하는 것은 불가능한 것이니 길흉은 여기에 형상이 있는 것이다.
어찌 그것이 없다고 할 것이며, 어찌 그것이 있다고 하겠는가.

藏於杳冥 實關休咎 以言諭人 似若非是 其於末也 一無外此
장어묘명 실관휴구 이언유인 사약비시 기어말야 일무외차

其若可忽 何假於予 辭之廂矣 理無越斯
기약가홀 하가어여 사지우의 이무월사

[역] 장사는 깊고 어두운 곳에 넣는 것인데, 시로 휴구(길흉)에 관계되는 것이다. 이를 사람들에게 비유하여 설명하자면, 시비是非가 있을 것이지만, 그것의 결말은 있는 것이니 조금의 차이도 없다. (묘지의 길흉화복에 대해서는 사람에 따라 시비가 있을 수 있지만 결국 화복은 존재하는 것으로 털끝만큼도 차이가 없다)
그것을 만약 소홀히 한다면, 어찌 나에게 거짓이 있겠는가. 말로써 (표현은) 손에 난 사마귀처럼 보잘 것 없다 할지라도 이치는 이를 넘을 수 없는 것이다.

山川融結 峙流不絶 雙眸若無 烏乎其別 福厚之地
산천융결 치류부결 쌍모약무 오호기별 복후지지

擁容不迫 四合周顧 卞其主客

옹용불박 사합주고 변기주객

山欲其迎 水欲其澄 山來水回 逼貴豊財 山囚水流 虜王滅侯
산욕기영 수욕기징 산래수회 핍귀풍재 산수수류 노왕멸후

山頓水曲 子孫千億
산돈수곡 자손천억

山走水直 從人寄食 水過西東 財寶無窮 三橫四直 官職彌崇
산주수직 종인기식 수과서동 재보무궁 삼횡사직 관직미숭

九曲委蛇 準擬沙堤 重重交鎖 極品官資 氣乘風散 脈遇水止
구곡위사 준의사제 중중교쇄 극품관자 기승풍상 맥우수지

藏隱蜿蜒 富貴之地
장은완연 부귀지지

[역] 산천은 융결하고, 산의 우뚝 솟음과 물의 흐름이 끊이지 않으니 두 눈동자가 만약 없다면 오호! 어찌 그것을 구별할 수 있겠는가. 복되고 후덕한 땅은 모습이 온화하여 궁색하지 않고 사방의 산들은 두루 합하여 둘러 감싸주니, 그 주(주산)와 객(주변 사격)이 법에 맞는다.
산은 그 맞이하는 것을 좋아하고, 물은 그 맑음을 좋아하니, 산이 오고 물이 돌면 귀貴가 가까이 있고 재물이 풍족하다. 산이 갇히고 물이 흘러가면 왕은 붙잡혀 포로가 되고 재후는 망할 것이다. 산들이 조아리며 모이고 물이 구불구불하면 자손은 천억으로 번창 할 것이다.
산이 달아나고 물이 똑바르면, 종(노예)이 되거나 기식(거지)할 것이다.
물이 동서로 과할 정도로 풍부하면, 재산과 보물이 무궁하고 세 번 옆으로 가르고 네 번 직선으로 흐르면 관직이 더욱 오를 것이다.
여러 골짜기에서 나온 물들이 뱀처럼 구불구불하게 흐르고, 모래사장과 같이 평평하고 거듭거듭 감싸 서로 교쇄하면 극품의 관직에 오를 것이다.
기는 바람을 만나면 흩어지고, 맥은 물을 만나면 멈추는 것이니, 감추어지고 숨은 (용이) 구불구불 꿈틀대는 것이 부귀를 할 수 있는 땅이다.

不蓄之穴 是爲腐骨 不及之穴 生人絶滅 騰漏之穴 翻棺敗槨
불축지혈 시위부골 부급지혈 생인절멸 등루지형 번과패곽

背囚之穴 寒泉滴瀝 其爲可畏 可不愼乎
배수지혈 한천적력 기위가외 가불신호

[역] 생기가 모이지 못한 혈은 뼈가 썩을 것이고, 생기가 이르지 못한 혈은 사람이 모두 죽을 것이고, 생기가 날아가고 새는 혈은 관(널)이 뒤집히고 관을 담는 곽이 깨질 것이며, 생기가 배신하고 막힌 혈은 찬 샘물이 물방울지어 적실 것이니, 그것이 바로 두려운 것인데 어찌 가히 삼가 하여 조심하지 않겠는가.

百年幻化 離刑歸眞 情神入門 骨骸反根 吉氣感應 累福及人
백년환화 이형귀진 정신입문 골해반근 길기감응 누복급인

東山吐焰 西山起雲 穴吉而溫 富貴延綿 其或反是 子孫孤貧
동산토염 서산기운 혈길이온 부귀연면 기혹반시 자손고빈

童斷與石 過獨逼側 能生新凶 能消已福
동단여석 과독핍측 능생신흉 능소이복

[역] (사람이) 백년을 살면 죽게 되니, 형체를 떠나 참으로 돌아가 정시만 입문하고 뼈와 해골은 땅속뿌리로 되돌아가는데 길한 기운이 감응하면 사람에게 많은 복을 가져다 준다.
동쪽 산이 불기를 토하면 서쪽 산에서 구름이 일어나는 것이니 혈이 온화하여 길하면 부귀가 오랫동안 이어질 것이다. 그것이 혹시 그렇지 못하다면 (혈이 온화하여 길하지 못하다면) 자손이 외롭고 가난할 것이다.
민둥산, 맥이 끊긴 산, 돌산과 함께 용이 멈추지 않고 그냥 지나가는 산, 홀로 있는 산을 가까이 하면 능히 새로운 재앙이 생길 것이고 능히 이미 있는 복도 소멸시킬 것이다.

貴氣相資 本原不脫 前後區衛 有主有客 水行不流 外狹內闊
귀기상자 본원불탈 전후구위 유주유객 수행불류 외협내활

大地平洋 杳茫莫測

대지평양 묘망막측

沼沚池湖 眞龍憩息 情堂內求 愼莫外覓 刑勢彎趨 享用五福
소지지호 진룡게식 정당내구 신막외멱 형세만추 향용오복

[역] 귀한 기운을 서로 취하는 자리란 본래 근원(용맥)으로부터 이탈하지 않고, 전후를 호위하듯이 잘 감싸주는 곳으로 주산(주룡)이 있고 객산(사격)이 있는 곳이다. 물은 흐르나 흐르지 않는 것처럼 보이고, 바깥(수구)은 좁으나 (보국) 안은 넓으며, 대지(명당 안의 들판)는 바다와 같이 평평하며, 아늑하고 망망함을 헤아리기가 막연하여야 한다. 늪, 물가, 연못, 호수는 진룡의 행룡을 멈추어 쉬게 하는 곳이니 적당히 그 안(물이 감싸준 안쪽)에서 구해야 하며 진실로 밖에서 찾는 일은 없어야 한다. (물의) 형세가 굽어 감싸주는 것을 추하고 있다면 오복을 누리게 된다.

勢止形昻 前澗後岡 位至侯王 形止勢縮 前案回曲 金穀璧玉
세지형앙 전간후강 위지후왕 형지세축 전안회곡 금곡벽옥

山隨水著 超超來路 相而注之 穴須回顧 天光下臨
산수수저 초초내로 상이주지 혈수회고 천광하림

百川同歸 眞龍所泊 孰卞玄黴
백천동귀 진룡소박 숙변현미

[역] (용) 세가 멈추면서 (혈)형이 머리를 들어 우뚝하고, 앞에는 계곡물이 있고 (앞에 물이 흐르고) 뒤에는 산이 받쳐주면 그 지위가 제후나 왕에 이를 것이다.
형이 멈추면서(혈을 맺고) (용) 세가 바르고, 앞으로 안산이 휘어 돌아서 감싸주고 있으면, 금과 곡식과 아름다운 보물이 가득할 것이다.
산 따라 물이 나타나는데(흐르는데) (물이) 멀리서부터 와서 (산과 물이) 서로 주시하면 혈은 반드시 돌아서 바라볼 것이다(혈은 반드시 맺을 것이다). 하늘의 기운이 땅에 비추고, 모든 하천이 하나로 모여 있으면 진룡은 자리를 잡아 행룡을 멈추는 것이니, 누가 그 깊고 미묘한 이치를 분별할 수 있겠는가.

鷄鳴犬吠 鬧市烟村 隆隆隱隱 孰探其原
계명견폐 요시연촌 융륭은은 숙탐기원

若乃 斷而復續 去而復留 奇刑異相 千金難求
약내 단이복속 거이복류 기형이상 천금난구

折藕貫珠 眞機落莫 臨穴坦然 誠難捫摸
절우관주 진기낙막 임혈탄연 성난문모

障空補缺 天造地設 留與至人 先賢難說
장공보결 천조지설 유여지인 선현난설

[역] 닭이 울고 개가 짖는, 번잡한 시장과 밥 짓는 연기가 나는 마을은(즉 발전하고 풍요로운 마을의 터전은) (용맥이) 때로는 높이 솟아 융성하고 때로는 숨어 감추니, 누가 그 근원을 찾을 수 있겠는가.
이와 같은 (맥이) 끊긴 듯하다가 다시 이어지고, 가다가 다시 머무는, 기이한 형상은 천금을 주고도 구하기 어려운 것이다.
자른 연뿌리는 구슬을 꿴듯하고 진짜 틀은 떨어져 없어졌는데 혈에 임하여 평평해졌으니 정말로 어루만져 찾기 어려운 것이다(용맥의 흐름이 산봉우리가 연줄이나 구슬을 꿴 듯 이어졌는데 갑자기 산에서 평지로 떨어져 은맥으로 숨어오다가 혈을 맺을 때는 다시 평평해져 혈장을 만드는 것이니 이를 구분하여 찾기란 정말로 어려울 것이다).
빈곳을 막아주고 모자란 곳을 보충하여 하늘이 만들고 땅이 세운 것을 (공덕을) 베푼 지인에게 남겨 놓았으니 선현이라도 설명하기 어렵다.

草木鬱茂 吉氣相隨 內外表裏 或然或爲
초목울무 길기상수 내외표리 혹연혹위

三岡全氣 八方會勢 前遮後擁 諸祥畢至
삼강전기 팔방회세 전차후옹 제상필지

地貴平夷 土貴有支 穴取安止 水取迢遞
지귀평이 토귀유지 혈취안지 수취초체

向定陰陽 切莫乖戾 差以毫釐 繆以千里
향정음양 절막괴려 차이호리 무이천리

[역] 풀과 나무는 울창 무성하고 길한 기운이 서로 따르면 내외와 표리, 즉 안과 겉은 자연일 수 있고 혹은 인위일 수 있다.
세 산의 기가 온전하면 팔방에서 새가 모여들고 앞산은 막아주고 뒷산이 이끌어 안아주면 모든 상서로운 것들이 죄다 모여든다.
땅이 귀한 것은 평탄하고 온화한 것이고 흙이 귀한 것은 가지가 있어 지탱이 되고 있는 것이니 혈은 안정되게 멈춘 곳에서 취할 것이며, 물은 멀리서 흘려보내 온 것을 취해야 한다. 음양으로 향을 정함에 있어 절대로 이치에 어긋나도록 정하지 말라.
그 차이가 털끝만큼만 생겨도 그 어그러짐(영향)은 천리지간이다.

擇術盡善 對都立縣 一或非宜 法主貧賤
택술진선 대도입현 일혹비의 법주빈천

公侯之地 龍馬騰起 面對玉圭 所而首銳 更遇本方 不學而至
공후지지 용마등기 면대옥규 소이수예 경우본방 불학이지

宰相之地 繡繳伊邇 大水洋潮 無上至貴
재상지지 수격이이 대수양조 무상지귀

外臺之地 捍門高峙 屯踏排迎 周圍數里 筆大橫椽 是名判死
외대지지 한문고치 둔답배영 주위수리 필대횡연 시명판사

此昂彼低 誠難推擬
차앙피저 성난추의

官貴之地 文筆插耳 魚袋雙聯 庚金之位 南火東木 北水鄙伎
관귀지기 문필삽이 어대쌍련 경금지위 남화동목 북수비기

[역] (땅을) 선택하는 술법에 최선을 다하면, 도읍을 정하고 현을 세울 수 있지만 (도읍이나 현을 다스릴 만큼 크게 발복하지만) 혹, 하나라도 마땅치 않으면 그 법(술수)은 주로 가난하고 천해진다.
공후가 나는 땅은 (산세가 마치) 용마가 일어나 뛰어오르는 듯하고 (혈) 앞에는 옥규사(玉圭砂, 홀)가 있으며 앞이 날카롭게 위치하고 (끝이 뾰족한 문필봉이 앞에 있고) 본 방위를 제대로 만나면 배움이 없어도 (공후에) 이른다.
제상이 나는 땅은 수놓은 듯 얽혀있는 (봉우리들이) 가까이 있고, 큰물이 밀려오는 바다와 같아 보이면, 더 이상 귀할 것이 없다.
높은 벼슬이 나는 땅은 한문(수구처에 있는 문설주 같은 바위)이 높이 솟아 있고, (주변 산들은) 군사가 둔을 치고 배치되어 있는 듯해야 한다. 주위 수리 안에 (주변 가까운 곳에) 필봉筆峰들이 크게 횡으로 서까래처럼 연결되어 있으면, 이를 죽음을 판단하는 판사라 이름하는데, 이곳은 높고 저곳은 낮으니 진실로 추리하여 헤아리기가 어렵다(화복을 판단하기가 어렵다).
벼슬과 귀함이 나는 땅은 문필봉이 귀를 쫑긋 세우듯 우뚝하게 솟아있다.
어대사魚袋砂가 쌍으로 연속되어 있고 경(庚, 서쪽, 오행으로는 金) 방위에 있으면 또한 관귀가 나오나, 남쪽(오행은 화)과 동쪽(오행은 목)에 있거나 북쪽(오행은 수)에 있으면 비천한 재주밖에 안나온다.

地有佳氣 隨土所起 山有吉氣 因方所主
지유가기 수토소기 산유길기 인방소주

文筆之地 筆尖以細 諸福不隨 墟馳才藝
문필지지 필첨이세 제복불수 허치재예

大富之地 圓峯金櫃 貝寶沓來 如川之至 貧賤之地 亂如散蟻
대부지지 원봉금궤 패보답래 여천지지 빈천지지 난여산의

[역] 땅에 좋은 기가 있으면 흙에 따라 일어나는 장소 (기가 모이는 곳)가 있으며, 산이 있고 길한 기운이 있으면 방위로 인하여 거기에 맞는 주인이 있다.
글과 문장이 나는 땅은 붓처럼 뾰족하고 가는 것이나, (이는) 모든 복이 따르지 않고 재주와 기예만 헛되이 나서 지나갈 뿐이다.

큰 부자가 나는 땅은 둥글게 생긴 봉우리와 금궤 같은 사격이 있는 것으로, 패물과 보물이 넘치도록 들어오는 것이 마치 냇물이 흘러들어 오는 것과 같다.
가난과 천함이 나는 땅은 (산세가) 어지러워 마치 개미가 흩어지는 것과 같다.

達人大觀 如示諸指 幽陰之宮 神靈所主 葬不斬草 名曰盜葬
달인대관 여시제지 유음지궁 신령소주 장불참초 명왈도장

葬近祖墳 殃及兒孫 一墳榮盛 一墳孤貧 穴吉葬凶 與棄屍同
장근조분 앙급아손 일분영성 일분고빈 혈길장흉 여기시동

[역] 통달한 사람이 크게 보면 마치 모두 손가락으로 가리키는 것과 같은 것으로, 묘지에서는 신령이 주관하여 자리를 잡는 것이며, 장사에 풀을 베지 않는 것은 이름하여 몰래 장사를 치르는 것이라고 하였다.
조상 산소 가까이에 장사를 지내면 재앙이 어린 손자에게까지 미칠 것 이다. 한 (어떤) 산소는 번영하고 융성하는데 어떤 산소는 고독하고 가난하구나. 혈 자리는 좋은데 장사지내는 것이 흉하면 마치 시체를 버리는 것과 똑같다.

陰陽符合 天地交通 內氣萌生 外氣成形 內外相乘 風水自成
음양부합 천지교통 내기맹생 외기성형 내외상승 풍수자성

察以眼界 會以性情 若能悟此 天下橫行
찰이안계 회이성정 약능오차 천하횡행

[역] 음양이 부합하여 천지가 서로 통하면 내기는 생명을 싹트게 하고 외기는 상을 이룬다. 내기와 외기가 서로 승하여 어우러지면, 풍수는 스스로 이루어진다.
눈으로 자세히 살피고, 정성스럽게 마음을 모아 능히 이를 깨달아 터득할 수 있다면 천하를 다 다녀도 거리낌이 없을 것이다.

인지 수맥풍수 과학

2008년 10월 29일 초판 발행

저 자 김 창 규
발행인 윤 진 영
발행소 도서출판 대학서림
주소 : (110-530) 서울시 종로구 혜화동 78-2
전화 : 02) 744-2811, 763-1220
팩스 : 02) 744-1210
등록 : 1965. 1. 20.
번호 : 1-88
www.daihaks.com

정 가 30,000 원

ISBN 978-89-8016-740-1 03380